KOLONIALES HAMBURG

ANNA PROCHOTTA

KOLONIALES HAMBURG

EIN STADTFÜHRER

JUNIUS

Inhalt

Vorwort

Im Februar 2002 hielt der Hamburger Erziehungswissenschaftler Louis Henri Seukwa eine Rede in der Hamburger Kirche St. Michaelis. Ihr Gegenstand war eine Gedenktafel, die bis heute im Innenraum des Hamburger Wahrzeichens hängt. Sie erinnert an die Kolonialsoldaten in China und Afrika, die im Kaiserreich den Widerstand der lokalen Bevölkerung gewaltsam niederschlugen. Der Krieg in Namibia, in der damaligen deutschen Kolonie »Deutsch-Südwestafrika«, mündete im Völkermord an den ansässigen Herero und Nama. Der Opfer dieses Verbrechens wird weder im Michel noch an anderer Stelle in der Stadt gedacht, obgleich die Soldaten, die diesen Völkermord verübten, ihre Reise größtenteils über den Hamburger Baakenhafen antraten. Louis Henri Seukwa sagte:

> *»Die Notwendigkeit, sich mit einem solchen Thema zu befassen, begründet sich unter anderem darin, daß in einer Welt zunehmender Wechselwirkungen die Nachkommen der Opfer und der Täter dieser tragischen Ereignisse in der Geschichte der Völker auf die eine oder andere Art zum Zusammenleben aufgerufen werden. Wenn die Kirche ihre Verantwortung als Institution der Fürsorge für den Frieden zwischen den Menschen ungeachtet ihrer Hautfarbe oder Herkunft ernst nimmt, scheint uns eine ihrer hauptsächlichen Aufgaben die Pflicht des Erinnerns zu sein, die die unumgängliche Bedingung einer gerechten Versöhnung darstellt.«*

Mit seinen Worten machte Seukwa deutlich, dass die Auseinandersetzung mit dem kolonialen Hamburg in unserer Gegenwart ganz grundlegend nötig ist. Auch wenn das deutsche Kolonialreich erst seit 1884 bestand und schon mit dem Ersten Weltkrieg endete, hat diese Epoche doch gravierende Spuren hinterlassen, deren Folgen die Menschen in den einstigen Kolonien bisweilen noch heute tragen müssen. Gerade die Geschichte der Stadt Hamburg, insbesondere jene des Hamburger Hafens, ist eng mit der Kolonialzeit verknüpft. Das zeigt sich allein schon in der Topografie der Stadt: Die Straßen der Altstadt sind von Kontorhäusern gesäumt, die Kaufleute und Reeder als Profiteure im kolonialen Hamburg errichten ließen. Die Speicherstadt entstand in jener Zeit, und die Hafenbecken im heutigen Stadtteil Hafencity wurden für den Ausbau des seinerzeit sehr modernen Hafens geschaffen. In vielen Stadtteilen finden sich zudem bauliche Zeugen ehemaliger Fabriken, die Rohstoffe aus den kolonisierten Gebieten zu Konsumprodukten verarbeiteten. Und Hamburg wurde in jenen Jahren ein wichtiges Zentrum der Tropenmedizin, wovon noch heute der repräsentative Bau in der Bernhard-Nocht-Straße zeugt. Nicht zuletzt eröffnete ein »Museum für Völkerkunde« (heute MARKK), in Hagenbecks Tierpark wurden über Jahrzehnte neben Tieren auch Menschen zur Schau gestellt, und Hamburger Student*innen studieren heute in den Räumlichkeiten des ehemaligen Kolonialinstituts.

Sichtbare wie unsichtbare Spuren der Kolonialzeit gibt es in vielen Hamburger Stadtteilen, so dass sich diese wie ein Netz über die Stadt spannen. Deshalb unternimmt dieser Stadtführer den Versuch, die (post-)koloniale Geschichte ganz konkret im städtischen Raum zu verorten. Die Spuren sind allerdings so vielfältig, dass dieses Buch keinen Anspruch auf Vollständigkeit erheben kann, sondern sich darauf beschränken muss, beispielhaft die große Zahl der unterschiedlichen Verbindungen von kolonialen Institutionen und Akteuren in Hamburg aufzuzeigen.

Inzwischen hat sich die Stadt Hamburg die Aufarbeitung des kolonialen Erbes zum Ziel gesetzt. 2014 wurde an der Universität die Forschungsstelle »Hamburgs (post-)koloniales Erbe/ Hamburg und die (frühe) Globalisierung« unter der Leitung von Jürgen Zimmerer ins Leben gerufen. Erste Impulse zur Aufarbeitung des Themas kamen jedoch aus der Bevölkerung: Arbeitsgruppen und zivilgesellschaftliche Gemeinschaften wie die Black Communities und People of Color in Hamburg, die Initiative Schwarze Menschen in Deutschland oder der Arbeitskreis Hamburg Postkolonial haben schon seit den 1990er Jahren auf die Bedeutung des Themas für die Stadtgeschichte und seine vielfältigen Kontinuitäten insistiert. Hinzu kamen Kunstprojekte, die sich mit der Aufarbeitung der Kolonialzeit befassten, so beispielsweise von der Künstlerin HM Jokinen oder künstlerischen Kollektiven wie wandsbektransformance. Und bereits 1999 erschien mit dem Sammelband »Branntwein, Bibeln und Bananen«, herausgegeben von Heiko Möhle, eine erste einschlägige Publikation. Erst diese Impulse, Recherchen und öffentlichen Aktionen haben die Stadt auf dieses wichtige Thema aufmerksam gemacht, so dass es sich bei der Dekolonisierung im Stadtbild um ein Engagement aus der Mitte der Gesellschaft handelt.

Inzwischen ist das Thema in der Öffentlichkeit und in den Medien zunehmend präsent, ein Stein wurde ins Rollen gebracht. Doch trotz der zahlreichen Bemühungen und einer gewissen Konjunktur des Themas scheint es, als stünde Hamburg mit einer gründlichen Aufarbeitung der Kolonialzeit noch relativ weit am Anfang. Noch immer werden Lösungen gesucht, wie mit Denkmälern wie dem Bismarck-Denkmal im Alten Elbpark umzugehen ist, noch immer sind zahlreiche Straßen nach Kolonialakteuren benannt, und noch immer gibt es kein Gedenken an die Opfer der kolonialen Besetzung im städtischen Raum. So will dieser Stadtführer auch dazu beitragen, einem interessierten Publikum den Blick für die Brisanz der Aufarbeitung dieses Themas zu schärfen.

Sechs Touren führen zu Fuß oder – wo die Distanzen dies nicht erlauben – per Fahrrad durch die Stadt. Hierfür wurden jene Gebiete der Stadt ausgewählt, in denen sich besonders viele koloniale Spuren finden. Alle Touren starten und enden in der Nähe von Stationen des öffentlichen Nahverkehrs und können auch in umgekehrter Reihenfolge gelaufen bzw. gefahren werden. Karten zu jeder Tour verdeutlichen die Wege zwischen den einzelnen Stationen.

Um bestimmte Begrifflichkeiten, Ereignisse oder Personen genauer zu beschreiben, wurden einzelne Textteile in farbigem Fettdruck gesetzt. Darüber hinaus enthält das Buch die Rubrik »Thema«, die sich zwischen den Touren vertiefend mit wichtigen kolonialen Orten befasst, welche nicht Bestandteil der Touren sind.

Um deutlich zu machen, dass es sich um eine soziale, kulturelle und politische Zugehörigkeit handelt, wird »Schwarz« als Selbstbezeichnung Schwarzer Menschen in den Texten grundsätzlich groß geschrieben; wohingegen »*weiß*« grundsätzlich klein und kursiv geschrieben wird, um die Zugehörigkeit zu einer mit Privilegien verbundenen Gesellschaftsgruppe deutlich zu machen. Im historischen Kontext werden lediglich das männliche und das weibliche Geschlecht genutzt, dies zum einen, um eine bessere Lesbarkeit zu gewährleiten, aber auch um die oft patriarchal geprägte Gesellschaft des Kaiserreichs aufzuzeigen. Angesichts dieser Entscheidung soll hier aber ausdrücklich gesagt werden, dass der Stadtführer alle Leser*innen gleichermaßen ansprechen möchte.

Dank

Die Texte in diesem Buch wurden einem professionellen Sensitivity Reading unterzogen, um ungewollte stigmatisierende oder diskriminierende Formulierungen aufzudecken.

Diese Aufgabe hat **Tendai Sichone**, derzeit tätig als Kuratorin für Diversität und neue Vermittlungsformate im Museum für Hamburgische Geschichte, mit ihrem großen Fachwissen, viel Feingefühl für das sprachliche Detail und redaktionellem Geschick übernommen. Ihr gilt mein ganz besonderer Dank für das Reading und den sehr produktiven und offenen Austausch.

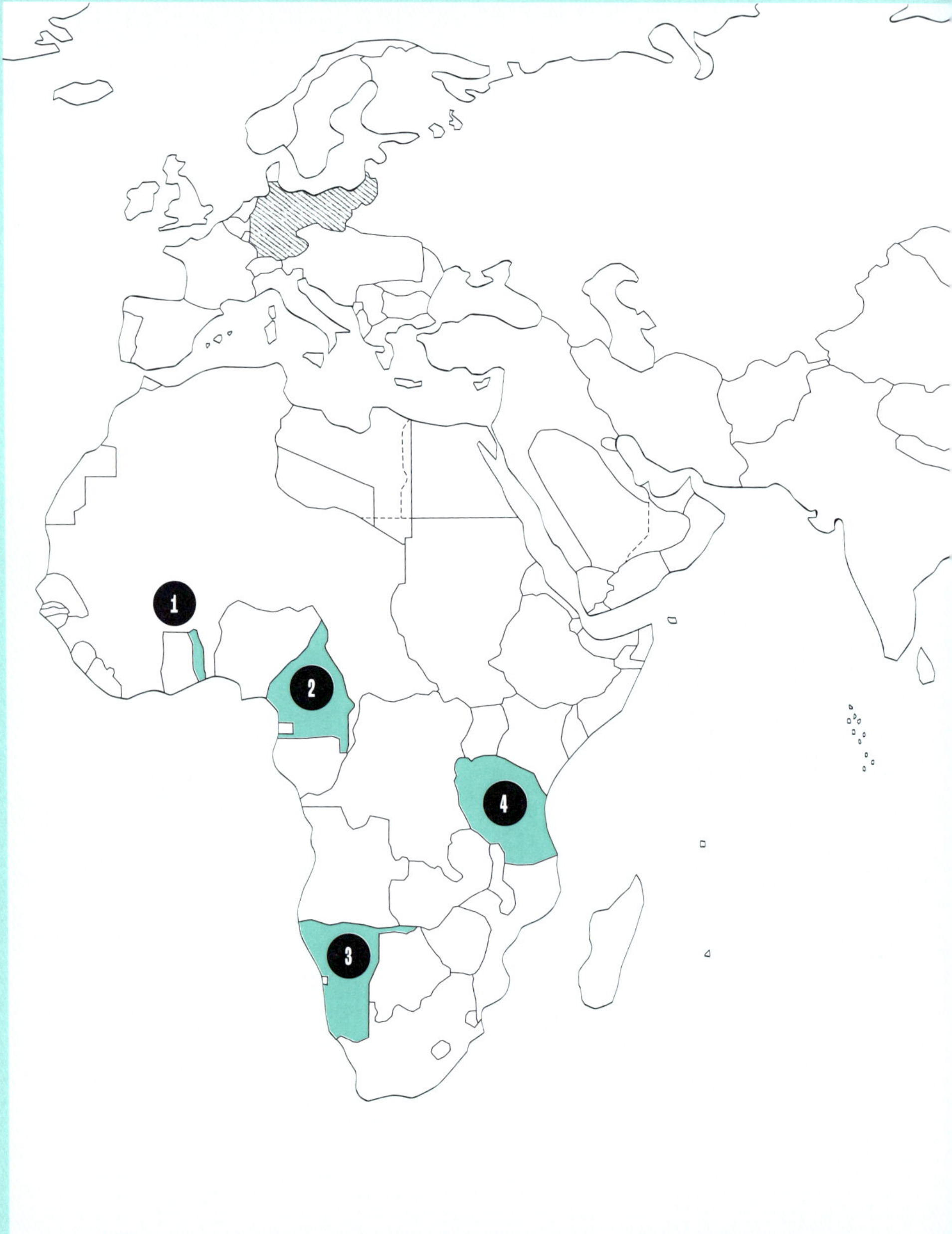

Das Deutsche Reich und seine Kolonien 1914

Afrika

1 Togo

2 Kamerun

3 Namibia (»Deutsch-Süd-westafrika«)

4 Ruanda, Burundi, Tansania (»Deutsch-Ostafrika«)

Asien

5 Jiaozhou (»Kiautschou«) mit der Hauptstadt Qing-

dao (»Tsingtau«)

Pazifik

6 Neuguinea (»Kaiser-Wilhelm-Land«)
7 Bismarck-Archipel
8 Nördliche Salomon-Inseln
9 Karolinen (Ost- und Westkarolinen, inklusive Palau-Inseln)
10 Nördliche Marianen
11 Marshall-Inseln
12 Nauru
13 Samoa-Inseln (Savai'i und Upolu)

1

Altstadt

STARTPUNKT
Rathausmarkt [U-Bahn Rathaus]

ENDPUNKT
Chilehaus [U-Bahn Meßberg]

DAUER
etwa 2 Stunden

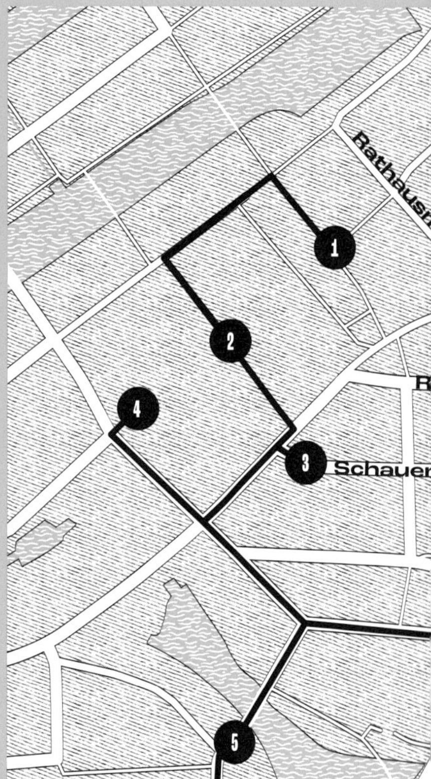

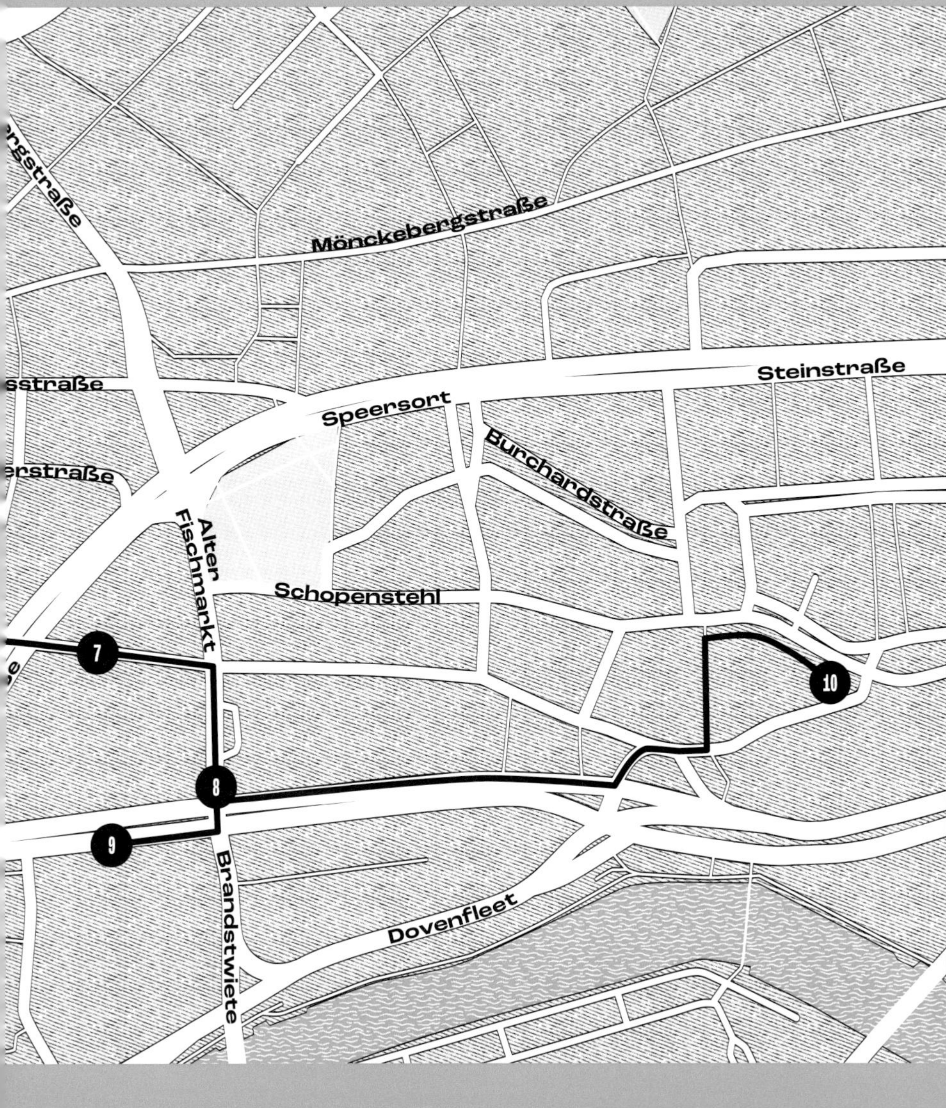

Mönckebergstraße
Steinstraße
Speersort
Burchardstraße
Alten Fischmarkt
Schopenstehl
Brandstwiete
Dovenfleet
7
8
9
10

H

amburgs Innenstadt ist heute ein monofunktionales Arbeits- und Geschäftsviertel. Über Wohnungen verfügt der Stadtteil kaum, ein Umstand, der auf städtebauliche Weichenstellungen zur Zeit des Kaiserreichs zurückgeht. Von der Hammaburg am heutigen Domplatz ausgehend war die Stadt während des Mittelalters zunächst bis zum Alten Wall gewachsen, der im 16. Jahrhundert durch den Neuen Wall ersetzt wurde. Die vier Kirchspiele St. Petri, St. Nikolai, St. Katharinen und St. Jacobi entstanden als frühe Verwaltungsbezirke der Stadt rund um die jeweiligen Kirchen. Im 17. Jahrhundert wurden diese im Zuge der Errichtung der Wallanlagen um das Kirchspiel St. Michaelis im Gebiet des heutigen Stadtteils Neustadt erweitert.

Die Wallanlagen hatten das Stadtgebiet aber nicht nur ausgedehnt, sondern zugleich auch eingeschnürt. Dies machte sich vor allem mit dem Fortschreiten der Industrialisierung im 19. Jahrhundert bemerkbar, als immer mehr Menschen auf der Suche nach Arbeit in die Stadt kamen. So entwickelte sich innerhalb der Schutzwälle ein labyrinthartiges Gefüge aus schmalen Gassen, Gängen und bebauten Hinterhöfen, die sogenannten Gängeviertel. Aus heutiger Sicht handelte es sich bei diesen Quartieren um regelrechte Brutstätten des Elends, in denen sich viele Menschen auf engstem Raum tummelten. Die Cholera-Epidemie im Jahr 1892, die etwa 8600 Menschenleben kostete, machte dann vollends deutlich, dass ein Leben unter den dort herrschenden unhygienischen Umständen nicht länger tragbar war. Infolgedessen beschloss der Hamburger Senat um die Jahrhundertwende vom 19. zum 20. Jahrhundert, die Gängeviertel zu »sanieren«. Das wohlklingende

Wort war allerdings nichts anderes als ein Euphemismus für den Abriss der verwinkelten Baustruktur. Die Bewohnerschaft, die ihr Zuhause in der Altstadt verlor, hatte nun lediglich die Möglichkeit, in die ebenfalls schon deutlich überfüllten Viertel der Neustadt zu ziehen oder sich mit einer neuen Bleibe am Stadtrand zufriedenzugeben. Sie war die Verliererin dieser städtebaulichen Umstrukturierung.

Mit dem Abriss der Gängeviertel bot die Innenstadt nun aber eines: jede Menge Platz. Die Stadt verzichtete auf den Bau von neuen Wohnhäusern und entschied sich für die Errichtung teils monumentaler Geschäfts- und Kaufhäuser. Eine moderne, in die Zukunft gewandte City sollte geschaffen werden. Dazu trug auch der Bau des neuen Hauptbahnhofs bei, der 1906 eröffnet wurde. Außerdem entstand mit der Mönckebergstraße ein Boulevard, der den neuen Bahnhof mit dem jungen Rathaus verband. Und unter der Mönckebergstraße verlief eine neue Linie der Hochbahn. Damit war auch der Verkehr der Metropole modernisiert.

All diese innerstädtischen Modernisierungen um die Jahrhundertwende vom 19. zum 20. Jahrhundert dokumentieren den wirtschaftlichen Aufschwung und nicht zuletzt den Reichtum der Stadt zu dieser Zeit, den diese vor allem ihrem Hafen verdankte. Der Welthandel boomte in jenen Jahren, und Hamburg mischte in der ersten Reihe mit. Politik und Handel gingen Hand in Hand und schufen die Bedingungen, die es Kaufleuten und Reedern ermöglichten, zu großem Reichtum zu gelangen. Zumeist waren sie die Bauherren der neuen Geschäftshäuser, sie trieben Handel an der Börse, und sie waren es, die die Politik in

Bürgerschaft und Senat lenkten. Dass sie in diesen Rollen auch zu Protagonisten in der Geschichte des kolonialen Hamburgs wurden, ist also wenig erstaunlich.

Unser Rundgang durch die Altstadt führt uns zu einigen Kontorhäusern, die teils bis heute die Geschichten ihrer Bauherren – wahren Profiteuren des Kolonialismus – erzählen. Außerdem nimmt er das Rathaus und die heutige Handelskammer in den Blick. Die Konzentration auf diese repräsentativen baulichen Manifestationen soll aber keineswegs darüber hinwegtäuschen, dass auch weite Teile der Hamburger Bevölkerung von Welthandel und Kolonialismus profitiert haben. Und vor allem darf nicht vergessen werden, dass der heutige Reichtum der Stadt in erheblichen Teilen auf den wirtschaftlichen (Kolonial-)Aktivitäten dieser Zeit basiert.

1

Rathausmarkt

Der **Rathausmarkt** entstand nach dem Großen Brand 1842, der weite Teile der Innenstadt zerstört hatte. An dieser Stelle wurde nun ein Freiraum geschaffen, der Platz für den Bau eines neuen Rathauses bieten sollte. Auch wenn die Fläche schon ab 1866 den Namen »Rathausmarkt« trug, mussten sich die Hamburger und Hamburgerinnen aber noch rund drei Jahrzehnte gedulden, bis das Rathaus eröffnet werden konnte.

Heute wird der weitläufige, verkehrsbefreite Platz unter anderem für Veranstaltungen und Versammlungen genutzt. Im Sommer 2020 waren hier auf dem Hamburger Rathausmarkt wie in vielen anderen Städten auch die Stimmen Tausender zu hören, die im Chor »Black Lives Matter« skandierten. Die antirassistischen Demonstrationen waren nach dem Polizeimord an George Floyd von den USA nach Europa gekommen, um auf die Diskriminierung von BPoCs (Black and People of Color) in den hiesigen Gesellschaften aufmerksam zu machen.

Nur wenige Wochen nach der Hamburger Demonstration wurde in Bristol mit der Edward-Colston-Statue ein koloniales Denkmal vom Sockel geholt. Die hohe Bronzestatue stand dort zu Ehren eines Mannes, der im 17. Jahrhundert zu jenen Menschenhändlern seiner Zeit gehörte, die diesen Handel in besonders großem Stil trieben. Nicht einmal ein Hinweis am Denkmal selbst hatte die Öffentlichkeit über diese Grausamkeiten informiert. Dem Beispiel aus England folgend, rückten nun überall in Europa koloniale Denkmäler verstärkt in den Fokus, und die Diskussion über den Umgang mit den lange unhinterfragten

Rathausmarkt, 2020

Statuen war nicht mehr zu stoppen. In Hamburg dreht sich diese Diskussion unter anderem um das deutschlandweit größte Bismarckdenkmal (⟶ Tour 3). Die Gleichzeitigkeit der Demonstrationen und Denkmalstürze im Sommer 2020 kam nicht von ungefähr. Mit diesen antirassistisch und antikolonial motivierten Aktionen wurde die Kontinuität eines rassistischen Menschenbildes, das sich ausgehend von der kolonialen Epoche bis ins 21. Jahrhundert gehalten hat, besonders sichtbar gemacht.

1903 wurde der gut ein halbes Jahrhundert alte Rathausmarkt noch einmal umgestaltet. Ein Standbild Kaiser Wilhelms I. zu Pferde stand bis in die Zeit der Weimarer Republik auf dem Platz.

Seitdem fristet die Statue ein eher verstecktes Dasein in den Hamburger Wallanlagen unweit der Bauten des Oberlandesgerichts. Allerdings finden sich auch auf dem Rathausmarkt noch Relikte der damaligen Platzgestaltung. Die beiden **Fahnenmasten** gehörten früher ebenfalls zur Denkmalanlage. Sie werden jeweils bekrönt durch eine Schiffsskulptur, ein Hinweis auf Hamburgs Bedeutung als Hafenstadt. Weit unterhalb der Schiffe sind die **Sockel der Masten** verziert, und zwar mit Emblemen von Pflanzen, die auch Obst- und Gemüsesorten umfassen. Der Sockel des Fahnenmastes in Richtung Mönckebergstraße zeigt auf einer Seite heimische Sorten wie Kohl oder Getreide. An anderer Stelle finden sich die Darstellungen von Südfrüchten wie Ananas oder Bananen. Diese geben einen Hinweis auf den frühen Import der Früchte nach Hamburg. Heimische Produkte und solche von anderen Kontinenten stehen einander hier gegenüber und verdeutlichen die Position Hamburgs zwischen heimischer Produktion und Welthandel.

Rathausmarkt um 1905

Sockel des Fahnenmastes

Der Bau des Hamburger Rathauses fällt mitten in die Epoche des deutschen Kolonialismus. Den Betrachtenden kann die Vielfalt und Üppigkeit des Fassadenschmucks über alle Geschosse des Gebäudes kaum entgehen. Gleich neun Architekten waren an seinem Entwurf und der Ausführung beteiligt. Nach elf Jahren Bauzeit konnte das Rathaus 1897 feierlich eingeweiht werden. Damals wie heute tagten hier Bürgerschaft und Senat, und hohe Besucher*innen der Hansestadt werden seit jeher im Rathaus empfangen, wo sie sich dann ins Goldene Buch der Stadt eintragen. Die erste Persönlichkeit, die dies am 22. Oktober 1897 tat, war der ehemalige Reichskanzler Otto von Bismarck, in dessen Regierungszeit die deutschen Kolonien in Afrika, China und im Pazifik entstanden.

Die schmucke **Rathausfassade** erzählt mit Bildwerk und Skulpturen, was damals historisch, politisch und symbolisch-ideell wichtig erschien. Wir sehen die Kaiser und Könige des Heiligen Römischen Reichs, über ihnen die in Stein gemeißelten Bürger-Berufe und die Wappen der Hansestädte. Auch die Tugenden sind in vier Skulpturen personifiziert, und in Form eines Mosaiks wacht Hammonia als Patronin über Stadt und Markt. Was sich hier in der Perspektive auf eine lokale, zumindest europäische Welt zeigt, war Ende des 19. Jahrhunderts aber faktisch bereits Teil einer kolonialen Welt. Wir müssen uns von hier aus gar nicht weit bewegen, um auch diese koloniale Welt plastisch am und um das Rathaus herum zu sehen.

Trotz anfänglicher Skepsis wurden die Hamburger Kaufleute mit großem Selbstverständnis Teil des Kolonialismus. Von diesem Selbstverständnis zeugt auch eines der **Senatorenwappen** an der Fassade des Rathauses. Wir begeben uns auf dessen nordöstliche Seite in Richtung der Straße Alter Wall. Schon auf unserem Weg dorthin können wir die Wappen der Senatoren-Familien betrachten, die beim Rathausbau in Erinnerung an die Senatoren jeweils über den Fenstern im Erdgeschoss platziert wurden. Wir machen Halt unter dem vorletzten Fenster und werfen einen Blick nach oben auf das Wappen der Senatorenfamilie Möring. Carl Philipp Ferdinand Möring (1818–1900) war ein Hamburger Kaufmann, der 1843 das Handelshaus der Familie von seinem Vater übernommen hatte. Seit 1859 war er Mitglied der Hamburger Bürgerschaft und ab 1861 Senator.

Was wir hier sehen, ist der **Kopf eines Mannes mit Ohrring**, der einen Afrikaner darstellen soll, während das Bild freilich nur die Vorstellungswelt seines Schöpfers reproduziert. An dem Möring'schen Wappen zeigt sich, dass koloniale Motive ganz selbstverständlich als Teil der Selbstrepräsentation von Familie und Handelshaus nach außen genutzt wurden. Carl Möring war mit seiner doppelten beruflichen Existenz als Kaufmann und Politiker alles andere als ein Einzelfall. Von jeher agieren in der Hansestadt Wirtschaft und Politik in einem ganz speziellen Wechselspiel. Architektonisch verewigt hat sich dies im Anbau des Rathauses an die Hamburger Börse, heute auch Sitz der Handelskammer.

→ Wir gehen nun ein Stück den **Alten Wall** entlang und biegen dann links durch den von Löwen bewachten Torbogen in den **Innenhof** zwischen Rathaus und Handelskammer ein.

2

Rathausinnenhof

Auch hier sind die Fassaden, wohin das Auge blickt, reich geschmückt. Den Hygieia-Brunnen in der Mitte lassen wir ausnahmsweise links liegen und wenden uns vom Rathaus ab in Richtung Handelskammer. Über dem Portal zu Fuße der Säulen im ersten Stock reihen sich die skulpturalen **Wappen internationaler Hafenstädte** entlang des ganzen Gebäudes samt Seitenflügeln. Neben europäischen Städten wie Genua und Antwerpen umfasst der maritime Fries auch außereuropäische Hafenstädte und gibt damit einen Hinweis auf den Welthandel, den die Hamburger Kaufleute seit langem betrieben. Hier wird greifbar, dass die Hamburger Kaufmannschaft im 19. Jahrhundert schon längst über Europa hinausblickte. Oberhalb des Eingangs verweist der bauplastische Schmuck unter der **zweiten Säule von links** auf eine Hafenstadt, die heute unter einem anderen Namen bekannt ist. Zu lesen ist »Batavia«.

Es handelt sich dabei um die heutige Hauptstadt Indonesiens, Jakarta. Die Niederländer hatten dem gewaltsam eroberten Gebiet im 17. Jahrhundert den lateinischen Namen der Niederlande gegeben, abgeleitet vom westgermanischen Stamm der »Bataver«. Das Stadtwappen zeigt also den Namen aus der Zeit der Kolonisation. Ähnlich verhält es sich mit einem weiteren Wappen, jenem der indischen Stadt Kolkata. Hier an der Fassade ist unter

→ **Batavia**

Batavia war im 17. und 18. Jahrhundert Sitz der Niederländischen Ostindien-Kompanie. Diese war ein Zusammenschluss niederländischer Kaufleute und einer der größten Handelsverbände seiner Zeit. Ziel war es, den Indienhandel zu kontrollieren, insbesondere den Gewürzhandel auf den Molukken und weiteren Inselgruppen.
Schon 1613 hatten die Niederlande einen ersten Handelsplatz in der Stadt Jayakarta gegründet. Im Verlauf von Kämpfen mit englischen Konkurrenten und lokalen Herrschern wurde die Stadt wenige Jahre später zerstört. Auf ihren Trümmern errichteten die Niederländer Batavia und führten hier ein grausames Regiment. So kam es 1621 zu einem Völkermord auf den benachbarten Banda-Inseln, bei dem 15 000 Menschen kaltblütig ermordet wurden. Auf Befehl des niederländischen Gouverneurs von Batavia, Jan Pieterszoon Coen, richtete sich das Pogrom gegen die Einheimischen, nachdem diese sich gegen die Schaffung eines Muskat-Monopols zur Wehr gesetzt hatten. Das Land wurde danach an Niederländer vergeben, die hier Versklavte zur Bewirtschaftung von Plantagen ansiedelten.
Auch nach dem Ende der Ostindien-Kompanie blieb Batavia die Hauptstadt Niederländisch-Indiens. Die stetig wachsende Stadt erreichte bis zum Ende der Kolonialzeit eine Einwohnerzahl an der Millionengrenze. Erst mit der Unabhängigkeit Indonesiens in den 1940er Jahren bekam die Stadt endgültig den Namen Jakarta.

dem Wappen der Name »Calkutta« verewigt. Dies ist die Namensgebung der Stadt aus der britischen Kolonialzeit. 2001 wurde die Stadt offiziell in Kolkata umbenannt, was auch im Deutschen der bengalischen Lautschrift entspricht. Der Name der einstigen Hauptstadt »Britisch-Indiens« hielt sich also weit über die Unabhängigkeit Indiens im Jahr 1947 hinaus. Im Falle Indonesiens und Indiens endete die koloniale Zeit in den 1940er Jahren. In vielen anderen Ländern blieben die Kolonialmächte dagegen noch bis in die 1960er Jahre und teilweise darüber hinaus. Das gilt auch für die ehemals deutschen Kolonien insbesondere in Afrika. Zwar war Deutschland mit Ende des Ersten Weltkriegs keine Kolonialmacht mehr und musste seine Kolonien an den Völkerbund abtreten. Dieser aber verteilte die jeweiligen Länder an die Kolonialmächte Großbritannien und Frankreich.

Blickt man an der Fassade noch etwas höher, so lassen sich über den Fenstern in der ersten Etage oberhalb des Säulenportikus weitere Motive erkennen. Es handelt sich dabei um die **Darstellung der fünf Kontinente**, die mit goldener Überschrift namentlich bezeichnet werden. Linker Hand sind Australien und Afrika zu sehen, rechter Hand Asien und Amerika.

→ Völkerbund

Der Völkerbund war eine Vereinigung mehrerer Nationen, die nach dem Ende des Ersten Weltkriegs zur Sicherung des Friedens geschaffen wurde. Seine Satzung, die im Vertrag von Versailles verankert war, wurde von über dreißig Nationen unterzeichnet und von weiteren neutralen Staaten mitgetragen. Nach der Niederlage Deutschlands im Ersten Weltkrieg wurden die deutschen Kolonien nicht in die Unabhängigkeit entlassen, sondern unter das Mandat des Völkerbundes gestellt. Hierdurch gelang es Frankreich und Großbritannien, ihre Kolonialreiche noch weiter zu vergrößern. So hat der Völkerbund den Kolonialismus nicht beendet, sondern in mancher Hinsicht sogar begünstigt. Auch wenn in den Folgejahren noch zahlreiche weitere Nationen dem Völkerbund beitraten, konnte dieser den Zweiten Weltkrieg nicht verhindern. 1946 wurde er offiziell aufgelöst und durch seine Nachfolgeorganisation, die Vereinten Nationen, ersetzt.

In der Mitte findet sich zwar ein ebenso üppiger Fensterschmuck, allerdings fehlt hier der Schriftzug. Fast automatisch sind Betrachtende geneigt, hier den Namen »Europa« zu ergänzen und liegen damit gewiss nicht falsch. Offenbar war in der zeitgenössischen Vorstellung die Stellung Europas in der Mitte der fünf Kontinente und damit als Zentrum der Welt so selbstverständlich, dass es keines weiteren Hinweises bedurfte. Und dies ist keinesfalls ein kleines historisches Fassadendetail. Generell ist der Kolonialismus eng mit dem Eurozentrismus verknüpft.

Die Kontinente werden hier jeweils durch unterschiedliche Attribute verkörpert. Bei der Darstellung Afrikas lassen sich ein Fruchtkorb, ein Ölkrug und ein Wedel aus Straußenfedern ausmachen. Wir haben es also letztlich mit Rohstoffen zu tun. Im Vergleich dazu finden sich bei der Darstellung Europas Symbole, die für Technik, Fortschritt

→ Eurozentrismus

Der Begriff »Eurozentrismus« bezeichnet eine von Europa als Zentrum ausgehende Weltsicht, die den Rest der Welt aus der Perspektive europäischer Wertvorstellungen teils als Peripherie betrachtet und bewertet. Diese Weltsicht führte beispielsweise dazu, dass die Kolonialmächte Menschen in den kolonisierten Ländern das Recht auf eigene Formen der Kultur und des Glaubens absprachen, weil diese ihnen fremd waren und sie sich gegenüber der einheimischen Bevölkerung überlegen fühlten.

Fassade der Börse

und Kultur, stehen. Dieser Blick auf die Welt war symptomatisch für eine Gruppe Hamburger Kaufleute rund um den Handelsmann und Reeder Adolph Woermann, die zunehmend für deutsche Kolonien agitierten, um auch Deutschland seinen »Platz an der Sonne« zu beschaffen.

⟶ Wir verlassen nun den Innenhof durch den Torbogen auf der gegenüberliegenden Seite Richtung **Große Johannisstraße**. Von hier aus machen wir uns auf den Weg zur Vorderfront der Handelskammer. Zuvor legen wir allerdings noch einen kurzen Zwischenstopp ein. Wir überqueren die Straße und machen Halt an der Ecke **Schauenburgerstraße** mit Blick auf ein weißes Gebäude, die **Hausnummer 49**.

3

Kontorhaus Schauenburgerstraße & Ernst Brendler

Hier in der **Schauenburgerstraße Nr. 49** befindet sich eines von zahlreichen Kontorhäusern, die seit dem 19. Jahrhundert die Innenstadt prägen. Beim Blick zum ersten Stock hinauf begegnen uns drei Skulpturen. Mittig befindet sich eine männliche Figur mit einem Stab, der von Schlangen umgeben ist. Im Unterschied zum Äskulapstab der Mediziner ranken sich hier statt einer zwei Schlangen um den Stab, deren Köpfe sich an seinem oberen geflügelten Ende treffen. Dieser Stab ist das Attribut des römischen Gottes Merkur. Merkur, der Gott des Handels, zeigt sich aufmerksamen Flaneur*innen – häufig samt seinem Attribut – an vielen Orten in der Innenstadt. Die Hamburger Gesellschaft des 19. Jahrhunderts konnte die Bedeutung der Stadt als Handelszentrum nicht oft genug betonen.

Merkur ist an dieser Stelle von zwei weiteren Figuren eingerahmt, die den Handel der Stadt ganz unzweideutig mit dem Kolonialismus verbinden. Rechter Hand kniet die Figur eines Mannes, der in seinen Händen einen Gegenstand hält. Bei genauer Betrachtung ist zu erkennen, dass es sich dabei um den Stoßzahn eines Elefanten handelt. Der Import bzw. die Weiterverarbeitung von El-

Fassade Schauenburgerstraße

fenbein ist heute verboten, war bis weit ins 20. Jahrhundert hinein aber auch in Hamburg gang und gäbe (⟶ Tour 2). Linker Hand ist die ebenfalls kniende Figur einer Frau zu erkennen, die in ihren Händen einen Korb mit Früchten hält. Einige Bananen lassen erahnen, dass es sich dabei nicht um heimische Erzeugnisse handelt. Mit nicht allzu großem interpretatorischen Spielraum bieten hier also zwei Kniende ihre Rohstoffe dem Gott des Handels dar. Und genau dieses Bild kennzeichnet das Selbstverständnis vieler Kaufleute im kolonialen Hamburg.

Nur wenige Meter weiter in der **Großen Johannisstraße 15** besteht noch heute ein traditionsreiches Geschäft, dessen Wurzeln im 19. Jahrhundert liegen. Es handelt sich um »Ernst Brendler Marine- und Tropenbekleidung seit 1879«. Hier ist von maritimen Uniformen über leichte Tropenhemden bis hin zu Moskitonetzen alles zu haben. Das Fachgeschäft Ernst Brendler ist heute unter anderem Ausstatter von Reedereien und bei vielen Hamburger*innen für seine qualitätsvolle Kleidung bekannt.

Für das koloniale Unternehmen auf anderen Kontinenten mussten früher Kolonialbeamte, Soldaten oder Forschende ausgestattet werden, entsprechend bestand Bedarf an Fachgeschäften dieser Art. Auffällig ist die Leuchtreklame am Ladeneingang. Ein Tropenhelm ist erkennbar, wie er im 19. Jahrhundert ausgehend von Großbritannien regelrecht zum stereotypen Symbol des europäischen Kolonialherrn wurde.

⟶ Wir folgen der **Großen Johannisstraße** und biegen bei nächster Gelegenheit nach rechts auf den **Adolphsplatz,** wo sich der Haupteingang der Handelskammer befindet.

⟶ Tropenhelm

Was zunächst nur wie eine außer Gebrauch geratene Kopfbedeckung wirkt, gehört zu den symbolischen Repräsentanten des Kolonialismus schlechthin. Alle europäischen Kolonialisten trugen diesen Helm. Im Französischen trägt er gar den Namen »casque colonial« – »Kolonialhelm«. Zeitweise wurden die Helme durch spezielle Polierpasten auf Hochglanz gebracht und wirkten so noch weißer, als sie ohnehin schon waren. Menschen aus kolonisierten Ländern kennzeichneten Europäer etwa in der Kunst ihrerseits durch diese Kopfbedeckung. Seitens der Europäer stellte der Helm ein Symbol von Macht und Überlegenheit gegenüber den von ihnen kolonisierten Menschen dar und sollte in ihrem Selbstverständis vielfach Mut und Abenteuergeist ausdrücken. Auf den Filmplakaten des NS-Propagandafilms »Carl Peters« trägt etwa auch Hans Albers einen Tropenhelm. Im Jahr 2018 reiste die damalige US-Präsidenten-Gattin Melania Trump ganz unbefangen mit einem Tropenhelm auf dem Kopf durch Kenia und stieß damit sogleich auf sehr viel Kritik. Und das zu Recht, kann der Helm doch bei einer Umkehr der Perspektive nur als Symbol für Unterdrückung, Raub und Gewalt durch die Europäer verstanden werden. Der Tropenhelm ist also nicht einfach nur ein Hut, und seine universelle Bedeutung sollte uns auch heute bewusst sein.

4

Handelskammer

»Alle die seit Jahrhunderten uns verschlossenen, fast verborgen gewesenen Länder und Welttheile sind uns offen geworden und wir können auch sagen: Hamburg hat Colonien erhalten« – diese viel zitierte Aussage aus dem Jahr 1822 stammt von dem damaligen Präses der Hamburger Handelskammer Martin Joseph Haller. Genau genommen muss man an dieser Stelle noch von der »Commerzdeputation« sprechen, aus der die Handelskammer 1867 hervorging. Die merkwürdig anmutenden Worte Hallers, lange bevor Deutschland in den Reigen der Kolonialmächte einstieg, sind im Kontext des Welthandels zu sehen.

Im Zuge der südamerikanischen Unabhängigkeitsbewegung zwischen 1809 und 1825 hatten sich die meisten der zuvor kolonisierten Länder von Spanien befreit, 1822 erfolgte die Unabhängigkeit Brasiliens von Portugal. Für die Hamburger Kaufleute hatten diese Umwälzungen weitreichende Folgen: Da die unabhängigen Länder nicht mehr von den europäischen Kolonialmächten beherrscht wurden, waren nun direkte Handelskontakte möglich. Hamburgische Konsulate entstanden in Brasilien, Mexiko, Venezuela und Uruguay.

Schon bevor Deutschland ab 1884 offiziell Kolonialmacht wurde, mischten Hamburger Kaufleute also schon tüchtig im internationalen Handel mit. Einzelne Handelshäuser hatten Niederlassungen außerhalb Europas, koloniale Waren und Rohstoffe

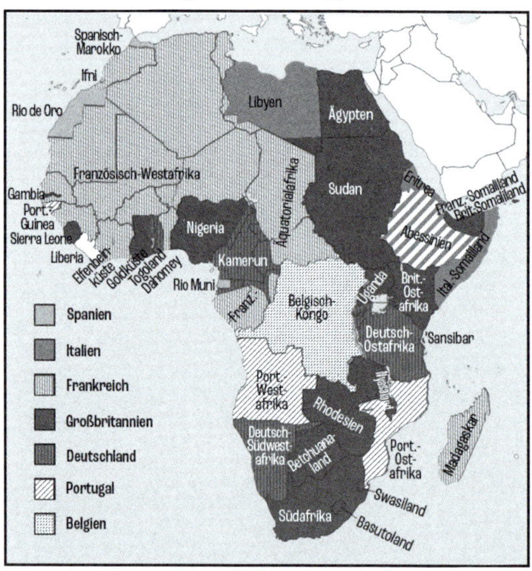

Europäische Kolonien in Afrika 1914

kamen außerdem über andere europäische Häfen wie London oder Amsterdam nach Hamburg. Seit 1815 war Hamburg eine »Freie Stadt« und nutzte diese Stellung nicht zuletzt für den Freihandel mit Nordamerika.

Und schon von 1665 an fungierte die spätere Handelskammer als Interessenvertretung der Hamburger Kaufleute. Deshalb kann es nicht verwundern, dass sie auch in der Zeit des Kolonialismus eine bedeutende Rolle spielte, die weit über die Hansestadt hinausreichte. Viele Hamburger Kaufleute standen der Annexion von Kolonien zunächst eher skeptisch gegenüber. Es bestand Furcht vor den zu hohen »Betriebskosten«, vor dem Konkurrenzkampf mit anderen europäischen Kolonialmächten und vor der Auseinandersetzung mit der lokalen Bevölkerung. Allerdings gab es – zwar wenige, dafür aber lautstarke – Befürworter. Diese gruppierten sich um die Person des Hamburger Kaufmanns Adolph Woermann (⟶ **Station 7**).

Woermann trat mit der Ansicht in den Vordergrund, dass die Hamburger Handelsniederlassungen den anderen Kolonialmächten gegenüber des Schutzes durch das Reich bedürften, und reichte dieses Ansinnen bei der Handelskammer ein. Die Handelskammer verfasste 1883 eine Denkschrift auf der Basis von Woermanns glühender Argumentation für einen deutschen Kolonialismus. Letztlich war es diese Denkschrift, die auch dem lange an der kolonialen Unternehmung zweifelnden Reichskanzler eine Legitimation dafür verschaffte, einen deutschen Kolonialismus zu befürworten. Auf Einladung Bismarcks fand 1884/1885 schließlich die **Berliner Konferenz** statt, auf der mit der sogenannten Kongo-Akte die Grundlage für die Aufteilung Afrikas unter den europäischen Kolonialmächten geschaffen wurde.

So kann die Hamburger Handelskammer, wenn auch nicht als Begründerin, so doch zumindest als Motor und Initiatorin für die Entwicklung hin zu einem deutschen Kolonialreich gesehen werden.

⟶ **Berliner Konferenz**

Zwischen November 1884 und Februar 1885 versammelten sich auf Einladung Otto von Bismarcks Vertreter aus 14 Nationen zu einer Konferenz in Berlin. Worum es den Abgesandten der USA, des Osmanischen Reichs und zwölf europäischer Nationen ging, war in erster Linie eine rechtlich bindende Aufteilung Afrikas in Kolonien. Der sprichwörtlich gewordene »Wettlauf um Afrika« hatte zu diesem Zeitpunkt längst begonnen. Um die freie Schifffahrt auf den Flüssen Kongo und Niger, die als längste afrikanische Flüsse nach dem Nil enorme Bedeutung hatten, sowie Handelsfreiheit und territoriale Rechtsansprüche zu regeln, wurde im Februar 1885 als Schlussdokument der Konferenz die »Kongo-Akte« unterzeichnet. Der Name dieses Papiers rührte daher, dass König Leopold II. von Belgien seine Ansprüche im Kongo gefährdet sah und nunmehr andere europäische Kolonialmächte von einer Aufteilung Afrikas überzeugen konnte. Obwohl sich die afrikanische Bevölkerung teils erheblich und über Jahre zur Wehr setzte, gelang es den Kolonialmächten schließlich, den Kontinent bis auf wenige Ausnahmen ganz offiziell unter sich »aufzuteilen«. Die Folgen waren Grenzziehungen ungeachtet der ethnischen Besiedlung, die Unterdrückung der lokalen Bevölkerung, die Ausbeutung von Rohstoffen und Arbeitskraft sowie teils brachiale Gewalt durch die Kolonialmächte, die sich fremdes Land angeeignet hatten. Die Langzeitfolgen dieser räuberischen Zuteilung müssen Länder auf dem afrikanischen Kontinent bis heute in Form von Armut und Bürgerkriegen ertragen.

⟶ Wir gehen nun zurück in Richtung **Große Johannisstraße**, überqueren diese und folgen der Straße **Börsenbrücke**. Nach einer Rechtskurve gelangen wir zur **Trostbrücke**.

5

Laeiszhof

Jenseits der Trostbrücke stehen zu beiden Seiten recht prachtvolle Kontorhäuser direkt am Fleet. Rechter Hand ist der **Globushof** zu sehen, der 1907/08 nach Plänen der Architekten Werner Lundt und Georg Kallmorgen erbaut wurde. Bauherrin war die Globus-Versicherungsgesellschaft, die sich insbesondere auf Schiffsversicherungen verstand. Dieser Umstand erklärt den Bauschmuck auf dem Dach des Gebäudes. Zwischen zwei Segelschiffen befindet sich eine Skulptur, die Neptun, den römischen Gott des Meeres, darstellt.

Dem Globushof gegenüber befindet sich mit dem **Laeiszhof** eines der bekannteren Hamburger Kontorhäuser. Drei Architekten waren hier am Werk, die allesamt auch am Bau des Rathauses beteiligt waren: Martin Haller, Wilhelm Meerwein und Bernhard Hanssen. Erbaut wurde der Laeiszhof 1897/98, die Backsteinfassade im neogotischen Stil schafft eine Verbindung zur nahe gelegenen Speicherstadt. Die Geschichte des **Pudels auf dem Dach** zwischen den beiden Türmen ist in Hamburg weitläufig bekannt. Er steht für den Spitznamen der Schwiegertochter des Firmengründers, Sophie Laeisz, die aufgrund ihrer kleinlockigen Haarpracht »Pudel« genannt wurde.

Begründer der Reederei war Ferdinand Laeisz (1801–1887). Zunächst machte dieser sich als Hutmacher einen Namen, exportierte ab 1824 Seidenzylinder nach Südamerika und verfügte hierdurch bald über ein sich ausweitendes Netz von Handelskontakten, die es ihm erlaubten, auch Waren wie Kakao oder Kaffee nach Hamburg zu importieren. Seit 1840 gab Ferdinand Laeisz eigene Schiffe in Auftrag und beteiligte sich wenige Jahre später an der Gründung der Hamburg-Amerikanischen-Packetfahrt-Actien-Gesellschaft, kurz HAPAG. Zu wahrer Blüte brachte die Reederei dann aber Ferdinands Sohn Carl Laeisz (1828–1901), der 1852 in das väterliche Unternehmen einstieg. Die Reederei war Ende des 19. Jahrhunderts obendrein Mitbegründerin der Woermann-Linie und der Deutschen Ost-Afrika-Linie (⟶ Station 7).

An der **Eingangsfront** des Hauses direkt neben der Trostbrücke begegnen dem Betrachter zwischen den Fenstern oberhalb des Granitsockels die Skulpturen von vier Herren. Die von Bruno Kruse geschaffenen Statuen zeigen

Eingangsportal Laeiszhof

Kaiser Wilhelm I., Reichskanzler Bismarck und die beiden Generalfeldmarschalle Albrecht von Roon und Helmuth von Moltke. Offensichtlich wollte der Bauherr den wichtigen Persönlichkeiten des Kaiserreiches damit eine Ehre erweisen. Über dem **Haupteingang** sind die Initialen des Gründers »FL« zu sehen, gekrönt von **drei Sternen**. Diese stehen für die drei Geschäftszweige der Reederei: Handel – Schifffahrt – Versicherung.

Mit ihren »Flying-P-Linern«, einer Serie besonders schnittiger Segelschiffe, exportierte das Unternehmen unter anderem Salpeter aus Südamerika, wofür auch das in Hamburg inzwischen recht berühmte Segelschiff »Peking« eingesetzt wurde (⟶ Tour 4). Aber auch im Fruchthandel war die Firma aktiv. Eine Tochterfirma der Reederei war die Afrikanische Frucht-Compagnie (AFC), die ebenfalls bis heute ihren Sitz hier im Laeiszhof hat.

Die AFC wurde 1912 in Hamburg gegründet und spezialisierte sich auf den Handel mit Bananen, die sie in der damaligen deutschen Kolonie Kamerun anbauen ließ. Mit dem Vertrieb der »Deutschen Kamerun-Banane« nahm die Vermarktung absurde Züge an. Denn was genau soll eine »deutsche« »Kamerun-Banane« sein?

Nach dem Ersten Weltkrieg musste das Unternehmen zwar seine Plantagen zunächst an Großbritannien abtreten, es gelang der AFC allerdings recht schnell, diese zurückzugewinnen. Insbesondere in der Zeit des Nationalsozialismus waren Namensgebungen wie die »Deutsche Kamerun-Banane« durchaus willkommen, boten sie doch die Möglichkeit der heimischen Aneignung fremdländischer Produkte. Geschäftsführer der AFC war in jenen Jahren Willi Gansauge, der seit 1936 auch Partner der Reederei Laeisz war. Gansauge verfolgte als Handelsmann und Parteimitglied in der NSDAP deutlich kolonialrevisionisti-

Werbung der AFC

sche Ziele und erhoffte sich die »Rückeroberung« der deutschen Kolonien durch die Nationalsozialisten – eine Hoffnung, die sich bekanntermaßen nicht erfüllt hat. Es gelang der AFC, zur ernsthaften Konkurrenz der United Fruit Company (UFC) zu werden, die bis dahin den Markt in Deutschland und Europa dominiert hatte. Seit den 1950er Jahren importierte die AFC ihre Bananen dann nicht länger aus Afrika, sondern vorrangig aus Costa Rica und Ecuador. Sie firmieren heute unter dem Label »Onkel Tuca«, dessen Name ebenfalls einen stark kolonialen Anklang hat und das uns in vielen Supermärkten begegnet.

Wer möchte, wirft nun noch einen Blick in das sehenswerte **Innere des Laeiszhofs**. Hier ist nach wie vor einer der wenigen Paternoster der Hansestadt in Betrieb. Der repräsentative Eingangsbereich wird seit 1903 von einer massiven **Bronzeskulptur** des Bildhauers Caesar Scharff geschmückt. Sie trägt den Titel »Kraft, Fleiß, Fürsorge«. Als Allegorien auf diese Tugenden sind die dargestellten Personen zu verstehen: in der Mitte ein Seemann – die Kraft –, zu seiner Rechten ein Werftarbeiter – der Fleiß – und zu seiner Linken in Form einer Frauenfigur – die Fürsorge. Im Hintergrund zeigen sich Industrie und Hafen durch rauchende Schornsteine und ein Segelschiff. Letzteres ist vermutlich das Fünfmast-Vollschiff »Preußen«, Stolz der Reederei, galt es doch zu seiner Zeit als größtes Segelschiff der Welt. An der gegenüberliegenden Wand befindet sich eine Karte, die eine Welt ohne Landesgrenzen zeigt.

Die Reederei Laeisz konnte im kolonialen Hamburg ein beträchtliches Vermögen anhäufen. Zum Dank an ihre Heimatstadt verfügten Carl und Sophie Laeisz testamentarisch, der Stadt aus ihrem Nachlass ein Konzerthaus zu stif-

Treppenhaus im Laeiszhof

ten. 1908 konnte der Bau am heutigen Johannes-Brahms-Platz eingeweiht werden. In den ersten Jahren tauchte sowohl der Name »Laeiszhalle« als auch der Name »Musikhalle« auf, bis sich letzterer für viele Jahre durchsetzen sollte. Im Volksmund, so eine mündliche Überlieferung, wurde in früheren Zeiten vom Klang »weinender Afrikaner« gesprochen, wenn in der Musikhalle die Instrumente gestimmt wurden. Im Jahr 2005 beschloss die Stadt die Rückbenennung der »Musikhalle« in »Laeiszhalle«.

⟶ Von hier aus machen wir einen kleinen Abstecher und biegen hinter dem Laeiszhof links in die Straße **Neue Burg** ein. An deren Ende haben wir einen hervorragenden Blick auf das Gebäude-Ensemble in der **Willy-Brandt-Straße 59**.

6

Hamburg Süd

Vor uns erhebt sich nun ein Gebäudekomplex, bestehend aus einem **Hochhaus**, das durch einen Querbau mit einem weiteren sechsgeschossigen Gebäude verbunden ist. Augenfällig ist das grün schimmernde Glas der Fensterreihen, die alle Gebäude komplett ummanteln. Es handelt sich bei dem Ensemble um den ehemaligen **Sitz der Reederei Hamburg Süd.** Erbaut wurde der Komplex bis 1964 nach Plänen des Architekten Cäsar Pinnau. In Hamburg wie auf Reisen begegnen den Besucher*innen von Hafenstädten regelmäßig die rot-weißen Container der inzwischen vom Branchenriesen Maersk aufgekauften Reederei.

Im Jahr der Reichsgründung 1871 wurde die Hamburg-Südamerikanische Dampfschiffahrts-Gesellschaft durch, wie es in der Firmenchronik heißt, »elf der angesehensten Hamburger Kaufmannshäuser« gegründet. Ihr voller Name verrät, dass die Reederei auf Fahrten nach Südamerika spezialisiert war. Der Handel mit den südamerikanischen Staaten war zur Zeit der Gründung schon lange keine Seltenheit mehr. Wie bereits erwähnt, waren Hamburger Kaufleute bereits seit deren Unabhängigkeit in den 1820er Jahren rege am Handel mit ihnen beteiligt. Die Besonderheit der Reederei Hamburg Süd bestand vielmehr darin, dass sie als erste einen regelmäßigen Liniendienst zwischen Hamburg und Südamerika ermöglichte.

Während England eine solche regelmäßige Verbindung bereits in den 1850er Jahren eingeführt hatte, war diese für das Deutsche Reich ein Novum. Vielleicht hatten die Gründer der Dampfschiffahrts-

Ehemaliges Verwaltungsgebäude der Reederei Hamburg Süd

Werbeplakat Hamburg Süd

Gesellschaft unter der Leitung des Reeders und Kaufmanns Heinrich Amsinck die Zeichen der Zeit gesehen. Von der Reichsgründung erwarteten sie sich eine Zunahme des Außenhandels und damit einen erheblichen wirtschaftlichen Aufschwung. Zunächst verfügte die Reederei lediglich über drei Dampfer, die sie den Briten abgekauft hatte. Mit Fahrten einmal pro Monat begann nun der Liniendienst über Lissabon in die Häfen Bahia, Rio de Janeiro und Santos in Brasilien. Insbesondere die Hamburger Kaffee-Kaufleute profitierten von den regelmäßigen Fahrten in die Anbaugebiete des Kaffees (⟶ **Tour 2**). Aber auch Kakao, Rohrzucker und Tabak kamen aus den brasilianischen Hafenstädten in die Hansestadt.

Die Flotte der Hamburg Süd wurde sukzessive ausgebaut. Bereits zwei Jahre nach der Gründung konnte auf der Hamburger Reiherstiegwerft mit der »Valparaiso« das erste eigene Schiff in Auftrag gegeben werden. Seit der Werftgründung von Blohm & Voss (heute Blohm+Voss) 1877 gehörte diese ebenfalls zu den »Hauswerften« der Reederei. Mit der Flotte nahmen auch die regelmäßigen Fahrten zu und damit die Zahl der Zielhäfen. Ab 1878 gab es schließlich Fahrten in die sogenannten **La-Plata-Länder**.

⟶ La-Plata-Länder

Unter La-Plata-Ländern versteht man heute die Länder im Stromgebiet des Rio de la Plata, insbesondere Argentinien, Uruguay und Paraguay. Diese Staaten erlangten gegen Ende des 19. Jahrhunderts im Welthandel zunehmend an Bedeutung. So wurden aus Argentinien beispielsweise Getreide, aber auch tierische Produkte wie Wolle, Fleischextrakt und Talg importiert. Letzteren verwendete man unter anderem zur Herstellung von Kerzen und Seifen.

Unter der neuen Leitung durch Carl Laeisz, der den Vorsitz des Verwaltungsrats 1885 von seinem Vater Ferdinand übernommen hatte, verkehrte ab 1888 schon einmal pro Woche ein Schiff in Richtung Brasilien. Als 1892 in Hamburg die große Cholera-Epidemie ausbrach, durften Schiffe aus Hamburg in keinen anderen Häfen mehr anlegen, auch waren Warenimporte aus der »verseuchten« Hansestadt untersagt. Hamburg Süd umging dieses Problem, indem es die Schiffe in Rotterdam anlanden ließ. Ein Umstand, der bei den Hamburger Kaffee-Kaufleuten auf Missfallen stieß, weil nun eine niederländische Konkurrenz entstanden war.

Doch nicht nur die Cholera machte der Reederei das Leben schwer, sondern auch das Gelbfieber, das in Südamerika grassierte. Kurzerhand pachtete Hamburg Süd die Insel Ilha das Palmas nahe der Hafeneinfahrt nach Santos, die sie im Jahr 1906 sogar kaufte. Hier wurden fortan die Besatzungsmitglieder der Hamburger Schiffe untergebracht, die mittels dieser Isolation vom Festland vor dem Fieber geschützt werden sollten. Weniger Sorge trug die Reederei dagegen für einheimische Hafenarbeiter, die unterdessen die importierten Waren löschten und die Schiffe neu beluden.

Noch ein weiterer Unternehmenszweig trug zum finanziellen Aufstieg des Unternehmens bei. Die Hamburg Süd betätigte sich nicht nur im Handels-, sondern auch im Auswanderergeschäft. Mit dem wirtschaftlichen Aufschwung wurden in Südamerika Erntehelfer und -helferinnen benötigt. So zog es Menschen aus Spanien nach Argentinien und Menschen aus Portugal nach Brasilien. Aber auch Arbeitswillige aus Osteuropa wurden von Hamburg aus verschifft. Der Großteil von ihnen verließ das Land nach der Ernte wieder in Richtung Europa. Noch hinzu kamen jene, die auf der Suche nach dem Glück dauerhaft nach Südamerika auswanderten und sich vor allem in den südlichen Regionen Brasiliens niederließen. Nach und nach arbeitete sich die Reederei durch schnelle Schiffe mit großer Kapazität und hohem Reisekomfort an die Spitze des Auswanderergeschäfts nach Südamerika.

Bei Ausbruch des Ersten Weltkriegs verfügte die Reederei über eine Flotte von über fünfzig Schiffen. Diese Flotte ging während des Kriegs verloren, konnte allerdings bis zum Ausbruch des Zweiten Weltkriegs wieder aufgebaut werden. Eine besonders tragische Geschichte hatte der Dampfer »Cap Arcona«, der im Mai 1945 von britischen Bomben getroffen und versenkt wurde. Die Briten agierten im Unwissen, dass sich an Bord rund 4500 Gefangene des Konzentrationslagers Neuengamme bei Hamburg befanden.

Ein weiteres prominentes Schiff der Hamburg Süd ist die »Cap San Diego«, die ihren Liegeplatz heute an der Überseebrücke hat und wie der Bau vor uns nach Entwürfen Cäsar Pinnaus gebaut wurde. Die Oetker-Gruppe, die die Reederei in der Nachkriegszeit übernommen hatte, hat Hamburg Süd unlängst an die Reederei Maersk verkauft. Auch das Gebäude ist inzwischen in neuen Besitz übergegangen.

→ Der Weg führt uns nun zurück zur Straße **Trostbrücke**, an deren Ende wir rechts in die Straße **Neß** einbiegen. Nach Überquerung der verkehrsreichen **Domstraße** erreichen wir die **Große Reichenstraße** und machen Halt vor dem Haus mit der **Nummer 27**.

7

Afrikahaus

Schon rein architektonisch dürfte es bei der Betrachtung des **Afrikahauses** leichtfallen, das Gebäude in seinen kolonialhistorischen Zusammenhang einzuordnen. Unübersehbar prangt der goldene Schriftzug »Afrikahaus« über dem Eingang, der von einer **Kriegerskulptur** des Bildhauers Walter Sintenis bewacht wird. Das aufwendig gestaltete, mit einer Palme geschmückte **Eingangstor** verewigt den Namen des Bauherrn: »Woermann«.

Der Name Woermann begegnet uns auf diesem Rundgang und auch auf den anderen Touren in diesem Buch immer wieder. Zurückzuführen ist das insbesondere auf Adolph Woermann, seit 1880 Inhaber des Handelshauses C. Woermann, das sein Vater Carl 1837 gegründet hatte. Neben dem Handelshaus betrieb die Familie seit 1849 erste Schiffe, woraus schließlich die Reederei Woermann-Linie hervorging, und war Teilhaber der Deutschen Ost-Afrika-Linie, die ihren Sitz ebenfalls im Gebäude hier in der Großen Reichenstraße hatte.

Das Kontorhaus wurde 1899 nach Entwürfen des Architekten Martin Haller erbaut. Augenfällig ist das blau-grüne Muster der **gefliesten Fassade**. Haller wählte diese Gestaltung nicht nur aus ästhetischen Gründen, handelt es

Große Reichenstraße Eingangstor

sich dabei doch um die Farben der Reederei-Flagge der Woermann-Linie. Bei Betreten des schattigen Innenhofs treten nahezu lebensgroß zwei **Elefanten** aus dem Dickicht zu beiden Seiten des Eingangs zum Hinterhaus. Darüber erstreckt sich ein nicht mehr vollständig erhaltenes **farbiges Mosaik**. Erkennbar sind nach wie vor ein Affe, der drauf und dran ist, nach einer Kokosnuss zu greifen, und ein Vogelstrauß. Der obere Teil des Mosaiks ging genauso wie der Ostflügel des Gebäudes vermutlich während des Zweiten Weltkriegs verloren. Schmuck und Bildwelt des Kontorhauses beziehen sich ausnahmslos auf den kolonisierten Kontinent. Es handelt sich hierbei um eine Inszenierung, die selbst in der Hamburger Innenstadt ihresgleichen sucht. Tierwelt und Palme versinnbildlichen die Sehnsucht nach vermeintlicher »Exotik«. Sintenis' Krieger-Skulptur setzt das damals weit verbreitete rassistische Bild des **»edlen Wilden«** künstlerisch in Szene.

Zum 75-jährigen Jubiläum 1912 ehrten die Hamburger Nachrichten in einem Artikel die Firma C. Woermann, »die für die Entwicklung der deutschen Kolonien von bahnbrechender Bedeutung geworden ist. Ihr verdanken wir zum großen Teil die Erwerbung unserer westafrikanischen Besitzungen und besonders die Herstellung geeigneter Verbindungen zwischen Deutschland und seinen Kolonien in Afrika.« Die »bahnbrechende Bedeutung«, die die Zeitung dem Unternehmen zuschrieb, ging in erster Linie auf Adolph Woermann zurück, der in seiner Person Hamburg-typisch den Handelsmann und den Politiker vereinte. Zeitweilig war er Präses der Handelskammer, Mitglied der Hamburger Bürgerschaft und Reichstagsmitglied für die Nationalliberale Partei. Durch sein Vermögen und seine politische Stellung gehörte er zweifelsfrei zu den mächtigen Männern im Kaiserreich, was ihm auch den Ruf eines »königlichen Kaufmanns« einbrachte.

Die **Palme im Eingangstor** ist von der Baumkrone bis zum Wurzelwerk ausgestaltet. Man ist geneigt zu spekulieren, dass diese Darstellung als Allegorie auf die Wurzeln des Unternehmens im Palmölhandel zu verstehen ist. Palmöl war einer der am vielseitigsten eingesetzten Rohstoffe des 19. und frühen 20. Jahrhunderts (⟶ Tour 6). Verwendet wurde es in unterschiedlichen Wirtschaftszweigen und Produkten, was u.a. für den großen finanziellen Erfolg des Woermann'schen Unternehmens verantwortlich war.

⟶ **Das Bild des »edlen Wilden«**

Das Bild zieht sich durch die gesamte Kolonialzeit seit der europäischen Expansion im 15. Jahrhundert. Die Zusammenführung der Attribute »edel« und »wild« ist Ausdruck einer spezifischen Ambivalenz gegenüber dem Fremden, das einerseits als unverfälscht Ursprüngliches imaginiert wird und andererseits als das Unzivilisierte und Rohe Angst macht. Der Ausgangspunkt dieses Bildes ist in der Annahme der Existenz von »Naturvölkern« und »Kulturvölkern« zu sehen, wobei letztere durch Bildung und Technik überlegen seien. Damit offenbart es den vorurteilsbehafteten und rassistischen Blick der europäischen Kolonialmächte auf die Menschen in den von ihnen kolonisierten Gebieten. Interesse bestand in der Regel nicht am Kennenlernen ihnen fremder Kulturen, sondern vielmehr an deren vermeintlicher Zivilisierung. Das Bild wurde insbesondere seit dem 19. Jahrhundert zu einem Topos der Kunst und fand auch für die Bewerbung sogenannter Kolonialwaren vielfach Verwendung. In ebenfalls stark romantisierter Form tauchte es auch in der Literatur auf, so etwa in den Schriften Jean-Jacques Rousseaus oder in Karl Mays Romanen.

Eine erste Handelsniederlassung hatte C. Woermann bereits 1849 in Liberia, der sich weitere in Gabun und Kamerun anschlossen. Adolph Woermann hatte erkannt, auf welche Weise sich das große Geld machen ließ, und so war er einer der Hauptagitatoren für deutsche Kolonien im Kaiserreich. Einen ersten sogenannten »Schutzvertrag« erreichte das Woermann'sche Unternehmen gemeinsam mit Vertretern des Hamburger Handelshauses Jantzen & Thormählen 1884 in Kamerun. Stellvertretend für das Reich wurde der Vertrag durch Reichskommissar Gustav Nachtigal bestätigt. Geschlossen wurde er mit den ansässigen Duala-Chiefs, die ihre langjährige wichtige Position als Zwischenhändler zwischen den Kaufleuten im Hafen auf der einen Seite und dem Hinterland auf der anderen Seite aufrechterhalten wollten. Ungeachtet dieses offiziellen Abkommens wurden die **Duala** nur rund zehn Jahre später durch ein Handelsverbot im betreffenden Gebiet als Zwischenhändler ausgeschaltet.

→ Duala

Douala ist der Name der heute größten Metropole Kameruns. Zur Zeit des deutschen Kolonialismus trug sie den Namen Kamerunstadt. Benannt ist sie nach dem Volk der Duala, die sich als bedeutende Händler an der Küste Kameruns hervorgetan hatten. Angehörige des Volkes verfügten über einen Grad an europäisch geprägter Bildung und Sprachkenntnisse, die den Kontakt mit den europäischen Händlern erheblich erleichterten. Einer der bekanntesten Vertreter des Volkes ist Rudolf Duala Manga Bell, der in Kamerun bis heute als Volksheld gefeiert wird. Als Schüler hatte er einige Jahre in Deutschland verbracht, bevor er 1908 König wurde. Als die Deutschen Vertragsbruch begingen, indem sie den Handel der Duala ausschalteten und diese von ihrem Land vertrieben, wendete sich Rudolf Manga Bell an die Reichsregierung. Er sendete Petitionen an den Reichstag und Eingaben an den Kaiser und schließlich Adolf Ngoso Din als Abgesandten nach Berlin. Obgleich Manga Bell und Ngoso Din sich auf die von Deutschen unterzeichneten Verträge stützen konnten, wurden sie des Hochverrats bezichtigt und bezahlten ihren Widerstand schließlich mit dem Leben. Am 8. August 1914 wurden sie in Douala hingerichtet. Das MARKK hat die Vorgänge in einer Ausstellung thematisiert. Inzwischen gibt es in Ulm und Aalen Plätze, deren Namen an den einstigen König erinnern.

Die Handelshäuser Woermann und Jantzen & Thormählen gründeten in Kamerun außerdem die Kamerun Land- und Plantagengesellschaft (KLPG), deren Ausbeutungspraxis im Land durch Zwangsarbeit, Gewalt und Unterversorgung der Arbeitenden geprägt war. Die Bakwiri, die das fruchtbare Land rund um den Kamerunberg von jeher besiedelt hatten, wurden vertrieben und ihr Land an unterschiedliche Handelsgesellschaften veräußert (→ **Tour 5**). Obendrein war Adolph Woermann ein Verteidiger des Branntwein-Exports in die deutschen Kolonien und setzte den Branntwein bisweilen gar als »Arbeitslohn« ein. Missionare hatten sich kritisch über die Auswirkungen des Alkohols auf die Einheimischen geäußert, und auch der sozialdemokratische Politiker August Bebel wies auf die negativen Folgen des Konsums hin (→ **Tour 5**).

Durch extreme Rücksichtslosigkeit, bedingungslose Profitorientierung und nicht zuletzt die Anordnung roher Gewalt konnte Adolph Woermann zu einem der Hauptprofiteure der kolonialen Agitationen in Hamburg werden. Und dies einmal mehr, als die Woermann-Linie und die Deutsche Ost-Afrika-Linie zu Anfang des 20. Jahrhunderts eine herausragende Rolle beim Transport der kolonialen Besatzungstruppen nach Namibia (damals »Deutsch-Südwestafrika«) für den Krieg gegen die Herero und die Nama spielten (→ **Tour 4**). In Namibia bilden heute das Woermann-Haus in Swakopmund sowie die von Nachfahren Adolph Woermanns gegründete Supermarktkette Woermann Brock (WB) Relikte der Aktivitäten der Hamburger Familie.

→ Wir folgen nun der **Großen Reichenstraße** in östliche Richtung, biegen rechts in die **Brandstwiete** ein und machen unseren nächsten Halt an der Kreuzung zur **Willy-Brandt-Straße**.

38

Große Reichenstraße Hinterhaus

8

Dovenhof

An dieser Kreuzung ist es durch den Verkehr ungewöhnlich laut. Dennoch lohnt es sich, hier einen Moment innezuhalten. In südlicher Richtung erscheint die **Speicherstadt**, dahinter erhebt sich ein **Neubau der Hafencity**. Auf der gegenüberliegenden Seite der Willy-Brandt-Straße wird rechter Hand das **Asiahaus** mit seiner weißen Fassade sichtbar. Ihm gegenüber liegt neben einem Parkhaus die **rückwärtige Seite des Afrikahauses**. Auch wenn die Zusammenhänge nicht auf den ersten Blick sichtbar sind, verdichtet sich an dieser Stelle doch, wie sehr sich die kolonialen Spuren in der Topografie der Stadt bis heute erhalten haben. Mit der Speicherstadt entstand während des Kaiserreichs ein Komplex, in dem Waren und Rohstoffe aus den Kolonien gelagert wurden, und die Straßen und Plätze der Hafencity auf dem ehemaligen Hafenareal tragen Namen internationaler Städte oder erinnern an als »Entdecker« bezeichnete Kolonialakteure.

Linker Hand sehen wir ein **Hochhaus mit außenliegendem Betonskelett**, das inzwischen durch eine Wirtschaftskanzlei genutzt wird. Erbaut wurde es in den 1960er Jahren nach Entwürfen des Architekten Werner Kallmorgen als Sitz des Nachrichtenmagazins »Der Spiegel«. Damit Kallmor-

Dovenhof um 1900

gens Projekt an dieser Stelle umgesetzt werden konnte, musste Hamburgs erstes modernes **Kontorhaus** weichen. So wurde der **Dovenhof** 1967 abgerissen.

Das Hamburger Kontorhaus markierte eine architektonische Bauweise neuen Typs. Erstmalig trennte der 1885/86 von Martin Haller erbaute Dovenhof den Nutzer vom Bauherrn. Das heißt, das Gebäude diente nicht nur als Firmensitz für ein Unternehmen, vielmehr waren die Büroflächen an unterschiedliche Mieter vergeben. Der Bedarf an Büroflächen stieg Ende des 19. Jahrhunderts immens. Die Industrialisierung war weit fortgeschritten, was den Absatz von Massenprodukten ermöglichte. Durch einen immer intensiveren Import von Rohstoffen konnten diese Massenprodukte nun stetig hergestellt werden, und um diese Vorgänge abzuwickeln, bedurfte es zusätzlichen Büroraums, den der neue Typus des Kontorhauses zur Genüge bot. Nicht von ungefähr hatte der Bauherr des Dovenhofs Heinrich von Ohlendorff den Bauplatz genau an dieser Stelle ausgesucht. Er lag fußläufig zu Börse und Rathaus in unmittelbarer Nähe zur Speicherstadt – und die damalige Stadt war eine Stadt der Fußgänger. Kurze Distanzen waren für einen Kaufmann unabdingbar, um die Lagerung der Waren genauso im Blick halten zu können wie die Börsenkurse. Ohlendorff war selbst Kaufmann und hatte sich gemeinsam mit seinem Bruder Albertus mit großem Erfolg auf den Import von **Guano** spezialisiert (→ Tour 4).

→ Kontor/Kontorhaus

Das Wort Kontor leitet sich aus dem Französischen ab. »Comptoir« steht für den Zahl- oder Zähltisch, an dem die Hamburger Kaufleute ihren Geschäften nachgingen, bezog sich im Laufe der Zeit aber auf den gesamten Geschäftsraum. Seit der zweiten Hälfte des 19. Jahrhunderts entstanden ganze Kontorhäuser, indem sich Unternehmen monofunktionale Geschäftsgebäude errichten ließen. Und schließlich schufen findige Bauherren große Kontorhaus-Komplexe, deren Räume und Etagen sie flexibel an verschiedene Firmen vermieten konnten. Den bekanntesten Typus dieser Art bildet das Chilehaus mit den angrenzenden Kontorhäusern im Bereich des heutigen UNESCO-Welterbes Speicherstadt und Kontorhausviertel. Heute werden die meisten erhaltenen Kontorhäuser aus dem späten 19. Jahrhundert von verschiedenen Mieter*innen genutzt, wie die Beispiele Afrikahaus und Laeiszhof zeigen.

→ Guano

Aufgrund seines hohen Phosphor- und Stickstoffgehalts wird Guano auch heute noch als Beimischung für organische Dünger verwendet. Der pulverförmige Stoff entsteht aus den Exkrementen von Vögeln wie Kormoranen und Pelikanen. Guano wurde erstmals im südamerikanischen Raum, insbesondere in Chile und Peru, genutzt. Schon die Inkas erkannten seine Qualitäten. Erstmals nach Europa gelangte Guano im 19. Jahrhundert durch Alexander von Humboldt. Neben Salpeter wurde Guano sowohl als Düngemittel wie auch zur Sprengstoffherstellung genutzt.

Abgelöst wurde der Guano-Handel durch den Import des günstigeren Salpeters. Bis dahin hatte es Ohlendorff & Co. zum größten Guano-Importeur des Reichs geschafft. Da Guano aus Vogelkot gewonnen wird, kursierte für Heinrich Ohlendorff auch der spöttische Beiname »Schietbaron«. Zur Bauzeit des Dovenhofs zog sich der Unternehmer immer mehr aus seinem angestammten Geschäft zurück, um sich vermehrt der Immobilienwirtschaft zu widmen. Parallel zum Bau der Speicherstadt ließ er mit dem Dovenhof eines der modernsten Bürogebäude der Stadt errichten. Sein Architekt Martin Haller orientierte sich beim Bau an nordamerikanischen Vorbildern. Das Kontorgebäude verfügte neben Telefonleitungen, elektrischem Licht und einer Zentralheizung auch über den ersten Paternoster auf dem europäischen Festland. Bis zu diesem Zeitpunkt hatte es die Aufzüge nur in Großbritannien gegeben. In Hamburg wurden sie durch den Dovenhof zum neuen Markenzeichen der Kontorhäuser.

Die Arbeits- und Lebenswelt eines Hamburger Kaufmanns der damaligen Zeit steht in krassem Kontrast zur Arbeits- und Lebenswelt jener, die im globalen Süden zum Beispiel in Form von Plantagenarbeit für die Gewinnung von Rohstoffen sorgten, welche in Hamburg zu Alltagswaren wurden. Von dieser Arbeit in den Kolonien bekam auch ein Großteil der Bevölkerung nichts mit, sondern war lediglich deren Nutznießerin. Auch heute noch sind im Falle vieler Importprodukte Pflanzung, Ernte und Arbeit von deren Konsum und den Verbraucher*innen im globalen Norden getrennt, wenngleich über diese Zusammenhänge ungleich bessere Informationsmöglichkeiten bestehen und die Konsument*innen sich nicht mehr so leicht auf ihr Unwissen über ausbeuterische Produktionsverhältnisse herausreden können.

⟶ Nachdem wir die verkehrsreiche **Willy-Brandt-Straße** überquert haben, gelangen wir auf der gegenüberliegenden Seite zum **Asia-Haus**.

9

Asia-Haus

Das **Asia-Haus** ist eines der wenigen Häuser in dieser Straße, die den Zweiten Weltkrieg und den Bau der früheren Ost-West-Straße in den 1950er und 1960er Jahren überdauert haben. Es wurde 1900 und 1909 in zwei Bauabschnitten nach einem Entwurf des Architekten Georg Radel erbaut. Radel gehörte zu den wichtigsten Kontorhaus-Architekten seiner Zeit. Von ihm stammt auch das Europa-Haus am Ballindamm, das zu den historischen Zeugnissen gehörte, die Anfang des 21. Jahrhunderts für den Bau der Europa Passage abgerissen wurden.

Bauherr des Asia-Hauses war der Hamburger Unternehmer Theodor Lind, und ein Blick auf die Fassade genügt, um Linds Tätigkeit im Asien-Handel zu verorten. **Chinesische Masken und Fabelwesen** wie ein Drache sind erkennbar. Darüber thronen in den Giebeln **zwei Reichsadler**.

Die Verbindung des Reichsadlers als Wappentier des Kaiserreichs mit Symbolen der chinesischen Kultur legt insbesondere für das Baujahr 1900, das Jahr der Niederschlagung der chinesischen Bewegung der Yihetuan (»in Rechtschaffenheit vereinte Milizen«), der sogenannten »Boxer«, einen kolonialen Zusammenhang nahe.

Bereits 1898 gehörte die chinesische Provinz Kiautschou mit der Hauptstadt Quingdao (damals Tsingtau) zu den deutschen Kolonien. Ziel der Besetzung war es gewesen, einen Flottenstützpunkt der kaiserlichen Marine in Ostasien zu schaffen. Doch

Fassaden-Detail am Asia-Haus

Eingang des Asia-Hauses

Deutschland war bei weitem nicht der einzige europäische Staat, der Interesse an China zeigte. Neben den USA und Japan waren es auch die anderen europäischen Mächte, die insbesondere Hafengebiete in China pachteten. Die Konflikte zwischen China und den Kolonialmächten verstärkten sich mit deren wachsendem Einfluss. Außerdem war den Chinesen die massive christliche Missionierung der einheimischen Bevölkerung ein Dorn im Auge. Viele fühlten sich durch den fremden Glauben zunehmend der eigenen Kultur beraubt. Um sich gegen diese Eingriffe zu wehren, formierte sich nun die antiimperialistische Bewegung der sogenannten »Boxer« (Yihetuan). Ihren Namen erhielten sie durch die westlichen Kolonisatoren, die sich dabei auf die chinesische Kampfkunstausbildung bezogen. Anfangs richteten sie sich in erster Linie gegen zum Christentum konvertierte Chinesen und Chinesinnen. Doch bald setzten sie sich auch den Kampf gegen die ausländischen Besatzer zum Ziel.

Eine verheerende Dürreperiode im Frühjahr 1900 brachte das Fass schließlich zum Überlaufen. Die Yihetuan belagerten in Peking das Viertel der europäischen Gesandten, wobei unter anderen der deutsche Gesandte Clemens Freiherr von Ketteler ermordet wurde. Die Kolonialmächte entsendeten daraufhin sogenannte Expeditionskorps, um gegen die chinesische Bewegung vorzugehen. Im Rahmen der Verschiffung eines solchen Expeditionskorps von Bremerhaven aus hielt Kaiser Wilhelm II. dann seine berüchtigte **»Hunnenrede«**.

Seinem brachialen Aufruf folgend, agierten die deutschen wie auch die anderen internationalen Truppen in China mit großer Gewalt. Weil die Besetzung Pekings bei Ankunft der Korps de facto schon aufgelöst worden war, machten sie sich zu sogenannten Strafexpeditionen auf, bei denen es zu Plünderungen, dem Niederbrennen ganzer Dörfer und zahlreichen Hinrichtungen kam. Vorangestellt hatte der Kaiser seinen Truppen den in Altona stationierten Generalfeldmarschall Alfred von Waldersee. Trotz dessen grausamen Zerstörungsregimes erinnert bis heute die Walderseestraße im Hamburger Stadtteil Othmarschen an den ehemaligen Feldmarschall.

→ **Auszug aus der »Hunnenrede« von Kaiser Wilhelm II.**

»Kommt ihr vor den Feind, so wird derselbe geschlagen! Pardon wird nicht gegeben! Gefangene werden nicht gemacht! Wer euch in die Hände fällt, sei euch verfallen! Wie vor tausend Jahren die Hunnen unter ihrem König Etzel sich einen Namen gemacht, der sie noch jetzt in Überlieferung und Märchen gewaltig erscheinen läßt, so möge der Name Deutscher in China auf 1000 Jahre durch euch in einer Weise bestätigt werden, daß es niemals wieder ein Chinese wagt, einen Deutschen scheel anzusehen!«

→ Wir überqueren nun noch einmal die **Willy-Brandt-Straße** und machen uns in östlicher Richtung auf zur letzten Station dieser Tour, dem **Chilehaus**.

10

Chilehaus

Weit über die Stadt hinaus ist das architektonisch beeindruckende Chilehaus bekannt. Im Jahr 2015 wurde es samt dem umgebenden Kontorhausviertel und der Speicherstadt zum UNESCO-Weltkulturerbe erklärt. Erbaut wurde es zwischen 1922 und 1924 nach Plänen des Architekten Fritz Höger und nach seiner Fertigstellung euphorisch begrüßt: »*Wer dieses Haus nicht erschüttert betrachtet, weiß nichts von Mut, nichts von Freiheit, Selbstbewußtsein, Zuversicht,* […]; *Einfachheit, Wahrhaftigkeit und Bekenntnis zu seiner Zeit*«, schrieben die »Hamburger Nachrichten« in einem Artikel zur Eröffnung 1924. Diese pathetischen Worte machen deutlich, dass das Chilehaus schon damals als das einzigartige Bauzeugnis seiner Zeit gefeiert wurde, das es ist.

Höger sah sich bei der Planung mit zwei ungleich großen Baugrundstücken konfrontiert, auf denen sich zuvor die berüchtigten Hamburger Gängeviertel befunden hatten. Er überbaute die Fischertwiete und schuf auf diese Weise ein Gebäude, das an ein Schiff erinnert. Blickt man an der **Fassade** empor, so entsteht der Eindruck, dass das Gebäude auch diagonal nach oben strebt. So steht es sinnbildlich für die wirtschaftliche Wiederauferstehung nach dem Ersten Weltkrieg.

Wir bewegen uns nun zum »Bug« in Richtung der **Kreuzung Burchardstraße** und **Pumpen.** Hier wird die Schiffsmetaphorik des Baus besonders deutlich. Gleich einer Galionsfigur befindet sich hier als Bauschmuck ein Vogel. Es handelt sich um die **Skulptur eines Condors**, des Wappentiers Chiles. Im Unterschied zu den anderen Kontorhäusern im Viertel wurde der gewaltige Komplex nicht von mehreren Personen, sondern durch einen einzigen Mann finanziert. Bauherr war Henry Brarens Sloman. Dies erstaunt um so mehr, als der Bau des Chilehauses in die wirtschaftlich schwierige Zeit zwischen Ende des Ersten Weltkrieges und Weltwirtschaftskrise fällt.

Sloman benannte den Bau nach dem Land, dem er sein Vermögen letztlich zu verdanken hatte. Er entstammte einer Dynastie, die bis heute die älteste noch bestehende Reederei Deutschlands leitet. Die Reederei Sloman, gegründet im 18. Jahrhundert durch William Sloman, spezialisierte sich zunächst auf den

Chilehaus und umgebende Bebauung, 1928

Transport von Auswanderern nach Südamerika (⟶ Tour 4). In Chile ergab sich dann im 19. Jahrhundert ein sehr viel lukrativerer Erwerbszweig, nämlich der Abbau und Import von **Salpeter** (⟶ Tour 4). Das »weiße Gold« war es schließlich auch, das Henry Sloman reich machte.

Der Bau des Chilehauses fällt zwar nicht in die Zeit des deutschen Kolonialismus, doch verdankt er sich einem Kapital, das in jener Zeit erwirtschaftet wurde. In Chile hatten schon seit den Zeiten des spanischen Kolonialismus Tausende meist indigene Wanderarbeiter und -arbeiterinnen unter menschenunwürdigen Bedingungen geschuftet. Geschaffen wurden sogenannte Latifundien, Großgrundbesitze ausländischer Investoren, auf denen der Salpeter abgebaut wurde. Ende des 19. Jahrhunderts entstanden auch die Salpeterwerke der Hamburger Unternehmen Fölsch & Martin und Sloman. Ganze Städte entstanden mitten in der chilenischen Atacama-Wüste, wobei die Arbeitenden neben dem Wüstenklima auch den teils giftigen Dämpfen beim Auslaugen des Salpeters ausgesetzt waren.

⟶ Salpeter in der Atacama-Wüste

Salpeter, eigentlich Natronsalpeter, ist ein Nitrat, das in vegetationslosen, trockenen und heißen Gebieten vorkommt. Der Abbau des Stoffes erfolgte in Minen. Verwendung fand er insbesondere seit Ende des 19. Jahrhunderts bis in die 1920er Jahre bei der Herstellung von Sprengstoff und als Düngemittel. Salpeter wurde so zum Importschlager in ganz Europa. Ein besonders großes natürliches Vorkommen wurde in der Atacama-Wüste entdeckt, die sich über 1200 Kilometer entlang der südamerikanischen Pazifikküste erstreckt. Sie gilt als die trockenste Wüste der Welt. Heute werden in der Atacama-Wüste insbesondere Lithium und Kupfer abgebaut.

Die hygienischen Bedingungen in den Unterkünften waren extrem mangelhaft. Zugleich fehlte es an ärztlicher Versorgung, was zu einer hohen Sterblichkeit unter den Arbeitenden führte. Auch der Lohn war kläglich, häufig wurden die Arbeitenden nicht mit Geld bezahlt, sondern mit einer Art Kunstgeld, das nur in den entsprechenden Salpeterwerken galt. Dieses Kunstgeld ließ sich nur in den werkseigenen Geschäften einlösen, um dort teils stark überteuerte Waren zu erstehen. Wenngleich Chile keine deutsche Kolonie war, so waren die Profiteure dieser Verhältnisse doch auch deutsche Kaufleute und Reeder und die Bedingungen, unter denen sie ihre Vermögen erwirtschafteten, jenen der Kolonialwirtschaft vergleichbar.

Das gewinnbringende Salpeter-Geschäft veränderte sich erst, als die Chemiker Fritz Haber und Carl Bosch eine Methode entdeckten, das Nitrat synthetisch herzustellen. Die Nachfrage nach Salpeter schwand nun, zurück blieben die Minen in der Wüste. Diese fanden in den 1970er Jahren noch einmal grausame Verwendung als Konzentrationslager für politische Gegner unter dem chilenischen Diktator Augusto Pinochet. Zwei der ehemaligen Salpeterwerke in der Atacama-Wüste werden heute als UNESCO-Weltkulturerbe gelistet, genauso wie das Chilehaus. Doch könnte ihre Geschichte unterschiedlicher nicht sein.

⟶ Wer nun noch ausreichend Energie hat, kann vom Endpunkt dieser Tour aus gleich **Tour 2** dieses Buches anschließen. Dabei ist es sinnvoll, den Rundgang durch Speicherstadt und Hafencity in umgekehrter Reihenfolge zu machen, beginnend bei Station 11 (Firma H.C. Meyer) in der **Shanghaiallee 7**. Um dort hinzugelangen, ist die Unterführung über den Eingang zur **U-Bahn-Station Meßberg** in Richtung Speicherstadt der schnellste Weg. Über den **Wandrahmsteg** und die **Poggenmühlen-Brücke** gelangen wir nach Überquerung des **Brooktorkais** in die Shanghaiallee.

Universität Hamburg

Nahe dem Dammtor-Bahnhof an der Edmund-Siemers-Allee 1 steht ein repräsentativer Bau mit Kuppeldach, der 1911 fertiggestellt wurde. Seit ihrer Gründung 1919 dient er als Hauptgebäude der Universität Hamburg. Der Haupteingang des Gebäudes führt in eine Vorhalle, auf deren rechter Seite eine bronzene Büste an den Initiator der Universität Werner von Melle erinnert. Mit der Namensgebung des Campus als »Von-Melle-Park« ist dem ehemaligen Senator und Leiter der Oberschulbehörde ein weiteres Denkmal gesetzt. Von Melle hatte bereits Ende des 19. Jahrhunderts die Vision einer Universitätsgründung, stieß dabei allerdings auf Widerstand seitens der Hamburger Kaufmannschaft. Handel und Wirtschaft sollten der Stadt eine kaufmännische Prägung geben und nicht ungreifbare Dinge wie Forschung und Bildung. So suchte von Melle die Kaufleute auf andere Weise zu überzeugen, nämlich durch die Gründung eines Kolonialinstituts in Hamburg. Dieser Schritt zeigt einmal mehr die enge Verknüpfung von Wissenschaft und Kolonialismus in der Hansestadt.

Schon 1907 hatte von Melle die Gründung der »Hamburgischen Wissenschaftlichen Stiftung« vorangetrieben, die die finanzielle Grundlage des Kolonialinstituts schaffen sollte. An zwei Säulen im Hauptgebäude nahe dem Treppenaufgang sind die Stifter und Stifterinnen in goldenen Lettern verewigt. Die umfangreichste Spende kam von Alfred Beit, der mit der Ausbeutung von Diamantenminen in Südafrika zu einem Vermögen gelangte und einer der reichsten Männer seiner Zeit war. Sein Beitrag zur Stiftung betrug zwei Millionen Mark. Als das Reichskolonialamt in Berlin die Schaffung einer

Auflistung der Stifter an einer Säule in der Vorhalle

Ausbildungsstätte für Kolonialbeamte beschloss, fiel die Wahl nicht zuletzt aufgrund der gesicherten Finanzierung auf die Hafenstadt Hamburg.

1908 wurde das Kolonialinstitut eröffnet und stand neben den Kolonialbeamten auch Kaufleuten und Auswanderern in die Kolonien offen. Unterrichtet wurden – zunächst am Speersort in der Hamburger Innenstadt – Geografie, Volkswirtschaft, die sogenannte »Völkerkunde«, Botanik und Warenkunde, aber auch praktische Fertigkeiten wie Zeichnen, Sammeln, Fotografieren, Fechten und Reiten. Der Lehrkörper bestand aus Professoren des »Allgemeinen Vorlesungswesens«, das der Hamburger Bevölkerung bereits seit dem 18. Jahrhundert einen Zugang zur Bildung hatte schaffen sollen.

Bronzebüste Werner von Melle

Aber auch die Entstehung zahlreicher wissenschaftlicher und kultureller Einrichtungen in der zweiten Hälfte des 19. Jahrhunderts sorgte für neues wissenschaftliches Personal. Die Lehrenden stammten aus Museen wie dem »Völkerkundemuseum« (heute MARKK) oder dem Museum für Kunst und Gewerbe. Sie arbeiteten in wissenschaftlichen Institutionen wie dem Botanischen Institut oder dem Institut für Schiffs- und Tropenkrankheiten. Hinzu kamen neu geschaffene Professuren. So erhielt Hamburg als erste Stadt einen Lehrstuhl für afrikanische Sprachen und Kulturen, der ab 1909 von Professor Carl Meinhof besetzt wurde. Meinhof befasste sich mit den Bantu-Sprachen Afrikas. Für seine Forschung wurden sogenannte »Sprachgehilfen« eingesetzt. Beispielhaft steht hierfür die Person Mohammed Nuurs, an den ein Porträt erinnert, das heute im Universitätsmuseum im ersten Stock betrachtet werden kann.

Über Mohammed Nuur ist nur wenig bekannt. Er stammte aus Somalia und arbeitete zwischen 1917 und 1922 am Kolonialinstitut bzw. der Universität. Während des Ersten Weltkriegs wurde er als Bürger mit britischem Pass in einem Zivilgefangenenlager bei Berlin interniert. Hier kam er mit Carl Meinhof in Kontakt, der sich den Umstand der Gefangenschaft des Somaliers für seine »Sprachforschung« zunutze machte. In Hamburg war Nuur beteiligt an der Dissertation einer Sprachwissenschaftlerin über die Grammatik des Somali. Allerdings erschien diese lediglich unter ihrem Namen, die Zusammenarbeit mit Mohammed Nuur wurde nicht erwähnt. Carl Meinhof hingegen befasste sich mit der sogenannten »Hamitentheorie«, die die rassistische Behauptung einer Überlegenheit der nordafrikanischen Bevölkerung gegenüber dem Rest des Kontinents aufstellte. Nachdem Mohammed Nuur die Universität 1922 verlassen hatte, verliert sich seine Spur. Einzig das Porträt erinnert an ihn.

Für das Kolonialinstitut und das Allgemeine Vorlesungswesen fehlte es im Zuge der Planungen nur noch an geeigneten Räumlichkeiten. Der Hamburger Unternehmer Edmund Siemers hatte beschlossen, der Stadt Geld für einen Anbau der Hamburger Kunsthalle zu stiften. Von Melle konnte ihn jedoch überzeugen, seine Stiftung für den Bau des heutigen Hauptgebäudes zur Verfügung zu stellen. Schon kurz nach Fertigstellung wurde ein Abschnitt der Grindelallee nach dem Stifter benannt.

Trotz des repräsentativen Gebäudes und des teils prominenten Lehrkörpers fand das Kolonialinstitut nie den erhofften Anklang. In der Zeit seines Bestehens schrieben sich gerade einmal 121 Studierende ein. Die meisten von ihnen hatte das Reichskolonialamt in Berlin nach Hamburg gesendet. Mit Ende des Ersten Weltkriegs wurde die Institution überflüssig, allerdings war mit ihr zumindest ein Motor, wenn nicht die Basis zur Gründung der Universität geschaffen worden.

Die Büste Werner von Melles trägt in einer Inschrift das Entstehungsjahr 1926. Allerdings: Der bronzene von Melle, der heute im Uni-Hauptgebäude besichtigt werden kann, ist lediglich eine Reproduktion aus dem Jahr 1979. Der Grund dafür liegt in der kolonialen Verstrickung der Universität. Bereits seit den 1960er Jahren waren Studierende auf diese aufmerksam geworden und sahen einen Repräsentanten in der Person Werner von Melles. 1977 starteten sie eine antikolonialistische Protestaktion und schnitten die Büste in viele kleine Einzelteile. Für den Betrag von fünf DM waren diese dann käuflich zu erwerben. Die Verkaufssumme stellte schließlich einen Solidaritätsbeitrag für die Freiheitsbewegung in Simbabwe.

Die Büste war nicht das einzige Denkmal, das in den Fokus der Studentenproteste geriet. Bis 1968 standen zu beiden Seiten des Hauptgebäudes Statuen, an deren Stelle inzwischen Neubauten stehen. Die Bildnisse zeigten zum einen den Gouverneur von »Deutsch-Ostafrika« Hermann von Wissmann. Das Denkmal war 1909 von Adolf Kürle geschaffen und in Dar es Salaam aufgestellt worden. Nach dem Ersten Weltkrieg gelangte es über Großbritannien 1921 an seinen Standort neben dem Hauptgebäude. Zum anderen wurde 1935 ein Denkmal aufgestellt, das den Truppenoffizier für Kamerun Hans Dominik zeigte. Es war 1913 von Karl Möbius ursprünglich für die Stadt Yaoundé geschaffen worden. Die Wahl der Universität als neuem Aufstellungsort verweist auf ihre Ursprünge im Kolonialinstitut.

Der Hamburger Schriftsteller Uwe Timm beschreibt in seinem Roman »Heißer Sommer« das Wissmann-Denkmal wie folgt: »*Wissmann stützte die Hände auf seinen Degen, trug einen Tropenhelm und blickte über den mit Autos verstopften Dammtorplatz hinüber zur Alster. Ihm zu Füßen, vor dem Marmorsockel, stand ein Askari, ebenfalls aus Bronze, der über einen sterbenden Löwen die kaiserliche Fahne deckte.*« Die Beschreibung macht den durch und durch kolonialen Impetus des Denkmals deutlich. Und genau dagegen gingen die Studierenden der 68er-Bewegung vor. 1967 gab es einen ersten Sturz der Wissmann-Skulptur, allerdings ließ die Stadt sie wieder aufstellen. 1968 wurden dann sowohl Wissmann als auch Dominik endgültig mit Tatkraft und Seilen von ihren Sockeln geholt. Heute liegen die Statuen in Kisten und sind eingelagert.

Die Universität Hamburg ist auf verschiedene Weise eng mit dem kolonialen Hamburg verknüpft. Viele Spuren führen auf den Weg dieser Verbindung, leider sind sie in den meisten Fällen kaum öffentlich sichtbar. Solange das so ist, muss wohl der Bau an der Edmund-Siemers-Allee stellvertretend für die koloniale Verstrickung wie die antikolonialen Proteste stehen.

Hauptgebäude der Universität mit Wissmann-Denkmal an der Edmund-Siemers-Allee, 1934

2

Speicher-stadt – Hafencity

STARTPUNKT
Deichstraße [nahe U-Bahn Rödingsmarkt]

ENDPUNKT
Shanghaiallee [nahe U-Bahn Hafencity Universität]

DAUER
etwa 2 Stunden

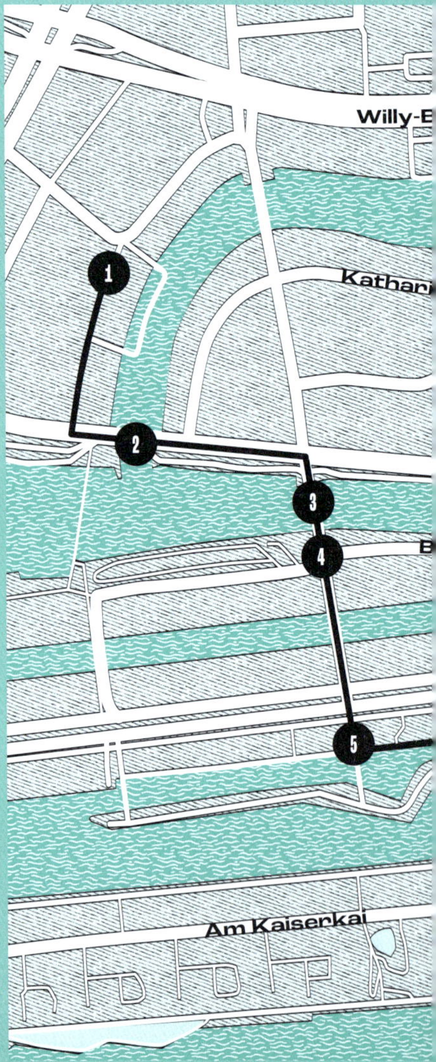

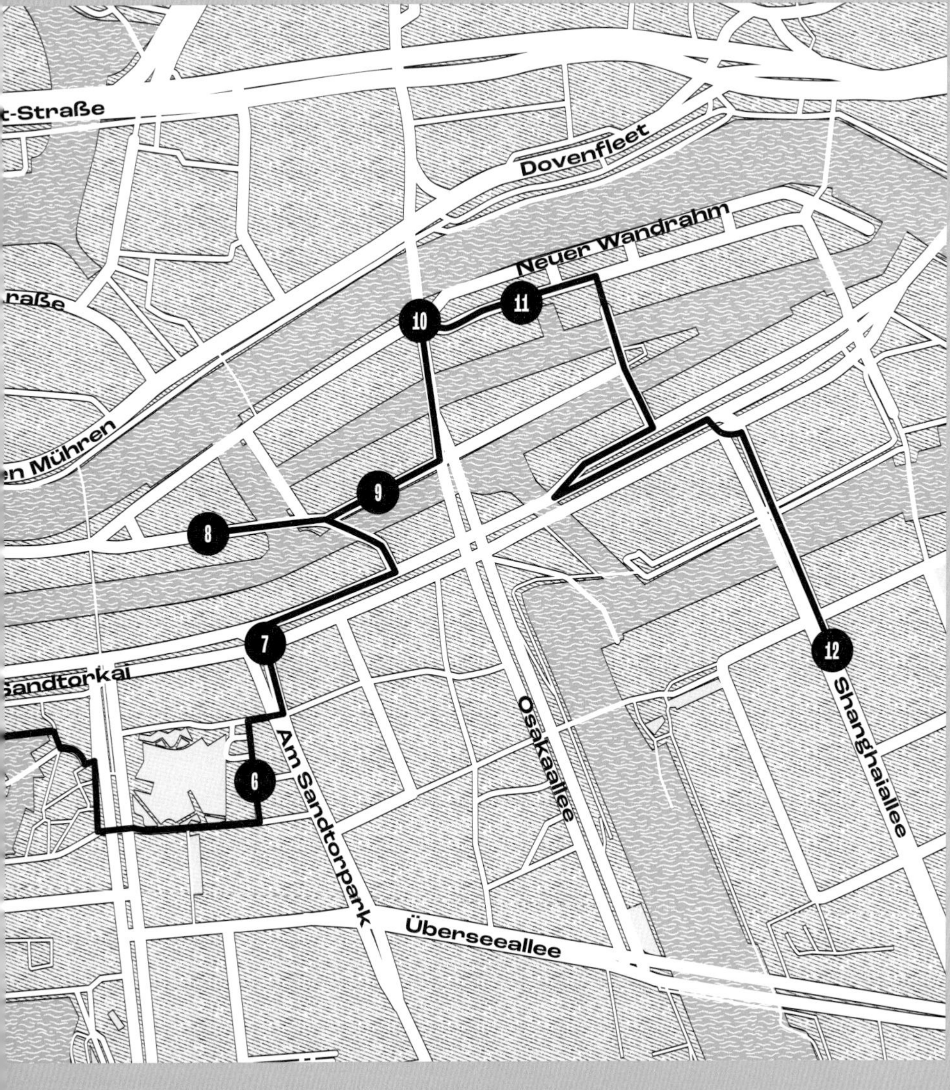

-Straße
Dovenfleet
Neuer Wandrahm
raße
en Mühren
Sandtorkai
Am Sandtorpark
Osakaallee
Shanghaiallee
Überseeallee
6
7
8
9
10
11
12

Dieser Rundgang führt durch eine Gegend, die im Mittelalter noch vor den Toren der Stadt lag und entsprechend gänzlich unbebaut war. Der Name der Gegend, Grasbrook oder auch einfach nur »Brook«, verweist auf ein sumpfiges Gebiet. Erst im 16. Jahrhundert wurden die zugehörigen Elbinseln Kehrwieder und Wandrahm in die Stadt integriert, während der südliche Teil des Brooks als Vieh- und Weideland diente. Auf den nunmehr innerhalb der Stadt liegenden Inseln im Norden des Brooks wurde Gewerbe angesiedelt. Daran erinnern bis heute die Straßennamen der Speicherstadt wie beispielsweise der Alte Wandrahm oder der Teerhof. Gen Süden markierten das Brooktor und das Sandtor die Grenze der Stadt. Jetzt war auch der Binnenhafen Teil der ummauerten Stadt. Die Hafeneinfahrt wurde durch auf dem Wasser liegende Baumstämme geschützt, daran erinnert bis heute der Name »Baumwall«.

Eine erneute Erweiterung ergab sich im 17. Jahrhundert mit dem Bau der Wallanlagen durch den niederländischen Baumeister Johan van Valckenburgh zwischen 1616 und 1625. Insbesondere gen Westen gewann die neuzeitliche Stadt an Territorium. Auch der dem Binnenhafen in Richtung Landungsbrücken vorgelagerte Niederhafen wurde Teil der Stadt. Im 17. und 18. Jahrhundert entstand im Bereich von Kehrwieder und Wandrahm ein dicht bebautes Wohn-/Geschäftsquartier. Während sich der Kehrwieder zum Viertel der Arbeiterschaft entwickelte, etablierte sich auf dem Wandrahm ein teils vornehmes Viertel, bestehend aus Speichern, Kontoren und Wohnhäusern in repräsentativer barocker Bauweise.

Doch nicht nur die Besiedelung der stetig wachsenden Stadt schritt voran, sondern auch der Hafenausbau. 1816 lief das erste Dampfschiff in Hamburg ein, und ein halbes Jahrhundert später war das rege Schiffsaufkommen kaum mehr zu bewältigen. Eine Modernisierung des Hafens war unumgänglich, und so entstand 1866 mit dem Sandtorhafen das erste künstlich angelegte Hafenbecken der Stadt.

Gut ein Jahrzehnt nach der Reichsgründung 1871 stand mit dem Bau der Speicherstadt eine grundlegende Veränderung an, die das Gesicht der Stadt bis heute prägt. Zwischen 1885 und 1927 entstand zwischen Niederhafen im Westen und Oberhafen im Osten auf rund 1,5 Kilometern Länge unter der Leitung des Oberingenieurs Franz Andreas Meyer der heute weltweit größte historische Lagerhauskomplex. Vorangegangen war dem Bau ab 1883 der großflächige Abriss der bis dahin bewohnten Stadtquartiere.

Seit der zweiten Hälfte des 19. Jahrhunderts hatte man ausgehend vom Sandtorhafen mit dem sukzessiven Hafenausbau im Gebiet südlich der Speicherstadt begonnen. Bis 1887 entstanden als moderne Hafenanlagen der Grasbrookhafen, der Magdeburger Hafen, der Brooktorhafen und der Baakenhafen. Diese liegen allesamt auf dem Gebiet der heutigen Hafencity.

Bis 2003 war dieses zusammen mit dem Gebiet der Speicherstadt Teil des Hamburger Freihafens, der zehn Jahre später gänzlich aufgelöst wurde. Zu diesem Zeitpunkt waren sowohl die Speicherstadt als auch die Hafenbecken obsolet geworden. Mit der schrittweisen Einführung des Containers in Hamburg seit den späten 1960er Jahren erwiesen sich die Anlagen als zunehmend unbrauchbar. Eine Zwischenlagerung in den Speichergebäuden war nicht länger vonnöten, da der Container selbst als Miniatur-Lagerhalle funktioniert. Der Containerumschlag erforderte wesentlich mehr Platz und neue technische Standards, beides war hier nicht gegeben. Hinzu kam die stetige Vergrößerung und damit der zunehmende Tiefgang der Containerschiffe, von denen manch eines inzwischen nicht mal mehr unbeschadet über den Alten Elbtunnel hinwegfahren könnte.

Während in der unter Denkmalschutz stehenden Speicherstadt bis auf wenige Ausnahmen eine Umnutzung in gewerbliche Räume folgte, entschied sich die Stadt im Falle des ehemaligen Hafenareals für eine Neubebauung. Schuppen, Kräne und Schienen verschwanden zugunsten des Großprojekts »Hafencity«, für das im Februar 2000 durch den Hamburger Senat der Masterplan beschlossen wurde. Hier sollen nach Fertigstellung rund 15000 Menschen leben sowie 45000 Menschen arbeiten.

Die Speicherstadt gehört inzwischen zu den beliebtesten Sehenswürdigkeiten der Stadt und hat mit der Ernennung zum »UNESCO-Weltkulturerbe« im Jahr 2015 noch einmal an touristischer Aufmerksamkeit gewonnen. Die Hafencity ist als Modellprojekt für das innerstädtische Leben am Wasser im 21. Jahrhundert ein ebenso großer Anziehungspunkt für Hamburg-Besucher*innen. Über die enge Verbindung dieser Quartiere mit dem kolonialen Hamburg erfahren diese bei ihrem Besuch allerdings ebenso wenig wie die Hamburger*innen selbst.

Eine interessante Eigenschaft von Speicherstadt und Hafencity ist es, dass sie die koloniale Epoche gleichzeitig sichtbar und unsichtbar machen. Unverkennbar ist die Funktion des historischen Lagerhauskomplexes mit seinen Speicherböden, einst genutzt für die tonnenweise Lagerung kolonialer Waren und Rohstoffe. Sichtbar sind auch die einst so modernen Hafenbecken in der Hafencity, die teilweise noch die historischen Kaianlagen erkennen lassen. Unübersehbar ist auch die Elbphilharmonie, deren gläserner Aufbau auf einem ehemaligen Kakao-Speicher thront. Oder die Namensgebung der Freiflächen und Plätze in der Hafencity, die nach vermeintlichen »Entdeckern« benannt wurden. Unsichtbar bleiben dagegen der Ursprung der Waren und Rohstoffe, ihr Anbau, ihre Ernte, ihre Verladung und Verschiffung. Unsichtbar bleiben auch unzählige Hände, durch die diese Waren gegangen sind. Und unsichtbar bleiben auch das Leid und die koloniale Gewalt in den Gebieten, aus denen die Waren nach Hamburg kamen. Solange es hierfür keinen Gedenkort gibt, der die Zusammenhänge greifbar macht und ins historische Gedächtnis zurückbringt, muss es der Imagination der Betrachtenden überlassen bleiben, das Unsichtbare sichtbar zu machen, um Speicherstadt und Hafencity auch als Repräsentanten des kolonialen Hamburgs wahrzunehmen.

1

Deichstraße

Bevor wir uns in die Speicherstadt begeben, werfen wir an dieser Stelle noch einen Blick auf das »alte Hamburg«. In der **Deichstraße am Nikolaifleet** befinden sich die letzten Zeugen der »Vorbrandarchitektur«. Die Häuser hier wurden zum Teil noch vor dem großen Stadtbrand von 1842 erbaut, der damals weite Teile der Innenstadt zerstörte. Zur Wasserseite hin stehen auf schmalen Grundstücken **mehrgeschossige Häuser aus dem 17. bis 19. Jahrhundert**. Von der Straße aus ist nicht gleich erkennbar, dass die Häuser direkt an ein Fleet grenzen. Das ändert sich mit Betreten eines der sogenannten **Fleetgänge**, die zwischen den Häusern über eine schmale Gasse und eine Brücke auf die Pontonanlage führen. Und von der Wasserseite aus werden auch die Funktionen der historischen Häuserzeile sichtbar. Im Untergeschoss befand sich das Kontor, der mittlere Teil des Hauses diente als Wohnraum, und im Speicher wurden Waren gelagert. Beim Blick nach oben zeigen sich den Betrachtenden an einigen der Häuser bis heute Balken im Giebel. Mithilfe dieser Ausleger konnten Säcke, Kisten und Fässer, die vom Wasser aus per Schute oder Ewer zu den Häusern transportiert wurden, durch eine Seilwinde nach oben gehievt werden. Bis Mitte des 19. Jahrhunderts herrschte hier reges Treiben. Mit dem Peekhaken konnten sich die Ewerführer nahe an das jeweilige Haus heranmanövrieren. Davon zeugen bis heute kleine Nischen

Nikolaifleet um 1910

Häuser der Deichstraße am Nikolaifleet

in den Kaimauern, die mit Metallbügeln versehen sind. Die Anbringung in verschiedenen Höhen ist dem Tidenhub geschuldet.

Hier in der Deichstraße wird erfahrbar, dass Hafenumschlag und Warenlagerung bis ins 19. Jahrhundert hinein keineswegs vom privaten Umfeld getrennt waren. Wohn- und Arbeitswelt gingen unmittelbar ineinander über. Die Trennung dieser Welten ergab sich erst aus der massenhaften Einfuhr von Gütern und Rohstoffen im 19. Jahrhundert. Zwar hatten Hamburger Kaufleute schon zuvor regen Handel mit Waren aus außereuropäischen Ländern betrieben, allerdings nicht in diesem Ausmaß. Es war nun schlicht zu wenig Platz, um die Waren länger im Wohnhaus zu lagern. Dass sich mit den verstärkten Warenströmen und dem Beginn des deutschen Kolonialismus auch die architektonischen Strukturen und städtebaulichen Leitbilder der Stadt veränderten, ist deshalb wenig erstaunlich. Mit Blick in Richtung Elbe sehen wir von hier aus schon die roten Backsteinbauten der Speicherstadt. Spätestens mit ihrem Bau wurden auch die Funktionen Wohnen – Arbeiten – Lagern getrennt.

⟶ Wir gehen nun den **Fleetgang** wieder hinauf und folgen der **Deichstraße** in südliche Richtung. Nachdem wir die Straße überquert haben, führen linker Hand Treppen auf eine Aussichtsplattform.

2

Aussichtsplattform am Kranwärter-Haus

Von der Plattform aus ist der Blick auf die **Fronten der Speicherstadt** besonders gut, und es lohnt sich, einen Moment zu verweilen, um sie genauer zu betrachten. Insgesamt wurde die Speicherstadt in einer Länge von 1,5 Kilometern erbaut und gilt damit als der größte zusammenhängende Lagerhauskomplex, weshalb sie unter anderem 2015 im Verbund mit Kontorhausviertel und Chilehaus zum UNESCO-Weltkulturerbe erklärt wurde. Den westlichsten Teil der Speicherstadt markiert heute das Hanseatic Trade Center, das unverkennbar aus einer späteren Epoche als die übrigen Bauten stammt. Der mehrere Gebäude umfassende Bürokomplex wurde zwischen 1994 und 2002 erbaut. Nach dem Zweiten Weltkrieg, in dessen Verlauf rund fünfzig Prozent der Speicherstadt bei Luftangriffen zerstört wurden, entschloss man sich an dieser Stelle gegen einen Wiederaufbau.

Auch die – teils wiederaufgebauten – Speicher aus der Ursprungszeit erfüllen heute nur noch selten ihre ursprüngliche Funktion und sind weitgehend zweckentfremdet: Mit goldenen Lettern verweisen die **Schriftzüge** auf die inzwischen ansässigen Unternehmen wie die Stage Entertainment, das Hamburg Dungeon oder das Miniatur Wunderland. Zu sehen ist auch der Schriftzug der »Kaffeerösterei«. Zwar wird in der Speicherstadt heute kein Kaffee mehr gelagert, aber der Rohkaffeehandel wird uns auf unserem Weg dennoch begleiten, war Hamburg doch während der kolonialen Epoche zeitweise eines der bedeutendsten Handelszentren für Rohkaffee in ganz Europa.

Erschaffen wurde das Speicher-Ensemble ab 1885 in drei Teilabschnitten unter Leitung des damaligen Oberbauingenieurs Franz Andreas Meyer. Der Plan sah – ähnlich den Planungen für die heutige Hafencity – eine Bebauung von West nach Ost vor. Der erste Teilabschnitt, in dem bereits sechzig Prozent der geplanten Bauten umgesetzt wurden, umfasste die Blöcke A bis O. In rasender Geschwindigkeit wurde dieser Abschnitt bis 1888 weitgehend fertiggestellt. Dies war nur möglich, weil die Stahlkonstruktionen für die Speicherbauten bereits montagefertig aus dem Ruhrgebiet geliefert wurden. Hinzu kamen hohe Bußgelder bei Nichterfüllung der Lieferverträge, so dass eine fristgerechte Lieferung unabdingbar war. Der zweite Bauabschnitt, die Blöcke P, Q und R umfassend,

Speicherstadt, Teil des ersten Bauabschnitts

wurde zwischen 1891 und 1896 erbaut, gefolgt vom dritten Abschnitt mit dem Bau der Blöcke S bis X, die in den Jahren 1899 bis 1927 entstanden. Die vergleichsweise lange Bauzeit des letzten Abschnitts war den Zäsuren des Ersten Weltkriegs und als dessen Folge der schlechten Finanzlage geschuldet.

Schon der Name »Speicherstadt« verrät, dass es sich hier um eine **»Stadt in der Stadt«** handelt. Baulich wird dieser Umstand besonders deutlich, wenn man sich bewusst macht, dass nicht nur die eigentlichen Speicher zu diesem Areal gehören, sondern auch die zahlreichen Brücken sowie die Land- und die Wasserstraßen, kurzum alles, was den Verkehr einer Stadt ausmacht. Allerdings gibt es einen bedeutenden Unterschied zur »echten Stadt«: In der Speicherstadt wurde und wird mit wenigen Ausnahmen nicht gewohnt. Als monofunktionale Arbeitswelt grenzte sie unmittelbar an die Innenstadt. Bis ins Jahr 2003 war sie als Teil des Freihafens von einem Zaun umgeben und durfte von der Mehrheit der Bevölkerung nicht betreten werden. Ähnlich einer Burg war das Gebiet im Stadtbild zwar überaus präsent, aber wegen seiner Unzugänglichkeit dennoch nicht greifbar. Unterstrichen wird dieser von der Stadt unterschiedene, trutzige Charakter durch die **Architektur**: Von unserem Standort aus sind zahlreiche Türmchen, Giebel und Erker zu sehen, die zusammen mit der Monumentalität der Speicherbauten die Assoziation mit einer mittelalterlichen Burgen- oder Schlösserlandschaft nahelegen. Und tatsächlich ist die Architektur dieses Orts vom Mittelalter inspiriert. Der Architekturstil der **Hannoverschen Schule** erfreute sich in der zweiten Hälfte des 19. Jahrhunderts insbesondere im norddeutschen Raum großer Beliebtheit. Er fand Verwendung in öffentlichen Bauten wie Schulen und Kirchen, in Wohnbauten und nicht zuletzt auch in Bauten der Industrie. Typisch sind neogotische Elemente, wie sie sich im Fall der Speicherstadt besonders an zahlreichen Rundbögen und der bewegten Dachlandschaft zeigen.

Mit ihrer historistischen Fassade »tut« die Speicherstadt »so«, als käme sie direkt aus dem Mittelalter, und eine solche symbolische Deutung der baulichen Absichten liegt auf der Hand. Das Mittelalter war über viele Jahre die Blütezeit der Hanse und somit eine Zeit des wirtschaftlichen Aufschwungs in Hamburg. Mit der Verwendung einer an jene Zeit angelehnte Architektursprache ließ sich nun die heraufbeschworene Kontinuität der wirtschaftlichen Blütezeit vom Mittelalter bis ins 19. Jahrhundert förmlich in Stein meißeln.

→ **Hannoversche Schule**

Eigentlich: »Hannoversche Architekturschule«. Sie wurde von dem Architekten Conrad Wilhelm Hase begründet, der unter anderem an der Polytechnischen Hochschule in Hannover lehrte. Die historisierenden Stilelemente seiner Bauten wurden durch seine Schülerschaft vielfach übernommen. Gerade in der zweiten Hälfte des 19. Jahrhunderts entwickelte sich im Zuge der Industrialisierung eine rege Bautätigkeit. Der Bedarf an öffentlichen Gebäuden, Wohnbauten und nicht zuletzt an repräsentativen Industriebauten war immens. Das trug zu einer großen Verbreitung dieses Architekturstils bei.

Versucht man sich das Bild einer Lagerhalle vor Augen zu führen, so erscheint vermutlich in den meisten Köpfen ein so pragmatischer wie nüchterner Zweckbau. Die Speicherstadt hingegen bietet mit ihren vielen **Schmuckelementen** und zahlreichen weiteren vordergründig nutzlosen architektonischen Details das Gegenteil. Erkennbar wird hier, wie wichtig die repräsentative Wirkung der Speicher war. Sie standen für große kaufmännische Erfolge und verliehen dem Reichtum einer »Handelsmacht« Gestalt. Die Speicherstadt bildet für das koloniale Hamburg ein Scharnier zwischen den geografisch getrennten Lebens- und Arbeitswelten der Hamburger Bevölkerung und der Menschen in den kolonisierten Gebieten. Sichtbar wird der Reichtum der Stadt, unsichtbar jedoch bleiben Leid und (Zwangs-)Arbeit in jenen Teilen der Welt, an denen sich Hamburg als Rohstoff-Lieferanten bediente.

Östlich unseres Standorts befindet sich ein **Kran** aus dem Jahr 1858. Der Name der vorbeiführenden Straße »Beim neuen Kran« verrät, dass es sich hier nicht um den ersten seiner Art handelt. Sein Vorgänger war noch aus Holz gefertigt und wurde per Laufrad betrieben. Ursprünglich befanden sich hier im Binnenhafen drei Kräne, mit denen Waren an Land gehievt wurden und die für die öffentliche Nutzung bestimmt waren. Für einen reibungslosen Betrieb der Kräne sorgte der Kranwärter. Unmittelbar hinter unserem Standort befindet sich das **Kranwärterhaus**, erbaut 1887/88. Der kleine zinnenreiche Turm verleiht dem Zweckbau einen repräsentativen, über seine Funktion hinausweisenden Charakter.

→ Wir verlassen nun die Aussichtsplattform und gehen nur wenige Meter in östliche Richtung entlang des Binnenhafens bis zur **Brooksbrücke**.

3

Brooksbrücke

Am nördlichen Ufer der Brücke stehen erhöht auf den Pfeilern zwei **Bronzeskulpturen** des Bildhauers Jörg Plickat. Sie zeigen Hammonia, die Schutzpatronin der Stadt, und die phönizische Königstochter Europa. Die beiden Skulpturen wurden durch Spendengelder des Hamburger Kaffee-Unternehmens J. J. Darboven finanziert und dienen seit Anfang der 2000er Jahre als Ersatz für ihre im Zweiten Weltkrieg zerstörten Vorgängerinnen. Während Europa lediglich eine Landkarte als Attribut zu ihren Füßen aufweist, ist Hammonia neben dem Hamburger Stadtwappen mit einer Krone ausgestattet, vielleicht ein Zeichen des höheren Stellenwerts der Schutzheiligen. Ursprünglich standen an dieser Stelle zwei Skulpturen des Bildhauers Aloys Denoth, der auch einen Teil des skulpturalen Fassadenschmucks am Hamburger Rathaus gefertigt hat. Zwar zeigte das Original ebenfalls eine Hammonia, ihr gegenüber allerdings befand sich einst die Personifikation der **Germania**. Beide waren einander zugewandt, was durchaus als Allegorie auf die Einheit von Stadt und Reich gelesen werden konnte, denn die Fertigstellung der Brücke ging mit einem stadthistorisch bedeutenden Ereignis einher. An der westlichen Seite der Brücke beim Betreten rechter Hand findet sich der mit dem Datum der Vollendung versehene **Gedenkstein** mit der Inschrift *»Kaiser Wilhelm II. setzte diesen Stein am 20. Okt. 1888 bei dem Anschluß Hamburgs an das deutsche Zollgebiet«*.

Gedenkstein an der Brooksbrücke

→ Germania im Kaiserreich

Die Figur der weiblichen Germania galt schon seit dem Mittelalter als Nationalallegorie. Im 19. Jahrhundert wurde sie in der Kunst häufig mit Waffen ausgestattet und als ruhmreiche Kriegerin dargestellt. Besonders seit 1871 gewann sie als Verkörperung der neu gegründeten Nation an Bedeutung. 1900 gab die Reichspost gar eine ganze Briefmarkenserie mit dem Bildnis der Germania heraus. 1895 beauftragte Kaiser Wilhelm II. bei dem Künstler Hermann Knackfuß ein Bild mit dem Titel »Völker Europas, wahrt Eure heiligsten Güter«. Darauf werden die europäischen Nationen als Frauengestalten dargestellt, so auch die Germania. Von Osten her schwebt in Form einer Buddha-Figur auf einer Gewitterwolke die vermeintliche Gefahr heran. Germania ist heute aus der Mode gekommen. Im 21. Jahrhundert taucht sie allenfalls noch in alten Vereins- oder Firmennamen auf.

So viel Bedeutungsschwere und Aufsehen um eine vergleichsweise kurze Brücke mag zunächst übertrieben wirken. Aber mit ihrer Fertigstellung verband sich eben jener Anschluss an das deutsche Zollgebiet, auf dem die Gründung des Hamburger Freihafens basierte.

Über Jahre hinweg hatte Hamburg über Zollfreiheit verfügt und galt als zollfreies Gebiet innerhalb des 1871 gegründeten Reiches. Der Druck von außen aber war enorm, Reichskanzler Bismarck drängte zunehmend auf den Eintritt der Hansestadt in den Zollverein. Hinzu kam, dass der Verkauf von Waren in das übrige Reich für die Hansestadt durch Zollschranken erschwert wurde – und dies in einer Zeit, in der die Industrialisierung massenweise Produkte hervorbrachte, die breite Absatzmärkte brauchten.

Nach langen Diskussionen fand man schließlich zu einem Kompromiss: Hamburg erklärte seinen Beitritt zum Zollverein und bekam dafür ein zollfreies Gebiet in der Stadt – den Freihafen. Bis zum endgültigen Beitritt 1888 blieben

Detail an der Brooksbrücke

den Hamburgern nun noch rund sieben Jahre. Zeit genug, den großen Lagerhauskomplex zu erschaffen. Waren durften in der Speicherstadt zwar nicht verkauft werden, aber sie durften zollfrei ein- und ausgeführt, weiterverarbeitet und veredelt werden. Ein immenser Vorteil gegenüber dem Rest des Reichs.

Für die Hamburger Kaufleute änderte sich mit Blick auf den Handel zwar wenig, waren sie doch auch vorher bereits von Zollschranken verschont gewesen. Allerdings bot die Speicherstadt dennoch großes Potenzial. Nun war ausreichend Platz, um die Waren sowohl kurzfristig in Schuppen direkt am Kai als auch längerfristig auf den Böden der riesigen Speicher zu lagern. Die Brooksbrücke führt über den **Zollkanal**, jene Wassergrenze, die das zollfreie Gebiet von der zollunfreien Innenstadt trennte. Ursprünglich verliefen in dieser Gegend zwei Fleete, das Doven- und das Mührenfleet. Diese wurden 1887 zusammengeführt und bilden seitdem den Zollkanal.

Für den Bau der Kaianlagen entlang des Zollkanals hatte die Stadt die Firma C. Vering beauftragt. Geführt von den Brüdern Carl und Hermann Vering, avancierte sie zu einer der bedeutendsten Baufirmen im Kaiserreich. C. Vering war weit über Hamburg hinaus tätig. Auch am Bau des Nord-Ostsee-Kanals war die Firma maßgeblich beteiligt. Außerdem verantwortete sie den Bau der Hafenanlagen in **Qingdao**, der Hauptstadt der deutschen Kolonie Jiaozhou (Kiautschou) in China. Der Name Vering ist insbesondere in Wilhelmsburg durch die Veringstraße und den benachbarten Veringkanal präsent.

Auf der Südseite der Brücke wird Plickats Figurenensemble durch zwei weitere Skulpturen ergänzt. Kaiser Friedrich Barbarossa erinnert an die Gründung des Hamburger Hafens und der ehemalige Benediktinermönch Ansgar an die Stadt als Bischofssitz.

→ Qingdao

Qingdao war unter dem Namen »Tsingtau« die Hauptstadt der ehemaligen deutschen Kolonie Jiaozhou, damals »Kiautschou«, im Osten Chinas. Im einstigen Fischerdorf wurde durch die deutschen Besatzer eine rassistische Stadtplanung betrieben, indem eine »Europäerstadt« neben einer »Chinesenstadt« errichtet wurde. Hier lebte in der Regel die wohlhabende chinesische Bevölkerung. Etwas außerhalb entstanden Siedlungen für die ärmeren lokalen Schichten. Doch nicht nur topografisch sorgte die deutsche Kolonialmacht für eine rassistische Segregation. Wenn Teile der chinesischen Einwohnerschaft Qingdaos in das Wohnviertel der Deutschen kamen, dann um dort für sie zu arbeiten. Entsprechend gab es eine soziale Hierarchie zwischen der deutschen und der chinesischen Bewohnerschaft der Stadt. Umgeben von modernen Hochhäusern hat die Besatzung bis heute ihre architektonischen Spuren hinterlassen. Das alte Bahnhofsgebäude oder die evangelische Kirche ähneln jenen Bauten der Zeit in deutschen Kleinstädten. Eine weitere Spur in die Kolonialzeit ist die Tsingtao Brewery Co., Ltd. eine der größten Brauereien des Landes, die das gleichnamige bekannte Bier braut. Sie geht zurück auf die 1903 von Deutschen gegründete »Germania-Brauerei«.

4

Kehrwieder

Am südlichen Ufer des Zollkanals angekommen, befinden wir uns mitten im ersten Bauabschnitt der Speicherstadt auf der **Kehrwieder-Insel**, wo sich bis zum Beginn der Abrissarbeiten 1883 ein Wohnviertel befand. Ähnlich wie in den Gängevierteln der Altstadt gelangte man auch hier über Gänge in die Hinterhöfe der Fachwerkhäuser, die ihrerseits bebaut waren.

Das Handwerker- und Tagelöhner-Quartier gehörte zum Kirchspiel St. Katharinen, dessen Kirche sich in unmittelbarer Nähe befindet. Für den Bau der Speicherstadt mussten hier rund 20 000 Menschen ihren Wohnort aufgeben.

Was man in damaliger Zeit als »Dislocierung« der Bevölkerung bezeichnete, war nichts anderes als ein Rauswurf. Die Bewohnerschaft erhielt ein Kündigungsschreiben und musste sich auf eigene Faust um eine neue Bleibe bemühen. St. Katharinen verlor hierdurch große Teile seiner Gemeinde, ein Verlust, der erst mit dem Bau der Hafencity im 21. Jahrhundert in Teilen wieder ausgeglichen werden konnte. Viele Bewohner der Kehrwieder-Insel arbeiteten im Hafen. Um nun stundenlange Fußwege zu ihren Arbeitsplätzen zu vermeiden, versuchten sie und ihre Familien in der Nähe des Hafens ein neues Zuhause zu finden, was aber zur Folge hatte, dass die Gängeviertel der Alt- und Neustadt noch voller wurden.

Als 1892 die Cholera-Epidemie in Hamburg wütete, verbreitete sich die Krankheit insbesondere in diesen engen und überfüllten Quartieren. Dass sich die Herren der Stadt dennoch für das bereits bebaute Gebiet als Standort der Speicherstadt entschieden, hatte verschiedene Gründe. Zum einen war die damalige City eine Stadt der Fußgänger. Für die Kaufleute war die Nähe zum Hafen und zu den Warenlagern bequem und effizient. Zwar gab es zu dieser Zeit durchaus noch unbebaute Flächen in Elbnähe, diese aber sollten dem geplanten Ausbau des Hafens vorbehalten bleiben. Zum anderen mag bei der Ortswahl auch eine Rolle gespielt haben, dass die Bauten der Speicherstadt in ihrer Größe und Repräsentationskraft ein Ausdruck wirtschaftlicher Macht waren. Dieser sollte auch von auswärtigen Besuchern und Besucherinnen wahrgenommen werden, was nur möglich war, wenn die Speicher in Sichtweite der Innenstadt blieben.

Mit Blick auf die Einheimischen erzählt der Bau der Speicherstadt somit die Geschichte von Profiteuren des wirtschaftlichen Aufschwungs, aber auch die Geschichte jener Hamburgerinnen und Hamburger, die keinen Nutzen davontrugen, sondern im Gegenteil den Verlust ihres Wohnraums zu beklagen hatten.

Rechter Hand in südlicher Richtung steht mit **Block D** der ehemalige Staatsspeicher. Neben einer Zollabfertigungsstelle befand sich an dieser Stelle unter anderem ein Postamt. Außerdem hatte hier bis zu einem Brand im Jahr 1891 das Kaffee-Unternehmen Hanssen & Studt seinen Sitz (→ **Station 9**). Der moderne Abschluss des Gebäudes lässt erahnen, dass auch dieser Bau von den Bombardierungen im Zweiten Weltkrieg nicht verschont geblieben ist. Heute wird er zu Vergnügungszwecken genutzt: Neben dem Hamburg Dungeon befindet sich hier das Miniatur Wunderland.

Dem ehemaligen Staatsspeicher direkt gegenüber befindet sich **Block E**, der wegen seiner Fassade interessant ist. Der zum Zollkanal ausgerichtete Eckgiebel wird – weit oben – durch ein **farbiges Relief** geschmückt, das an das Hamburger Stadtwappen erinnert. Die Hammaburg steht im Mittelpunkt und ist umrahmt von einem Blätterkranz. Zeittypisch für das Kaiserreich ist hier das Eichenlaub als Symbol der Treue und der nationalen Einheit verewigt. Bei genauer Betrachtung allerdings fällt auf, dass lediglich eine Hälfte des Kranzes aus Eichenlaub besteht. Vervollständigt wird der symbolische Pflanzenschmuck durch ein anderes, nicht heimisches Blattwerk: Kaffeebaumblätter.

Dieses leicht zu übersehende ikonografische Detail spricht Bände über die Bedeutung der Speicherstadt für das koloniale Hamburg. Die Hafen- und Handelsmetropole, dargestellt durch die namensgebende Burg, erstrahlt hell inmitten von Eichenlaub als Teil der deutschen Nation und Kaffeebaumblättern als Zeichen des überseeischen Handels. Der Kranz scheint eine friedliche Fusion aus Nationalismus und Kolonialismus zu symbolisieren. Was bei dieser Symbolik indes leicht in Vergessenheit gerät, ist die Perspektive der kolonisier-

Kehrwieder, Blick über den Binnenhafen, 1878

ten Menschen, für die diese Fusion ein unfreiwilliges Geschehen war, das für sie schwerwiegende Folgen in Form von Ausbeutung und Unterdrückung hatte.

An der Seitenfassade in der Straße **Auf dem Sande** zeugen glasierte Klinkerbänder und rautenförmige Schmuckelemente von der repräsentativen Wirkung des Speichers. Jeder Speicher, so auch Block E, verfügt über eine Land- und eine Wasserseite. Das machte den Transport der zu lagernden Waren sehr effizient, denn so konnten diese auch per Schuten auf der Wasserseite herangebracht und mithilfe einer Seilwinde nach oben auf die jeweiligen Böden transportiert werden. Eine Schutenladung konnte aus mehreren Hundert Säcken bestehen, eine Anzahl, die für ein Pferdegespann viele Fahrten bedeutet hätte. Um den Betrieb der Seilwinden und Kräne zu gewährleisten, verfügte die Speicherstadt über ihr eigenes Kraftwerk.

Der Straße Auf dem Sande folgend erheben sich heute zwei nachgeahmte Schornsteine aus Metall, die an ihre steinernen Vorgänger erinnern sollen. Sie bekrönen das ehemalige **Kesselhaus** von 1886/87. Dort waren Dampfkessel untergebracht, die wiederum den Betrieb von drei Dampfmaschinen in dem teilweise erhaltenen Nebengebäude, dem Maschinenhaus, gewährleisteten. Erst nach dem Zweiten Weltkrieg sorgten Elektromotoren für die nötige Energie in der Speicherstadt, bis dahin wurde der Strom hydraulisch erzeugt. Im Gegensatz zur heutigen Zeit war die Speicherstadt früher hell erleuchtet. Da offenes Feuer in den Speichern verboten war, gab es hier schon seit den 1880er Jahren Glühlampen anstelle von Petroleum- oder Gasleuchten. Wer abends oder nachts die helle Speicherstadt verließ, kam in eine vergleichsweise dunkle Stadt.

Das Gebäude des ehemaligen Kesselhauses wird seit dem Jahr 2000 von der HafenCity Hamburg GmbH als Informationscenter genutzt und verfügt zu den Öffnungszeiten über ein Café und eine öffentliche Toilette. Wir überqueren nun die Straße **Am Sandtorkai** und wenden uns noch einmal in Richtung Kesselhaus, wo uns verschiedene **Jahreszahlen** begegnen. Über dem Eingang des Kesselhauses ist die Bauzeit in Form einer Inschrift festgehalten. Ein Blick auf den benachbarten Block gibt Auskunft über dessen Baujahr 1888. 1957 wurde dieser Block nach der Zerstörung im Zweiten Weltkrieg weitgehend originalgetreu wiederaufgebaut, wie eine weitere Jahreszahl an seiner Ostseite verrät.

In der Straße Am Sandtorkai begegnen sich architektonisch zwei Zeitschichten. Eine Straßenseite ist weitgehend geprägt durch die Bauten der Speicherstadt. Gegenüber reihen sich die modernen Wohn- und Bürobauten der Hafencity aneinander. Doch es gibt noch weitere historische Anlagen, die die Topografie dieser Gegend besonders prägen: die ehemaligen Hafenbecken.

→ Wir gehen nun zwischen den Bauten der Hafencity hindurch in Richtung Wasser und gelangen so zum **Sandtorhafen**.

5

Sandtorhafen

Das Areal rund um den Sandtorhafen wurde bis 2009 als erstes Quartier der Hafencity fertiggestellt. Die moderne Bebauung hält zwar immer wieder Durchlässe bereit, wirkt in ihrer Gesamtheit durch die Höhe der Gebäude jedoch sehr geschlossen. So sind von hier aus weder das südliche Ufer der Norderelbe noch die Bauten der Speicherstadt zu sehen. Elbabwärts kommen Containerbrücken zum Vorschein und markieren den heutigen Standort des Hafens. Weitab der Stadt und für Unbefugte nicht zugänglich, gehört er eher zur Skyline, als dass er einen Teil des städtischen Lebens bildete. Bis ins späte 20. Jahrhundert hinein bot sich in dieser Hinsicht ein ganz anderes Bild. Der Hafen lag, getrennt nur durch die Speicher, in unmittelbarer Nähe zur Innenstadt.

Der Sandtorhafen wurde 1866 als erstes künstlich angelegtes Hafenbecken der Stadt feierlich eingeweiht. Zeugen dieser Einweihung waren neben Senatoren und Bürgerschaftsabgeordneten auch Vertreter der Hamburger Kaufmannschaft und Industrie sowie Mitglieder der Commerz-Deputation (heute Handelskammer). Politik und Handel gingen also auch hier Hand in Hand. Ursprünglich war das Hafenbecken deutlich länger als heute, ein Teil wurde bereits lange vor den Plä-

Sandtorhafen mit Traditionsschiffhafen

nen zum Bau der Hafencity verfüllt. Wo nun in östlicher Richtung eine Treppenanlage und der **Sandtorpark** zu sehen sind, war einst Wasser.

Der Anlage des Sandtorhafens ging die Überlegung voraus, ob sich auch für Hamburg die Schaffung eines Dockhafens nach Londoner Vorbild anbiete. Der Themsehafen verfügte über Docks, die sich zum Fluss hin schließen ließen und somit unabhängig von Ebbe und Flut genutzt werden konnten. Ein deutlicher Nachteil daran war jedoch, dass sie durch ihre räumliche Begrenzung nur bestimmte Schiffsgrößen aufnehmen konnten. Mit vorausschauendem Blick in die Zukunft entschieden sich die Hamburger letztlich gegen einen Dockhafen und für einen tideoffenen Hafen. Zwar war dieser weit mehr den Gezeiten ausgesetzt, jedoch konnten hier auch größere Schiffe längsseits der Kaimauer festmachen und entladen werden. Das Schiffsaufkommen hatte sich in den Jahren zuvor immens vergrößert, im Niederhafen und im Binnenhafen drängten sich immer mehr Schiffe an den Duckdalben. Dem wurde nun mit der Einrichtung des Sandtorhafens Abhilfe geschaffen. Was diesen Hafen aber vor allem ausmachte, war eine nie dagewesene technische Modernisierung. Die Waren konnten hier direkt an der Kaimauer gelöscht werden, wozu sogenannte Brownsche Kräne genutzt wurden. Im Anschluss wurde das Stückgut in zum Wasser hin offenen Schuppen gelagert. Anders als bisher mussten die Waren im Strom nun nicht mehr auf Schuten und kleinere Schiffe umgeladen werden, sondern konnten unmittelbar nach dem Löschen gelagert und dann mithilfe der Hafenbahn gleich weitertransportiert werden.

Andere Waren blieben im Schuppen, bis das nächste Schiff sie aufnahm und wieder abtransportierte. Güter, die längerfristig gelagert wurden, kamen auf die Böden der Speicherstadt und wurden dort teils weiterverarbeitet wie beispielsweise Rohkaffee-Bohnen, die in der Speicherstadt verlesen wurden (⟶ Station 7). Dass Hamburg in jener Zeit – rund zwei Jahrzehnte bevor Deutschland zur Kolonialmacht wurde – einen wirtschaftlichen Aufschwung im Welthandel erreichte, ist auf ein Bündel von Gründen zurückzuführen. Neue Handelsmöglichkeiten und -routen hatten sich etabliert, ein regelmäßiger Linienverkehr in viele Teile der Erde war eingeführt worden, die Schiffe und damit die Ladekapazitäten hatten sich zunehmend vergrößert, und die Industrialisierung in den verarbeitenden Fabriken schritt stetig voran. Nicht zuletzt waren es aber eben auch der Ausbau und die Modernisierung des Hafens, die ihren Teil zu dieser Entwicklung beitrugen.

Elbabwärts ist die **Elbphilharmonie** nicht zu übersehen. Sie thront auf einem ehemaligen Speicher aus den 1960er Jahren, der nach Entwürfen des Architekten Werner Kallmorgen erbaut wurde. Der Kaispeicher A diente in erster Linie für die Lagerung von Kakao. Zur Zeit seiner Errichtung war er sehr modern, denn auch große Schiffe konnten stromseitig direkt am Speicher anlegen und entladen werden. An diese Neuerung erinnern bis heute die weißen Kräne auf der Südseite des heute entkernten Gebäudes. Schon vor dem Bau des

Kaispeichers A war dieser Platz in ähnlicher Form genutzt worden. Hier stand der im Zweiten Weltkrieg zerstörte Kaiserspeicher von 1875, ein repräsentatives Gebäude mit einem Zeitball an der Spitze seines Turms. Dieser wurde um Punkt zwölf Uhr mittags fallen gelassen und bot so den Mannschaften der Schiffe im Hafen zeitliche Orientierung.

Vor dem Bau der Speicherstadt war der Kaiserspeicher das größte Speichergebäude seiner Art im Hamburger Hafen. Obgleich die verbliebenen Reste des Baus in den 1960er Jahren gesprengt wurden, verweist er doch auf die koloniale Vergangenheit des Standorts der heutigen Elbphilharmonie.

Für das koloniale Hamburg ist der Sandtorhafen von Bedeutung, weil er als Ausgangspunkt des stetig erweiterten Hafenausbaus gelten kann. Nach seinem Vorbild wurden in den Folgejahren zahlreiche weitere Hafenbecken geschaffen, ohne die die Einfuhr der Rohstoffe aus den kolonisierten Ländern nicht zu bewältigen gewesen wäre. Zudem läutet er städtebaulich die zunehmende Industrialisierung innerhalb der Stadt ein. Die fortschreitende Globalisierung führte gegen Mitte des 20. Jahrhunderts schließlich dazu, dass die logistischen Erneuerungen des Sandtorhafens sich erschöpft hatten. Wurde hier Anfang der 1960er Jahre noch das erste RoRo-Schiff in Hamburg gelöscht, stellte die Erfindung des Containers nun neue Ansprüche an die Hafentechnologie. An die einst modernen Zeiten erinnern heute nur noch der **Traditionsschiffhafen** mit seinen historischen Brücken auf die Pontonanlage und die Kräne am südlichen Ufer, die von der Stiftung Hamburg Maritim gepflegt werden. Ein letztes Stück originaler Substanz findet sich in den 2002 sanierten Kaimauern.

Kaiserspeicher um 1935

6

Coffee Plaza

Am östlichen Ende des ehemaligen Hafenbeckens befindet sich mit dem **Sandtorpark** eine kleine Grünfläche, an die sich ein weißer turmartiger Bürobau anschließt. Genau genommen handelt es sich um einen **Komplex aus drei Gebäuden**, die sich um einen kleinen Platz gruppieren: die sogenannte Coffee-Plaza. Der Name des Ensembles verweist unmissverständlich auf seinen Geschäftszweck und die historische Prägung des Orts, künstlerisch dargestellt obendrein durch eine überdimensionierte bronzene Kaffeebohne der Künstlerin Lotte Ranft. Bei genauer Betrachtung finden sich darauf Darstellungen des Kaffeeanbaus bzw. der Kaffeeernte. Und neben den Kaffee anbauenden Ländern und den verschiedenen Zubereitungsarten ist hier noch die »Kaffeekantate« des Komponisten Johann Sebastian Bach verewigt.

Die Coffee Plaza steht an einem Ort, an dem Kaffee eine lange Tradition hat. Bis zum Bau der Hafencity befand sich hier das Firmenareal der 1956 gegründeten Kaffee-Lagerei, die in großen Silos Rohkaffee aufbewahrte. Als Ende der 1990er Jahre die Pläne zum Bau der Hafencity Gestalt annahmen, wechselte die Kaffee-Lagerei den Stadtteil. Im Jahr 2004 begann der

Coffee Plaza mit Bronzeplastik »Kaffeebohne«

Neubau eines Silos in Wilhelmsburg. An unserem Standort hingegen wurden die Silos und zwei Lagerhallen abgerissen und durch den Bürokomplex nach Plänen des New Yorker Architekten Richard Meier ersetzt. Bauherrin war die Neumann Kaffee Gruppe, die selbst im Komplex residiert. Der Kaffee-Magnat, zu dem seit 2004 auch die Kaffee-Lagerei gehört, verbindet unter seinem Dach über fünfzig Tochterunternehmen in 26 Ländern. Er fungiert dabei als Holdingunternehmen mit Hauptsitz hier in der Hafencity. Als nach eigener Angabe »weltweit größte Dienstleistungsgruppe für Rohkaffee« arbeiten für das Unternehmen über 2500 Mitarbeiterinnen und Mitarbeiter in nahezu allen Sparten, die mit dem Kaffeehandel zu tun haben. Obendrein verfügt die Neumann Gruppe über drei eigene Kaffee-Farmen in Brasilien, Mexiko und Uganda. Letztere sorgte seit 2001 für Kritik an dem Hamburger Konzern. Eine NGO erhob gegenüber dem Kaffee-Multi den Vorwurf des **Landgrabbing**, das sich in Mubende im Südwesten Ugandas abgespielt haben soll.

→ Landgrabbing

Der Begriff Landgrabbing meint den Landraub durch ausländische Investoren oder einheimische Regierungen an der Bevölkerung. Landgrabbing ist in vielen afrikanischen Staaten ein stetes Problem, weil die Besitzansprüche an besiedeltem Land häufig nicht vertraglich festgelegt sind. Im Falle Ugandas erhält durch den sogenannten Uganda Land Act ein Gewohnheitsrecht, wer seit mindestens zwölf Jahren auf dem betreffenden Stück Land siedelt.

Das Klima in Mubende ist hervorragend für den Anbau von Kaffee geeignet, so dass hier viele Kleinbäuerinnen und Kleinbauern von der Bewirtschaftung ihrer Kaffee-Farmen lebten. Auch die Neumann Gruppe hatte ein Auge auf diesen für die Kaffeeproduktion klimatisch günstigen Landstrich geworfen und kündigte an, eine eigene Kaffee-Farm anlegen zu wollen. Die ugandische Regierung gab zustimmende Signale, hoffte sie doch von den ausländischen Investitionen zu profitieren. Entsprechend schnell wurde dann auch ein geeignetes Areal von rund 2500 Hektar Größe gefunden. Das Problem nur: Das Areal war besiedelt.

Im Jahr 2020 entstand ein Dokumentarfilm über diese Ereignisse von Michael Enger, der inzwischen auch in Hamburg gezeigt wurde. In »Bitterer Kaffee Uganda – Bauern kämpfen um ihr Land« kommen die Betroffenen selbst zu Wort. Sie sprechen dort von mindestens 2000 Menschen, die durch die Vertreibung Heimat, Hab und Gut verloren haben. Nach ihrer Schilderung schickte die ugandische Regierung dafür das Militär, das mit äußerster Härte vorging. Die Bewohnerschaft wurde enteignet und von ihrem eigenen Land vertrieben. Von Plünderungen und körperlicher Gewalt ist die Rede. Auch blieb den Betroffenen nach eigener Aussage keine Zeit, ihr Eigentum in Sicherheit zu bringen. Das Militär rückte mit Baggern und Bulldozern an, riss Häuser ab oder brannte sie nieder. Nur wenige Tage nach der Vertreibung sei die »Kaweri Coffee Plantation« der Neumann Kaffee Gruppe eingeweiht worden.

In dieses Geschehen mischte sich schließlich die Menschenrechtsorganisation FIAN ein, die bis heute an der Seite der Betroffenen kämpft. FIAN setzt sich für das Menschenrecht auf Nahrung ein. Dieses Recht sahen die Mitglieder der Organisation verletzt, da die Kleinbauernschaft durch den Landraub keine

Möglichkeit mehr hatte, sich zu ernähren. Teilweise leben die Betroffenen bis heute in einem behelfsmäßigen Dorf und führen ein durch Mangel geprägtes Leben. Nach ihrer Aussage geschah die Vertreibung ohne Ankündigung, und eine Entschädigung hat es nie gegeben.

Bereits 2002 erhoben die ihres Landes Beraubten eine erste Klage, die sowohl die ugandische Regierung als auch die Neumann Kaffee Gruppe betraf. Immer wieder ist der Prozess seitdem verschleppt worden, so dass 2021 nur noch rund 400 Menschen juristisch vertreten wurden. Und inzwischen scheint ein Riss durch die Gemeinschaft zu gehen. Ein Teil möchte ein Entschädigungsangebot der ugandischen Regierung annehmen, das einer anderen Gruppe aber als zu gering erscheint. Vor der Unternehmenszentrale am Sandtorpark kam es unterdessen schon mehrfach zu Demonstrationen mit dem Ziel, auf die Missstände aufmerksam zu machen. Im Juni 2021 verabschiedete die Bundesrepublik Deutschland das **Lieferkettensorgfaltspflichtengesetz**, das Unrecht dieser Art verhindern will.

Die Ereignisse in Uganda spielten sich Jahrzehnte nach dem Zusammenbruch des europäischen Kolonialreichs ab. Aber der Fall zeigt, dass koloniale Strukturen und Handlungsweisen mitunter bis heute wirksam sind.

→ **Lieferkettensorgfaltspflichtengesetz (LkSG)**

Hinter diesem sperrigen Begriff verbirgt sich für in Deutschland ansässige Unternehmen mit zunächst mindestens 3000 Mitarbeitenden (seit 2024 1000 Mitarbeitenden) die Auflage, die »menschenrechtlichen und umweltbezogenen Sorgfaltspflichten in angemessener Weise zu beachten«. Die betreffenden Unternehmen müssen im Hinblick auf ihre globalen Lieferketten für die Prävention von Menschenrechtsverletzungen und Umweltschäden sorgen. Falls sie dennoch durch mangelnde Sorgfalt darin verwickelt sind, sollen die Betroffenen einen leichteren Zugang zur Wiedergutmachung erhalten. Implementiert werden sollen diese Auflagen unter anderem durch ein effektives unternehmensinternes Risiko- und Beschwerdemanagement sowie durch umfassende Dokumentation und Berichterstattung. Das Gesetz ist im Januar 2023 in Kraft getreten.

7

Block O

Hinter der Coffee Plaza führt gleich links ein Weg zurück in Richtung Speicherstadt zur Straße **Am Sandtorkai**. Dort angekommen, stoßen wir auf ein Gebäude, das sich in seiner Architektur von den Speicherbauten unterscheidet. Der Bau aus den 1950er Jahren wird inzwischen von einer Hotelkette genutzt. Ein paar Meter weiter schließt östlich daran ein **prächtiger Eckbau** an, der 1886/87 auf Initiative der Hamburger Kaffeehändler erbaut wurde. Hier in Block O befand sich einst ein Zentrum des europäischen Kaffeehandels.

Bereits 1884 hatten die Kaffee-Kaufleute mit dem »Comité der am Caffeehandel betheiligten Firmen« eine Interessensvertretung ins Leben gerufen, die sich unter anderem dafür einsetzte, im Freihafengebiet neben Speichern auch Kontorräume zu unterhalten. Durch die unmittelbare Nachbarschaft zur gehandelten Ware selbst und ihrer bürokratischen Abwicklung in den Kontoren sollte das Geschäft mit dem Rohkaffee schnell und effizient verlaufen. Ursprünglich waren in der Speicherstadt keine Räumlichkeiten für Büros vorgesehen. Die Einrichtung von Kontoren in den unteren Geschossen von Block O kann also als Zeichen des Einflusses der Kaffee-Lobby gewertet werden.

Eckgebäude von Block O

Mit Gründung des Freihafens und dem Anschluss Hamburgs an den Zollverein hatten die Kaffeehändler neben dem Vorteil der zollfreien Lagerung auch die Möglichkeit, den Rohkaffee vor Ort weiterzuverarbeiten. Sobald die Ware in der Speicherstadt ankam, wurde sie von **Quartiersleuten** mithilfe von entnommenen Proben auf ihre Güte hin kontrolliert.

Im Anschluss wurden die Säcke auf die Speicherböden gehievt. Die Arbeit rund um den Kaffee im Hamburger Hafen und der Speicherstadt unterschied sich fundamental von der Arbeit in den Herkunftsländern.

Rohkaffee kam im 19. Jahrhundert vor allem aus Süd- und Mittelamerika nach Hamburg, insbesondere aus Brasilien und aus Guatemala. Daran änderte sich auch nicht viel, nachdem Deutschland Kolonien in Afrika hatte. Zwar wurde auch in Tansania (Kolonie »Deutsch-Ostafrika«), beispielsweise in den Usambara-Bergen, Kaffee angebaut. Südamerika blieb jedoch das Hauptexportgebiet. Bis in die zweite Hälfte des 19. Jahrhunderts waren in Brasilien Kaffeeanbau und Zwangsarbeit versklavter Menschen untrennbar miteinander verknüpft. Auf den sogenannten »fazendas«, den Plantagen von Großgrundbesitzenden, schufteten afrikanische und indigene Versklavte unter Aufsicht bis zu 16 Stunden am Tag. Als »Lohn« erhielten sie lediglich Nahrungsmittel. Die Zwangsarbeitenden waren nur unzureichend gekleidet und lebten auf engstem Raum in Hütten. Wegen der Unterversorgung war ihre Sterblichkeitsrate hoch. 1851 schaffte Brasilien zwar den Versklavungshandel offiziell ab, die Sklaverei hingegen erst im Jahr 1888 als eines der letzten Länder überhaupt.

Tatsächlich wurde auch nach 1851 der Menschenhandel innerhalb Brasiliens fortgesetzt. Insbesondere in die Kaffeeanbaugebiete wurden Menschen aus allen Teilen des Landes verschleppt. So blieb hier die Anzahl der Versklavten trotz einer hohen Sterberate und erfolgreicher Fluchtversuche relativ konstant. Noch kurz vor der Abschaffung der Sklaverei 1888 gab es in Brasilien Schätzungen zufolge rund 600 000 versklavte Menschen, die große Mehrheit von ihnen arbeitete auf Kaffeeplantagen.

Insgesamt belief sich die Zahl der aus Afrika nach Brasilien verschleppten Menschen auf rund vier Millionen. Obgleich im Hamburger Hafen niemals ein Schiff mit versklavten Menschen anlandete, liegt auf der Hand, dass auch die

→ Quartiersleute

Die Bezeichnung »Quartiersmann« oder »Quartiersleute« wird hauptsächlich mit der Speicherstadt in Verbindung gebracht. Tatsächlich gab es dieses Berufsbild in Hamburg aber schon seit dem späten 17. Jahrhundert. Die Quartiersleute arbeiteten im Auftrag von Kaufleuten und waren für die Waren im gesamten Zeitraum von deren Anlieferung bis zu ihrem Abtransport verantwortlich. Zu den Aufgaben dieser selbständigen Lagerhalter gehörte die Überprüfung der Qualität der Waren, deren fachgerechte Lagerung und mitunter auch die Weiterverarbeitung. Mit dem Bau der Speicherstadt wurden die Quartiersleute Mieter der Lagerböden in den Blocks und somit wichtige Ansprechpartner der Kaufleute. Bis heute ist auf einigen Firmenschildern ein Name und der Zusatz »& Consorten« zu lesen. In der Regel gab einer der Quartiersmänner dem Betrieb seinen Namen, die übrigen waren die »Consorten«. Die Herkunft des Begriffs »Quartiersleute« ist nicht eindeutig geklärt. Es wird vermutet, dass er sich vom lateinischen »quattuor« (vier) ableitet, weil es ursprünglich einer Zahl von vier Männern bedurfte, um den gesamten Aufgabenbereich zu erfüllen. Für die Kaufleute stellte es eine große Erleichterung dar, den Quartiersleuten die verantwortungsvollen Aufgaben übertragen zu können, so dass diese für die Arbeit in der Speicherstadt von großer Bedeutung waren.

Kaffeehändler am Sandtorkai immens vom Menschenhandel profitiert haben und mit ihnen große Teile der Gesellschaft. Spätestens seit Ende des 19. Jahrhunderts nämlich avancierte Kaffee zum Massenprodukt, wovon nicht zuletzt die zahlreichen Kaffeeklappen im Hamburger Hafen zeugen, die das Getränk für die Arbeiterschaft günstig bereitstellten.

In Brasilien trafen nun die Abschaffung der Sklaverei und eine höhere Nachfrage nach Rohkaffee zur selben Zeit aufeinander. Den Mangel bzw. Bedarf an Arbeitskräften versuchten die brasilianischen Plantageneigentümer durch die gezielte Anwerbung sogenannter »Colonos« auszugleichen. Als solche wurden Einwandernde bezeichnet, die zumeist aus Südeuropa stammten. Auf der Suche nach besseren ökonomischen Lebensbedingungen wanderten insbesondere Menschen aus Italien, Portugal und Spanien ein. Sie arbeiteten auf den lokalen Plantagen oder legten eigene Plantagen an, was neben einer rasant wachsenden Einwanderungszahl auch zu Brandrodungen des Regenwalds in großem Ausmaß führte.

Die Hamburger Kaufleute hingegen erwirtschafteten in jener Zeit mit dem »schwarzen Gold« viele beträchtliche Vermögen. Auch ihr **Block in der Speicherstadt** ist besonders schmuckreich gestaltet. Die Fassade ist mit neogotischen Stilelementen versehen und wird durch Turm und Erker akzentuiert. An der Seite zum Fleet hin befindet sich ein Skulpturenpaar, das Maria und ihre Mutter, die heilige Anna, zeigt. Letztere ist ein Verweis auf die St.-Annen-Kapelle, die bis 1869 in unmittelbarer Nähe stand. Auch die Straße St. Annenufer erinnert an diesen ehemaligen Sakralbau.

Hier im östlichen Teil des Gebäudes hatte bis 1904 auch die Hamburger Freihafen Lagerhaus-Gesellschaft (HFLG) ihren Sitz (→ **Station 9**).

8

Kaffeebörse

Im westlichen Teil von Block O war seit 1887 die Kaffeebörse untergebracht. Als Warenterminbörse war sie nach New York und Le Havre die dritte ihrer Art. Der Börsensaal diente am Vormittag als Treffpunkt der umliegenden Kaffeehändler, was neben der Nähe zu den Kontoren und den Speichern auch eine enge Vernetzung der hanseatischen Kaufleute untereinander förderte. Die Funktion einer Terminbörse ist es, sowohl den Preis als auch den Lieferzeitpunkt auf einen fixen Termin zu legen. Verträge wurden bei diesen Geschäften mitunter gezeichnet, noch bevor der Kaffee überhaupt geerntet worden war. Die Hoffnung der Händler war nun, dass der vereinbarte Verkaufspreis den tatsächlichen Preis zum Zeitpunkt der Lieferung an die Kaffeeröster überstieg. 1943 wurde Block O bei Luftangriffen teilzerstört. In den 1950er Jahren wurde der Entschluss gefasst, ein **neues Börsengebäude** zu bauen.

Nur ein paar Meter entfernt in der Straße **Pickhuben** ist entlang des Fleets ein schlichter heller Bau zu sehen. Die Kaffeebörse wurde 1955/56 nach Plänen des Architekten Werner Kallmorgen erbaut, der auch für den Wiederaufbau der Speicherstadt verantwortlich zeichnete. Der überschaubare Börsensaal liegt erhöht im Obergeschoss. An seiner östlichen Seite befindet sich ein **Glasbild** des Glasmalers Ewald Kerlin mit dem Titel »Kaffeeernte«.

In bunten Farben stellt es Kaffeepflückerinnen und -pflücker auf einer Plantage dar. Das Bild im ehemaligen Auktionssaal der Börse zeigt eine friedliche, fast heitere Arbeitswelt und steht damit konträr zur Realität auf den Kaffeeplantagen des 19. Jahrhunderts. Früher waren im Komplex außerdem eine Bankfiliale und Räumlichkeiten für Interessenverbände der Kaffeebranche untergebracht.

Die Interessen der Kaffeehändler wurden seit 1886 durch den »Verein der am Caffeehandel betheiligten Firmen« vertreten, der aus dem »Comité« von 1884 hervorgegangen war und bis heute im »Deutschen Kaffeeverband« seinen Nachfolger hat. Der Verein lieferte Informationen über die Bedingungen und Ernten in den Anbauländern, was dank der Kommunikation mittels Telegrafen nun schnell und global möglich war. Er vertrat aber auch die Interessen seiner Mitglieder in der Heimatstadt vor der Bürgerschaft oder der Handelskammer.

Glasbild »Kaffeeernte«

Wenig überraschend, handelte es sich bei diesem Verein um eine ziemlich elitäre und in gewisser Weise sehr mächtige Gruppe. So hatten etwa nur Vereinsmitglieder Zugang zur Börse, die Mitgliedschaft war nur über einen Bürgen erreichbar und konnte unter Umständen auch abgelehnt werden. Neben der räumlichen Nähe der Kaffeehändler untereinander sorgte auch der Verein für eine dichte Vernetzung. Der Börsenbetrieb in der Straße Pickhuben war allerdings nicht von langer Dauer. Nur zwei Jahre nach Bezug des neuen Gebäudes wurde er 1958 eingestellt. Heute wird der ehemalige Börsensaal gastronomisch genutzt.

Die nachbarschaftliche Lage von Warenspeichern, Kontoren und Börse erweckt den Eindruck, als spielten sich alle für das Produkt Kaffee notwendigen Produktions- und Handelsschritte auf engem Raum und getragen durch eine kleine Gruppe von Akteuren ab. Tatsächlich aber steht ihre Nähe in der Hamburger Speicherstadt in großer Diskrepanz zur tatsächlichen Warenkette. Von der Plantage bis in den Warenspeicher hatte der Rohkaffee nicht nur einen langen Weg hinter sich, sondern ging auch durch zahlreiche Hände. In aller Regel waren es nicht die Händler selbst, die die Ernte bei den Plantagenbesitzern orderten. Vor Ort in Südamerika gab es Exporteure, die den Kauf abwickelten, an die Küste brachten und dann ihrerseits an Reedereien und Importeure verkauften. Die Hamburger Händler erwarben die Bohnen danach über Agenten und Makler als weitere Zwischenhändler. War der Rohkaffee schließlich in Hamburg angekommen, wurde er von den Händlern wiederum an die Röster weiterverkauft. Hinzu kamen Versicherer und kreditgebende Banken, die ebenfalls vom Kaffeehandel profitierten. Die große Distanz zwischen der Pflanze, in diesem Fall der Kaffeebaum, und dem Endprodukt reicht zwar bis zum tatsächlichen Konsumenten. Die Nähe zum »Ursprung« ging und geht aber schon viel früher in einer immens langen Warenkette verloren, an deren Gliedern unterschiedlichste Akteure erheblich profitieren und die die teils dürftigen Erträge am Ursprungsort verschleiert.

Während also rund um den Sandtorkai jeder jeden kannte, blieben viele Beteiligte auf dem Weg des Kaffees dorthin völlig gesichtslos. So »familiär« der Kaffeehandel in der Speicherstadt auch gewirkt haben mag, kann von einem direkten Handel in dieser Branche dennoch kaum die Rede sein. Im Anbauland Brasilien bedeutete der Bau der Eisenbahn seit der zweiten Hälfte des 19. Jahrhunderts eine enorme Erleichterung. Nun ließ sich der Rohkaffee schneller und günstiger vom fruchtbaren Binnenland an die Küste transportieren, während die Ernte zuvor mühsam mit Eseln dorthin hatte gebracht werden müssen. Zum deutlichen Nachteil Brasiliens verfügte das Land aber nicht über eine eigene Flotte, war entsprechend vom Export-Geschäft ausgeschlossen und auf Exporteure als Zwischenhändler angewiesen. Auch verlesen, gelagert, geröstet und vertrieben wurde der Kaffee erst in jenen Ländern, in denen er auch konsumiert wurde. Das hatte zur Folge, dass es in Europa und den USA sehr viele Profiteure am Kaffee-Geschäft gab, im Anbauland dagegen sehr wenige. An diesem Umstand, der sich durch die gesamte Kolonialzeit und den gesamten Kolonialhandel zieht, hat sich bis heute wenig geändert.

⟶ Von hier aus gehen wir zurück und machen Halt vor **Block R** am **St. Annenufer**. En passant gelangen wir so in den zweiten Bauabschnitt der Speicherstadt.

9

Privatspeicher Hanssen & Studt und HHLA-Gebäude

Wir machen nun Halt bei dem Gebäude **St. Annenufer 3** und haben damit den zweiten, deutlich kleineren Bauabschnitt der Speicherstadt erreicht. Auffällig an diesem Bau ist die schmuckreiche Ornamentik im Rundbogen des oberen Gebäudeteils. Beidseitig sind noch die ursprünglichen Ladeluken der Speicherböden erkennbar, die inzwischen mit Fenstern versehen wurden. Lange schon werden hier keine Waren mehr gelagert, sondern wie fast überall in der Speicherstadt befinden sich hier heute Geschäftsräume mit unterschiedlicher Nutzung.

Der Speicher, vor dem wir uns befinden, gehörte zu jenen, deren Böden nicht mehr durch Eisenträger gestützt wurden, und das aus gutem Grund. Nach einem Brand im Staatsspeicher im Jahr 1891, vermutlich verursacht durch einen Kaffeeröster, stellte sich heraus, dass die gusseisernen Träger schnell schmolzen und regelrecht in sich zusammenfielen. Die Konsequenz aus dieser Erkenntnis war zum einen ein generelles Röstverbot in den Speichern. Daneben ersetzte man die eisernen Säulen für alle zukünftigen Speicher durch Eichenholz, das – kaum zu glauben – wesentlich feuerfester ist. Lediglich die inneren tragenden Säulen der Kellergewölbe wurden bei diesem Speicher aus Granit geschaffen, alle anderen bestehen aus Holz.

Verwaltungsgebäude der HHLA, 1905

Mit dem Brand verlor auch das 1836 gegründete Unternehmen Hanssen & Studt, das sich in der Kaffeebranche einen Namen gemacht hatte, seine Räumlichkeiten im Staatsspeicher. Das Unternehmen war nicht nur im Import- und Export-Geschäft tätig, sondern veredelte den Kaffee auch vor Ort in der Speicherstadt. Nachdem die Röstung hier nicht länger erlaubt war, wurde dieser Produktionsschritt durch drei Großröstereien, zwei davon auf Hamburger Stadtgebiet, übernommen. Der Einfluss der Firma Hanssen & Studt wird nicht zuletzt dadurch deutlich, dass die Stadt dem Unternehmen ein Grundstück überließ, um ein eigenes Gebäude in der Speicherstadt zu erbauen. Bei dem Bau, vor dem wir stehen, handelt es sich also um einen Privatspeicher, was keine Selbstverständlichkeit war. Fünf Geschosse dienten der Speicherung des Rohkaffees, wobei jeder Boden Platz für 8000 Säcke bot. Die Temperatur fiel nie unter null Grad und überstieg niemals die 20-Grad-Marke. Die Luftfeuchtigkeit war nicht besonders hoch und konnte in den dicken Gemäuern konstant gehalten werden. So eigneten sich die Speicher durchaus auch für die langfristige Lagerung empfindlicher Waren.

Die oberen Geschosse waren dem Betrieb der Maschinen vorbehalten. Ursprünglich befand sich ganz oben auf dem Dach das Kesselhaus mit einem meterhohen Schornstein, der den höchsten Punkt der Speicherstadt gebildet haben dürfte, was der Bedeutung des Unternehmens auch architektonisch Ausdruck verlieh. Nach der Zerstörung im Zweiten Weltkrieg wurden Kesselhaus und Schornstein nicht wieder aufgebaut. Im obersten Geschoss kam die einzige durch Frauen vertretene Berufsgruppe in dieser ansonsten von Männern dominierten Arbeitswelt zum Einsatz: die »Kaffee-Miedjes«. Ihre Aufgabe war es, den Kaffee von schlechten Bohnen, den sogenannten »Stinkern«, zu befreien. Außerdem sortierten die Verleserinnen die Bohnen nach Größe und Farbe. Angeblich von Bismarck einst als »Aschenbrödel des Kaffeehandels« bezeichnet, befanden sich die hier tätigen Frauen ganz am unteren Ende der Hierarchie. Schlecht bezahlt arbeiteten sie rund 13 Stunden am Tag als Tagelöhnerinnen ohne feste Anstellung, und ihre Arbeit war in mehrfacher Hinsicht anstrengend: Bis zu sechzig Kilogramm schwere Säcke hatten sie zunächst zum Arbeitstisch zu bugsieren, um dann in mühsamer Kleinarbeit stundenlang die Bohnen zu sortieren. Letzteres war nicht nur schlecht für die Augen, sondern auch ein ermüdend gleichförmiger Vorgang. Auf dem Verleseboden von Hanssen & Studt arbeiteten bis zu 300 Frauen, es muss also obendrein recht eng und stickig gewesen sein.

Allerdings: Die Kaffee-Miedjes wurden bezahlt und verrichteten keine Zwangsarbeit – ein Umstand, der, wie wir gesehen haben, für Anbau und Ernte des Kaffees im globalen Süden über viele Jahrhunderte hinweg keineswegs selbstverständlich war.

Anfang des 20. Jahrhunderts trat Alphons Hanssen als Teilhaber in das Unternehmen seines Vaters ein. Allerdings nicht ohne zuvor seine »Wanderungen durch die Kaffee-Länder der Erde. Eine Weltreise in den Jahren 1896–98« unternommen zu haben, die er in einem 1902 veröffentlichten Tagebuch festhielt. In seinen Aufzeichnungen zeigte sich Hanssen beeindruckt vom Handel und der Technik seiner Zeit: *»Der Welthandel hat in unseren Tagen Dimensionen angenommen wie nie zuvor, und die Schnelligkeit des großen geschäftlichen Verkehrs hat sich zu beispielloser Rapidität entwickelt. Die umfangreichsten Geschäftsabschlüsse erledigen sich durch den Telegraphen, selbst zwischen den entferntesten Punkten der Erde, oft innerhalb weniger Stunden.«* Der unverhohlene Rassismus seiner Betrachtungen kommt zutage, wenn Hanssen während seines Brasilien-Besuchs das schwere Los der einheimischen Bauern beklagt, die nach der Abschaffung der Sklaverei »mit der angeborenen Faulheit« in Brasilien »zu kämpfen« hätten. Hanssens Tagebuch beschreibt exemplarisch eine Gedankenwelt der Hamburger Kaufleute, die in vielen Fällen von großer Fortschrittseuphorie getragen war und dabei die am **Kaffeeanbau** beteiligten Menschen skrupellos auf die Verwertbarkeit ihrer Arbeitskraft reduzierte.

Nur ein paar Meter weiter westlich sticht in der Straße **Bei St. Annen** ein **Eckgebäude** ins Auge, das seinen repräsentativen Zweck kaum verbergen kann. Es handelt sich um den Sitz der heutigen Hamburger Hafen und Logistik AG (HHLA).

Die Gesellschaft wurde 1885 als Hamburger Freihafen-Lagerhaus-Gesellschaft (HFLG) gegründet. Das Gelände der Speicherstadt befand sich im Besitz der Stadt, die HFLG wurde ins Leben gerufen, um sie zu verwalten. Das heißt, die Gesellschaft war sowohl verantwortlich für die Gebäude selbst als auch für die Vermietung der Speicherböden.

Nachdem die Räumlichkeiten im Block O zu klein geworden waren, schrieb man einen Wettbewerb für den Neubau aus, aus dem die Entwürfe der Architekten Hanssen & Meerwein sowie Johannes Grotjan als Sieger hervorgingen. Gemeinsam gestalteten die Baumeister den zwischen 1902 und 1904 entstandenen Komplex. Der Turm mit grün ge-

→ Kaffeeanbau

**Kaffee wird in den Ländern in Äquatornähe angebaut, die den sogenannten Kaffeegürtel bilden. Von den nahezu 6000 Arten sind nur zwei von großer Bedeutung: Arabica und Robusta.
Bevor ein Setzling des Kaffeebaums eingepflanzt werden kann, wird er mehrere Monate gehegt und gepflegt, mit ersten Erträgen ist nach etwa drei bis vier Jahren zu rechnen. Von der Blüte bis zur ersten Ernte der Kaffeekirschen vergehen je nach Art weitere sieben bis elf Monate.
Neben der Ernte einzelner reifer Kirschen stückweise per Hand ist die sogenannte Strip-Pflückung ein weiteres Ernteverfahren. Hier wird der Zweig von Hand oder maschinell in einem Rutsch abgeerntet, unabhängig vom Reifegrad der Kaffeekirschen. Zweigstücke und Blätter müssen dabei anschließend aussortiert werden.
Auch hinsichtlich der Aufbereitung gibt es zweierlei Verfahren: Bei der nassen Aufbereitung wird das Fruchtfleisch maschinell entfernt, bevor die Früchte für 36 Stunden in einem Wasserbecken baden und fermentiert werden. Danach werden auch die Reste des Fruchtfleischs entfernt und die Kerne mehrere Wochen getrocknet.
Die trockene Aufbereitung macht sich die Tatsache zunutze, dass die Kaffeekirsche zu sechzig Prozent aus Wasser besteht. Die Früchte werden etwa fünf Wochen lang in der Sonne getrocknet und anschließend vom Fruchtfleisch befreit. Der Rohkaffee muss nun noch geschält, sortiert, gereinigt und verpackt werden, bevor er sich auf den Weg macht. In Deutschland ist die Coffea arabica am weitesten verbreitet. Ihr Name weist auf das eurozentrische Weltbild des 18. Jahrhunderts hin. Der schwedische Naturforscher Carl von Linné benannte die Pflanze nicht etwa nach ihrem Ursprungsgebiet (Äthiopien und Sudan), sondern nach dem Kulturkreis, in dem die Europäer das Getränk Kaffee kennenlernten. So müsste die Pflanze eigentlich »Coffea africana« heißen.**

färbtem Kupferdach erinnert ein wenig an das Hamburger Rathaus, was nicht verwundert, waren doch die Architekten Johannes Grotjan, Bernhard Georg Hanssen und Wilhelm Erwin Meerwein auch am Bau des »echten« Rathauses beteiligt. Und so wird das Gebäude im Volksmund auch als »Rathaus der Speicherstadt« bezeichnet, was die Funktion der Speicherstadt als »Stadt in der Stadt« bezeugt und ihre besondere Bedeutung für Hafen und Handel deutlich macht. In seiner aufwendigen Architektur zeigt der Bau einmal mehr das Bedürfnis nach visueller Repräsentation der »Weltgeltung«, die die Hansestadt sich zuschrieb.

Die HHLA hat hier bis heute ihren Sitz. Sie besteht inzwischen aus zwei Teilkonzernen, die sich einerseits mit den konzerneigenen Immobilien und andererseits mit der Hafenlogistik befassen. Am Haupteingang des Geschäftssitzes in der Straße Bei St. Annen 1 ist das **repräsentative Eingangsportal** mit floral geschmücktem Tor zu sehen. Eine historische Tafel zeigt noch immer den ursprünglichen Namen der Gesellschaft.

→ Wir folgen nun der Straße nach Norden und gelangen automatisch zur **Kornhausbrücke**, die über den **Zollkanal** führt.

84

HHLA-Gebäude in der Speicherstadt

10

Kornhausbrücke

Am südlichen Ufer des Zollkanals erinnert direkt an der Brücke noch ein kleines Häuschen an die Zeiten, als die Speicherstadt Teil des Freihafens war. Die grüne Box diente einst als Zollkontrollgebäude. Bis 2003 befand sich hier auch ein Zaun, der entlang des Kanals die Zollgrenze sicherte.

Betritt man die Speicherstadt von der City aus über die Kornhausbrücke, sind deutlich **zwei Statuen** von Christoph Kolumbus und Vasco da Gama zu sehen. Sie thronen als Portalschmuck zu beiden Seiten auf Brückenpfeilern. Erschaffen wurden sie 1903 von den Bildhauern Carl Börner und Hermann Hosaeus. Als im Sommer 2020 europaweit ein neuer kritischer Umgang mit kolonialen Denkmälern gefordert wurde, rückten auch die beiden Skulpturen in den Fokus der Auseinandersetzungen. Sie wurden mit roter Farbe gekennzeichnet und am Boden mit dem Schriftzug »DECOLONIZE«, ebenfalls in roter Farbe, versehen. Rund ein Jahr später verhüllte die US-amerikanische Künstlerin Joiri Minaya die beiden Figuren im Rahmen der Freiluft-Ausstellung »The Gate« mit floral bedruckten Stofftüchern.

Verhüllte Kolumbus-Statue

Auf diese Weise wollte Minaya Aufmerksamkeit für die beiden Skulpturen erzeugen, die bisher wenig diskutiert worden waren. Gedeutet werden können diese Aktionen als Versuch der längst überfälligen Revision eines veralteten Geschichtsbilds. Generationen sind mit der Geschichte von Kolumbus und da Gama als »Entdecker einer neuen Welt« aufgewachsen. Die beiden Seefahrer des 15. Jahrhunderts werden teils bis heute glorifiziert und als Helden dargestellt. In den USA ist gar der »Columbus-Day« ein offizieller Feiertag. Als Teil des Hanseatic Trade Centers an der westlichen Spitze der Speicherstadt hat man in Hamburg das »Columbus Haus« nach dem Genuesen benannt. Und das, obwohl inzwischen eine gründliche geschichtswissenschaftliche Dekonstruktion des überkommenen Bildes von den »Entdeckern« stattgefunden hat.

Die globalen Bestrebungen im Europa des 15. Jahrhunderts führten dazu, dass die Erprobung neuer Seewege und damit die Erschließung von Handelsrouten zu den wichtigsten Ambitionen der europäischen Herrscherhäuser wurden. Im Auftrag der spanischen Krone machte der Genuese Kolumbus sich im Glauben, Indien zu erreichen, auf den Seeweg gen Westen. Tatsächlich landete er aber auf den Bahamas, deren Gebiet schon seit Tausenden von Jahren besiedelt war. Kolumbus war also in keiner Weise derjenige, der Amerika als Erster »entdeckte«, sondern vielmehr jene geschichtliche Figur, die für die Kolonisierung des Gebiets steht. Diese Kolonisation war von Unterdrückung, Gewalt und Mord geprägt. Die Spanier begannen zunächst mit dem Tausch von Waren, gingen aber schnell dazu über, die Rohstoffe vor Ort auszubeuten. Vor allem aber beuteten sie die Arbeitskraft der indigenen Bevölkerung aus und zwangen die ansässigen Arawak in die Sklaverei. Als diese in den Widerstand gingen, wurden ganze Dörfer niedergebrannt und Frauen vergewaltigt. Mit diesem Wissen um die historischen Tatsachen kann es nur fassungslos machen, dass sich europaweit Denkmäler und Namensgebungen der Verehrung des Christoph Kolumbus widmen.

Nicht weniger als Kolumbus genießt auch Vasco da Gama vielerorts bis heute das weitgehend makellose Image eines »Entdeckers« des Seewegs nach Indien. Als der Portugiese sich Ende des 15. Jahrhunderts dorthin aufmachte, existierte zwischen Arabien und Südostasien bis nach China seit Jahrtausenden ein ausgeklügeltes und gut funktionierendes Seehandelssystem. Mit der Ankunft da Gamas wurde dieses System sukzessive zerstört. Wieder waren es Europäer, die durch Habgier und Hybris ganze Kulturen vernichteten. Auch hier wurden Menschen versklavt und ermordet. Da Gama ist heute gar für seine besondere Grausamkeit nicht zuletzt gegen die eigenen Männer bekannt.

Die Denkmäler an der Kornhausbrücke sind Teil des topgrafischen Gedächtnisses der Stadt. Weiß man um die realgeschichtlichen Taten der in vergangenen Zeiten als Heroen gefeierten Seefahrer und ihre tiefsitzende mythische Überformung, dann liegt auf der Hand, wie dringend der Umgang mit diesen städtischen Geschichtsmarken einer Neubewertung und Überarbeitung bedarf.

Um so mehr verstört es, dass sich die koloniale Namensgebung in der Hafencity, einem Stadtteil des 21. Jahrhunderts, fortsetzt. Plätze und Freiflächen wurden im neu geschaffenen Quartier nach Vasco da Gama, Ferdinand Magellan, Marco Polo oder zuletzt Amerigo Vespucci benannt.

Nicht mehr erhalten sind übrigens die skulpturalen Nachbildungen von James Cook und Ferdinand Magellan am südlichen Brückenportal.

Südportal mit Magellan- und Cook-Statuen

11

Alter Wandrahm

Östlich der Brücke in der Speicherstadt erstrecken sich die Straßen **Alter und Neuer Wandrahm**, deren Namen auf die Trockengestelle (Wandrahmen) der Tuchhersteller (Wandbereiter) zurückgehen. Diese Gegend ist vor allem durch den Bau des ehemaligen Hauptzollamts geprägt, in dem sich seit 1992 das Zollmuseum Hamburg befindet. Wir gehen nun den recht schattigen **Alten Wandrahm** entlang.

Für das 19. Jahrhundert müssen wir uns an dieser Stelle ein pittoreskes, wenn auch etwas in die Jahre gekommenes gutbürgerliches Wohn- und Geschäftsviertel vorstellen, dessen Häuser mit barocken Fassaden und Portalen geschmückt waren.

Aber auch hier blieb im Zuge des Baus der Speicherstadt kein Stein auf dem anderen, und von der ehemaligen Bebauung ist heute nichts mehr zu sehen. Im Gegensatz zum Kehrwieder konnte man an dieser Stelle nicht von einem Viertel der Arbeiterschaft sprechen. Vielmehr hatten in diesem Quartier Kaufleute und Händler ihre Bleibe. Der Name des nahe gelegenen Holländischen Brook erinnert daran,

Alter Wandrahm, 1878

dass sich in dieser Gegend vor allem seit dem 17. Jahrhundert auch Migranten und Migrantinnen aus verschiedenen europäischen Ländern ansiedelten. Die Motive waren verschieden, einige kamen auf der Suche nach wirtschaftlichem Erfolg, andere als Glaubensflüchtlinge.

Zu den aus religiösen Gründen Zugewanderten gehörte eine Familie, deren Name in Hamburg bis heute bekannt ist – die Familie Godeffroy. Seit 1781 gehörte ihr ein barockes Haus samt Speichern am Alten Wandrahm. Als Hugenotten in Frankreich verfolgt, war die Familie von La Rochelle nach Deutschland gekommen und hatte sich 1737 in Hamburg niedergelassen. Bereits an ihrem angestammten Ort in Frankreich war die Familie im Handel tätig gewesen, und so betrieb nun Cesar III. Godeffroy in der Hansestadt einen Weinhandel. Sein Sohn Johan Cesar IV. suchte sein Glück im Leinenhandel und gründete 1766 die Firma J.C. Godeffroy & Co., die ab 1806 als J.C. Godeffroy & Sohn firmierte. So folgte ein Cesar dem nächsten und weitete die Geschäfte aus. Auch in der Zeit der **napoleonischen Kontinentalsperre** gelang es dem Handelshaus, sich durch die Krise zu retten.

→ **Napoleonische Kontinentalsperre**

Die Kontinentalsperre war eine von Frankreich initiierte Wirtschaftsblockade in der Zeit der Napoleonischen Kriege. Zwischen 1806 und 1813 erließ Napoleon auf dem europäischen Kontinent eine Sperrung der Häfen für den Import von Waren aus Großbritannien und dessen Kolonien, so dass Handelsschiffe aus Großbritannien keine europäischen Häfen mehr anlaufen konnten. Napoleon sah darin zum einen ein Mittel, Großbritannien in die Knie zu zwingen, zum anderen hoffte er aber natürlich ebenso, durch Ausschaltung des Erzfeindes den französischen Handel anzukurbeln. Die Wirkung hielt sich in Grenzen, da sich Großbritannien neue Absatzmärkte in Südamerika verschaffte.

Die größte Expansion der Godeffroy'schen Handelsaktivitäten jedoch brachte die Zeit unter Cesar Godeffroy VI. Seit 1837 hatte das Unternehmen Niederlassungen in Havanna, Valparaiso und San Francisco, die allesamt in Familienhand lagen. Geleitet wurden sie von Cesars Brüdern Adolph, Gustav und Alfred. 1849 stiegen die Godeffroys ins Auswanderergeschäft ein. Der »Goldrausch« machte einen regelmäßigen Liniendienst nach San Francisco lukrativ, und die Schiffe konnten inzwischen auf der familieneigenen Reiherstieg-Werft in Wilhelmsburg gebaut werden, die Cesar VI. erworben hatte. Die Godeffroys stiegen nun auch ins Schifffahrtsgeschäft nach Australien ein. Auf dem Weg dorthin hatten die Schiffe Auswanderer an Bord, auf dem Rückweg wurden Kupfererze nach Europa gebracht. Diese Verkehre waren der Beginn des Handels im Südpazifik. Eine erste Niederlassung auf diesem Gebiet, bald von Cesars Bruder August geleitet, eröffnete die Familie 1857 im samoanischen Apia, aus der in den Folgejahren ein regelrechtes Imperium mit Zweiggeschäften zunächst in Polynesien, gefolgt von weiteren pazifischen Inselgruppen, hervorging. Und dies lange bevor in diesem Gebiet an eine deutsche Kolonie auch nur zu denken war. Exportgüter waren Perlen und **Perlmutt, Schildpatt und Trepang**. Letzteres ließ Godeffroy nach China verschiffen, wo die Seegurken als Nahrungsmittel verbreitet waren.

Vor allem aber Kopra, das getrocknete Fleisch der Kokosnuss, wurde massenweise nach Europa exportiert (→ **Tour 6**). Zunächst wurde Kokosöl,

→ **Perlmutt, Schildpatt und Trepang**

Insbesondere Muscheln, aber auch andere Weichtiere scheiden Perlmutt aus, um ihre schützende Schale aufzubauen. Es handelt sich also um ein natürliches Verbundmaterial, das durch seinen schimmernden Glanz unter anderem für die Herstellung von Knöpfen oder Schmuckgegenständen beliebt war. Auch Schildpatt kommt aus der Meerestierwelt und besteht aus einem Teil des Rückenpanzers der Meeresschildkröte. Attraktiv wegen seiner Transparenz, wurde es ebenfalls gerne zu Schmuck verarbeitet. Trepang bezeichnet die von Außenhaut und Eingeweiden befreite Seegurke, deren getrocknetes Fleisch insbesondere in China als Delikatesse galt.

das vor Ort durch die einheimische Bevölkerung gepresst worden war, nach Europa gebracht. Der Transport der Ölfässer über das Meer war allerdings nicht optimal, denn häufig war der Seegang stark und die Fässer erwiesen sich als anfällig für Lecks. Die Firma Godeffroy ging deshalb dazu über, Kopra in Säcken nach Hamburg zu überführen und erst dort zu Kokosöl zu verarbeiten. Neben den besseren Transportmöglichkeiten war Kopra aber auch haltbarer und konnte entsprechend länger gelagert werden als das Öl.

Unter der Ägide Cesars VI. verfügte das Unternehmen über Plantagen, auf denen an die 1500 Menschen Kokosnüsse und Baumwolle ernteten. Allerdings selten aus freien Stücken: Auf den Godeffroy'schen Plantagen wurde die lokale Bevölkerung zur Arbeit gezwungen, Gewalt stand auf der Tagesordnung.

In jener Zeit suchte die Firma J.C. Godeffroy & Sohn im Südpazifik wie in Hamburg ihresgleichen. Und doch folgte 1879 auf den immensen Aufstieg der tiefe Fall. Der »Gründerkrach« 1873, ein eklatanter Einbruch der Finanzmärkte, hatte das Unternehmen stark getroffen. Auch wurde seit der Reichsgründung die Handelstätigkeit weiterer deutscher Kaufleute auf den polynesischen Inseln deutlich reger, wodurch neue Konkurrenten entstanden. Das Unternehmen musste die Zahlungsunfähigkeit anmelden.

Aus dem Godeffroy'schen Besitz im Südpazifik ging die »Deutsche Handels- und Plantagengesellschaft« hervor, die den deutschen Kolonialismus in der sogenannten **»deutschen Südsee«** einläutete.

Eine private Leidenschaft Cesars VI. war das Sammeln von Naturalien aus verschiedenen Ländern der Erde. Damit war Godeffroy keinesfalls allein, im 19. Jahrhundert setzte bei vielen europäischen Kaufleuten eine solche Sammelleidenschaft ein, deren Ergebnisse in Privatsammlungen der heimischen Bevölkerung vorgeführt wurden. So betrieb Godeffroy ab 1861 ein Museum, das er zunehmend ausbaute und schließlich auf zwei Etagen am Alten Wandrahm 29 der Öffentlichkeit zugänglich machte. Grundlage der Präsentationen war eine zoo-

→ **»Südsee«**

Der Begriff fand seit dem 16. Jahrhundert ausgehend von Seefahrern und Kolonialakteuren wie Vasco Núñez de Balboa oder Ferdinand Magellan in Europa zunehmend Verbreitung. Gemeint waren damit zahlreiche Inselgruppen in der südlichen Pazifikregion. Allerdings lässt sich in diesem Fall nicht von einer rein geografischen Bezeichnung sprechen. Vielmehr verbindet sich mit diesem Topos das Bild einer scheinbar unberührten, paradiesischen Welt. Ein Bild, das sich bis heute beispielsweise in Reiseportalen oder in der Werbung hartnäckig hält. Es handelt sich allerdings um einen Begriff, der einer emotionalisierten Imagination entspringt, die in der Kolonialzeit ihren Ursprung hat. Um 1900 wurde diese Vorstellungswelt auch von namhaften Künstlern verstärkt. Dafür stehen beispielhaft der französische Maler Paul Gaugin oder der deutsche Maler Emil Nolde. Letzterer malte nicht nur zahlreiche Bilder des Hamburger Hafens, sondern auch seine sogenannten »Südsee-Bilder«. Diese entstanden während einer Reise 1913/14. An der »Medizinisch-demographischen Deutsch-Neuguinea Expedition« des Reichskolonialamtes durfte Nolde mit seiner Frau Ada teilnehmen.

logische sowie ein anthropologisch-ethnologische Sammlung. Zunächst gab der Unternehmer den Kapitänen seiner Schiffe den Auftrag, bei ihren Fahrten besondere – aus europäischer Sicht – »Seltenheiten« zu sammeln. Dafür wurden die Schiffe mit Fangnetzen und speziellen Behältnissen ausgestattet. Doch Godeffroy verfolgte zunehmend auch einen »wissenschaftlichen« Ansatz, so dass er schließlich Naturforscherinnen wie Amalie Dietrich und Zoologen wie Eduard Graeffe entsandte. Beide standen auf Empfehlung des Unternehmers Heinrich Adolph Meyer (→ Station 12) im Dienste Godeffroys. Graeffe reiste gar zehn Jahre lang durch Polynesien und besuchte dort nahezu alle Inseln. Zurück in Hamburg, machte er sich daran, die Sammlung nach »wissenschaftlichen« Kriterien zu sortieren, und übernahm die Redaktion des vom Museum herausgegebenen »Journals des Museum Godeffroy«. Als Kustos des Museums fungierte Johannes Dietrich Eduard Schmeltz, ein Schulfreund von Justus Brinckmann, dem späteren Direktor des Museums für Kunst und Gewerbe. Wie das Beispiel Amalie Dietrich beweist, schreckte Godeffroy auch nicht davor zurück, die Sendung menschlicher Skelette und Schädel in Auftrag zu geben (→ Tour 5).

Mit dem Konkurs der Firma Godeffroy stand auch das Museum vor einer ungewissen Zukunft, und die Stadt Hamburg war nicht bereit, es zu übernehmen. So gelangte ein großer Teil der Sammlung 1881 ins Grassi-Museum für Völkerkunde in Leipzig, während ein weiterer Teil ab 1891 den Grundstock für das neu gegründete Naturhistorische Museum am Steintorwall in Hamburg bildete. Auch im »Museum für Völkerkunde«, heute MARKK, landeten einige Objekte. Die Sammlung wurde zumindest in Teilen über den Zweiten Weltkrieg hinweg gerettet. So überstand die Vogelsammlung die Bombardierungen auf einer

Burg in Sachsen, die in Alkohol eingelegten Exponate wurden in Hamburger U-Bahn-Schächten geschützt. Erhalten ist darüber hinaus das Herbarium und eine Sammlung von Spinnen, teils noch in den Original-Flacons des Godeffroy'schen Museums, die heute Teil der zoologischen Sammlung des Centrums für Naturkunde (CeNak) an der Universität Hamburg sind. Mittlerweile ist für Hamburg in Form des sogenannten Evolutioneums ein neues Naturhistorisches Museum im Gespräch. Was im Zuge einer Kontextualisierung nicht in Vergessenheit geraten darf, ist das (Nicht-)Wissen darüber, wie die einzelnen Objekte in die Hände der Sammlerinnen und Sammler geraten sind. Es ist davon auszugehen, dass ein Großteil von ihnen nicht im Wissen bzw. mit Einwilligung der lokalen Bevölkerung in die Sammlungen gelangte. Insbesondere die Mitnahme von Kultusgegenständen oder gar menschlichen Überresten verletzten die Bräuche und Rechte der Menschen in den betreffenden Regionen. Vermeintliche Übergaben geschahen häufig unter Zwang und Gewalt.

→ Wir gehen nun den **Alten Wandrahm** bis zur Straße **Dienerreihe**, in die wir rechter Hand einbiegen. Nach Überquerung des **Brooktorkais** folgen wir der **Shanghaiallee**.

12

Firma H. C. Meyer jr.

Wir machen Halt bei einem großen **Backsteingebäude** mit schwarz verputzter Seitenwand in der **Shanghaiallee 7**. Heute befindet sich hier ein Automuseum.

Die großen Sprossenfenster lassen schnell erahnen, dass das Gebäude Teil eines Fabrikareals war. Es handelt sich dabei um ein Verwaltungsgebäude der Firma H. C. Meyer, die einst an dieser Stelle ansässig war. Jedoch gibt es in der Stadt noch viele weitere Orte, die an das Unternehmen erinnern. So sind auch in Harburg Fabrikgebäude erhalten (⟶ Tour 6), in Hammerbrook befindet sich ein Denkmal für den Firmengründer direkt am Kanal, und in unmittelbarer Nähe zu unserem Standort ist mit der Stockmeyerstraße Heinrich Christian Meyer verewigt. Den Namen Stockmeyer verpassten ihm die Leute der Legende nach bereits in Meyers Jugendzeiten, als er im Auftrag seines Vaters Spazierstöcke an Passanten verkaufte.

Ehemaliges Verwaltungsgebäude der Firma H. C. Meyer

Eben jenes Geschäft mit Spazierstöcken war es auch, das zur Basis des weitverzweigten Unternehmens wurde. Was 1816 mit einer Werkstatt begonnen hatte, machte Meyer mit einer großen Produktionsstätte hier auf dem Grasbrook ab 1837 zu einem Großindustriellen. Das Unternehmen galt obendrein als Touristenattraktion, ließ sich doch in den Werkhallen ab 1839 eine Dampfmaschine bestaunen, damals im Deutschen Reich weiß Gott noch keine Selbstverständlichkeit. In den ersten Jahren wurden hier Elfenbein und **Rattan** verarbeitet.

Rattan startete in Europa spätestens mit dem Aufkommen des sogenannten »Wiener Geflechts« seinen Siegeszug. Heute gilt als bekanntester Vertreter dieser Verwendungsform der »Wiener Kaffeehausstuhl« der Firma Thonet. Die Rattan-Verarbeitung der Firma H. C. Meyer wurde schließlich nach Harburg verlagert.

An unserem Standort gewann ab 1856 ein weiterer Rohstoff des kolonialen Handels an Bedeutung, nämlich Kautschuk. Dieser wurde zu Ebonit bzw. Hartgummi verarbeitet, aus dem schließlich Kämme hergestellt wurden. Auch diese Unternehmenssparte wurde nach Harburg ausgelagert, wodurch der Stadtteil neben Barmbek an internationaler Bedeutung für die Gummi-Branche gewann. Doch damit nicht genug: Unter dem ältesten Sohn des Firmengründers, Heinrich Adolph Meyer, konnte sich das Unternehmen auch in der Elfenbein verarbeitenden Industrie einen Namen machen. Heute ist der Handel mit Elfenbein in der EU wegen des Schutzes der Elefanten bis auf wenige Ausnahmen verboten. Dass die Bedrohung der Tiere durch das Artensterben bereits den Kaufleuten des 19. Jahrhunderts bewusst war, zeigen die Ausführungen Heinrich Adolph Meyers über den afrikanischen Elefanten anlässlich der Gewerbe- und Industrieausstellung 1889: »*Derselbe wird freilich von Jahr zu Jahr weiter zurückgedrängt und besonders in letzter Zeit so schnell und gründlich ausgerottet, dass, wenn nicht bald auch hier die nöthigen Vorkehrungen zu seiner Zähmung und dadurch längeren Erhaltung getroffen werden, mit Sicherheit ein gänzliches Aussterben in nicht allzu ferner Zukunft vorhergesagt werden*

→ Rattan

Auch heute noch gehören Rattan-Möbel zum gängigen Interieur in manchem Zuhause. Was hierzulande von diesem Material sichtbar ist, ist in aller Regel zu Körben, Stühlen oder Sesseln verarbeitet. Bis wir auf ihnen Platz nehmen können, hat Rattan oder Peddigrohr allerdings schon viele Hände durchlaufen. Es wird aus den Lianen der Rotangpalme gewonnen, die im tropischen und subtropischen Gebiet in Asien und Afrika vorkommt. Die Pflanze wächst besonders schnell, bereits nach zwei Jahren kann die erste Ernte erfolgen. Bei großer Hitze und hoher Luftfeuchtigkeit werden die meterlangen Lianen in ihrer ganzen Länge vom Baum gezogen. In einem nächsten Schritt muss die Außenhaut der Lianen entfernt werden. Mehrere Tage liegen sie als bis zu achtzig Kilogramm schwere Bündel im Fluss oder werden unter Wasserdampf behandelt, wodurch Rattan seine elastische Struktur gewinnt. Danach werden die Pflanzenteile per Hand von Außenhaut und Dreck befreit, bevor sie über mehrere Tage in der Sonne trocknen. Um Keime und Insekten zu entfernen, wird Rattan sodann unter einer Folie über Nacht geschwefelt. Jetzt folgt das Sortieren und Zurechtschneiden: Dickere Endstücke der Lianen finden beispielsweise Verwendung als Stuhlbeine. Die mittleren, schmaleren Teile werden fein zugeschnitten und für Körbe oder Kleinmöbel verwendet. Bis heute stehen jene, die von der körperlich anstrengenden Ernte des Rattans leben, finanziell am kürzesten Ende der Kette des Geschäfts mit den Pflanzenrohr-Möbeln.

kann; denn schon seit 1879 zeigen die Elfenbeinzufuhren aus Afrika eine regelmäßige und anhaltende Abnahme.« Diese »Abnahme« war dem **transregionalen Karawanenhandel** in Ostafrika geschuldet.

Die Nachfrage nach Elfenbein erlangte im Lauf des Jahrhunderts riesige Ausmaße. Insbesondere die ostafrikanische Insel Sansibar entwickelte sich zu einem Handelsknoten in verschiedene Richtungen. Das Elfenbein gelangte meist aus dem Inland mit Karawanen an die ostafrikanische Küste. Diese wurden häufig von Zwischenhändlern der Swahili-Küste organisiert, die dann ihrerseits den Rohstoff an die europäischen Mächte verkauften. Der Elfenbeinhandel war eng mit dem Versklavungshandel verknüpft. Denn häufig waren es Versklavte, die das Elfenbein kilometerweit an die Küste schleppten.

Die Elefantenjagd wurde im 19. Jahrhundert außerdem stark durch den Import von Feuerwaffen beeinflusst. Es brauchte nun weniger Jäger, um einen Elefanten zu erlegen, und so konnten die Jagdgruppen sich flächendeckender verteilen und entsprechend mehr Elefanten aufspüren. Kein Wunder also, dass das Elfenbein irgendwann rar wurde. Die erhöhte Nachfrage, auch in Hamburg, resultierte aus der Verwendung des Materials für Luxus- wie Alltagsprodukte. Aus Elfenbein fertigte man Kämme, Knöpfe, Bürsten- und Gebetsbuchdeckel, Fächer, Schmuckstücke, Lineale und vieles mehr. Hauptprodukte der Firma Heinrich Adolph Meyer waren neben Billardkugeln auch Klaviaturen. Und in der Anfangszeit des Unternehmens eben auch Griffe für Spazierstöcke.

→ Transregionaler Karawanenhandel in Ostafrika

Durch die steigende Nachfrage nach Elfenbein verstärkte sich der Handel mit dem kostbaren Material im 19. Jahrhundert immens. Karawanenzüge von mehreren Hundert Trägern erstreckten sich über weite Teile Ostafrikas. Das Transport- und Handelssystem umfasste von der Küste ausgehend die heutigen Länder Uganda und Kenia im Norden, Malawi und das nördliche Mosambik im Süden sowie die Länder bis in den östlichen Teil des Kongo. Häufig wurden die Karawanen von arabischen Kaufleuten beauftragt, die ihrerseits an der Küste als Zwischenhändler fungierten.

Heinrich Adolph Meyer war der größte Händler in dieser Branche im gesamten Deutschen Reich und bekam im Volksmund den Beinamen »Elfenbeinmeyer«. 1864 verlegte er sein Unternehmen nach Barmbek in die Röhnhaidstraße (heute Adolph-Schönfelder-Straße). Anfang des 20. Jahrhunderts gab ein Nachfolger Meyers das Unternehmen auf. Eine Elfenbeinwerkstatt, an die noch heute der Elfenbeinweg erinnert, existierte bis dahin in Hamburg-Wellingsbüttel.

Die Würgefeige ist eine Kletterpflanze der Gattung Ficus in der Familie der Maulbeergewächse, die im tropischen Klima heimisch ist. Im Kampf um Nährstoffe und Licht hat sie eine so rabiate wie effektive Methode, um sich einen guten Platz im Regenwald zu sichern. Dank Tieren wie Affen und Vögeln, die die Samen der schmackhaften Früchte ausscheiden, landen diese häufig in luftiger Höhe in der Astgabel eines Baums. Jetzt bildet die Würgefeige Luftwurzeln bis zum Boden und ist damit bestens versorgt. Zugleich unterdrückt sie auf diese Weise die Versorgung des Wirtsbaums, der von nun an nach und nach abstirbt und verrottet. Was am Ende übrig bleibt, ist ein oft gewaltiges hohles Luftwurzelgebilde. Und genau ein solches Luftwurzelwerk lässt sich bis heute in Hamburg betrachten.

Siebzehn Meter arbeitet es sich durch alle Etagen des Loki-Schmidt-Hauses, des heutigen Botanischen Museums in Klein Flottbek, empor. In acht Teile lässt sich das kunstvolle Naturgebilde zerlegen, von denen ein jeder rund 300 Kilogramm wiegt. Der Transport muss aufwendig sein, und dennoch ist das Wurzelgeflecht häufig umgezogen.

Verfolgen wir die Geschichte der Würgefeige zurück, so landen wir in Kamerun, denn hier kommt sie ursprünglich her. Kamerun war seit 1884 deutsche Kolonie. Hamburger Unternehmen bereicherten sich unrechtmäßig an den dort vorkommenden Rohstoffen und Nutzpflanzen. Das berühmteste Beispiel hierfür ist wohl das Unternehmen Adolph Woermanns. Und genau dieses brachte das Wurzelgeflecht der Würgefeige nach Hamburg. Nicht belegbar ist, wie es in den Woermann'schen Besitz kam; was wir wissen, ist, dass es nach einer rund 23-tägigen Schifffahrt im

Ehemaliges Botanisches Institut in der Jungiusstraße

Parkseitiger Eingang

Hamburger Hafen ankam. Die Familie Woermann machte das Wurzelgeflecht 1889 dem Botanischen Museum zum Geschenk. Es ist das älteste und größte noch erhaltene Exponat.

Das Botanische Museum Hamburg war 1883 gegründet worden und öffnete 1885 seine Pforten. Nach Etappen am Lübecker Tor und am Steintor bezog es einen von Albert Erbe 1904 bis 1906 geschaffenen repräsentativen Neubau an der Jungiusstraße/Ecke Bei den Kirchhöfen (heute Marseiller Promenade). Das in den Folgejahren erweiterte Gebäude ist bis heute erhalten. Hier befindet sich seit Anfang der 2000er Jahre mit der Bucerius Law School eine private Hochschule der ZEIT-Stiftung Ebelin und Gerd Bucerius.

Einst befanden sich neben dem Museum die Institute für Allgemeine Botanik sowie für Angewandte Botanik. Über den parkseitigen Eingängen ist die Beschriftung auch heute noch erhalten. Eine fensterreiche Rotunde mit Kuppeldach betont die Straßenecke in Richtung Norden. Und in dieser Rotunde befand sich die Würgefeige. An der Fassade sind die Porträts namhafter Naturwissenschaftler angebracht. Neben Joachim Jungius (1587–1657) zeigt sie auch den Botaniker Johann Georg Christian Lehmann (1792–1860). Auf seine Initiative wurde 1821 der erste Botanische Garten in Hamburg gegründet. Betritt man das Gelände in parkseitiger Richtung, führt ein Durchgang direkt auf das Areal des

Plan des Botanischen Gartens, 1908. An der Nordost-Seite die Botanischen Institute

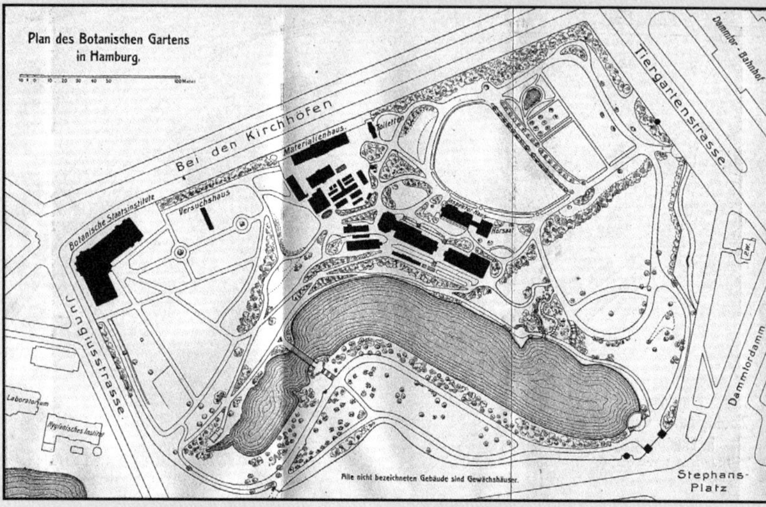

heutigen »Alten Botanischen Gartens«. Inzwischen ist er ein Teilbereich der innerstädtischen Parkanlage »Planten un Blomen«. Gewiss kam die Lage des Museumsbaus nicht von ungefähr.

Wie das Handelshaus Woermann brachten auch andere Kolonialunternehmen und Privatleute sowie professionelle Sammler und Sammlerinnen wie Amalie Dietrich Pflanzen und Pflanzenteile nach Europa. In vielen Städten entstanden so botanische Gärten. Sie hatten den Zweck, entwendete Samen und Saatgut zu ziehen und auf ihre wirtschaftliche Nutzbarkeit zu prüfen. Häufig wurden die Setzlinge aber auch in anderen kolonial besetzten Gebieten angepflanzt, um sich in Form von Plantagenwirtschaft an ihnen zu bereichern. Botanische Gärten sind entsprechend eng mit der Kolonialzeit verknüpft. Doch nicht nur in Europa entstanden die Anlagen. Im deutschen Kolonialreich bestanden beispielsweise in Limbe (damals Victoria) in Kamerun und in Amani im Nordosten Tansanias Versuchspflanzungen. Auch diese waren Teil des Exports der Pflanzenwelt aus ökonomischen Interessen. Nach Amani hatte etwa der Agrarwirt Richard Hindorf die Sisal-Pflanze versetzt, die ursprünglich in Mittelamerika beheimatet war.

Grundstock der Ausstellung im Botanischen Museum waren eine Algensammlung und eine »Carpologische Sammlung«, die dem Museum ebenfalls geschenkt wurden. Die Karpologie – von altgriechisch »karpos«, »Frucht« – ist ein Fachgebiet der Botanik, das sich mit Früchten und Samen von Pflanzen befasst. Schon jene erste »Carpologische Sammlung« listete Tausende Stücke aus aller Welt in ihrem Fundus. Jährlich erschienen die »Botanischen Berichte«, die Neuzugänge des Museums dokumentierten. Aufgabe des Museums waren Unterrichtung und Bildung der Bevölkerung sowie die wissenschaftliche Forschung.

Hinzu kam aber noch ein weiterer Funktionsbereich, an dem sich einmal mehr die koloniale Verstrickung zeigt: Dem Museum angegliedert waren das »Laboratorium für Waarenkunde« sowie die »Abteilung für Samenkontrolle«.

Durch diese Institutionen hatte das Museum eine sichtbare Verbindung zur Hamburger (Kolonial-)Wirtschaft. Ihre Aufgabe war die Bestimmung nichtheimischer Pflanzen und die Untersuchung von deren Verwendbarkeit in Form der »Waarenkunde«. Die »Samenkontrolle« fand ihre Anwendung im Hafen, wo unter anderem die Kontrolle auf Schädlinge der eingeschifften Waren und Rohstoffe stattfand. Im Verbund mit dem »Chemischen Laboratorium« ging aus diesen Institutionen 1912 das »Staatsinstitut für Angewandte Botanik« hervor. Dieses hatte gar ein eigenes Büro in der Hamburger Börse, um direkt vor Ort Kaufleute und Händler beraten zu können.

Städtebaulich fügt sich das ehemalige Institut in eine repräsentative Reihe teils funktional bedeutender Bauten ein. In Richtung Elbe sind dies die Justizgebäude, die Laeiszhalle und das Museum für Hamburgische Geschichte, bevor das Band mit dem Bismarck-Denkmal und der ehemaligen Seewarte auf dem Stintfang seinen kolonialen Abschluss findet.

1919 wurden das Botanische Institut wie das Museum der neugegründeten Universität Hamburg angegliedert, zu der sie bis heute gehören. 2009 zog die heute rund 60000 Objekte umfassende Botanische Sammlung nach Klein Flottbek. Auch das Wurzelgeflecht machte so im 21. Jahrhundert seinen vorerst letzten Umzug. Das Museum bemüht sich inzwischen, die kolonialen Zusammenhänge seiner Entstehung und seiner Sammlung aufzuarbeiten.

Institut für angewandte Botanik, 1922

3

Altona St. Pauli Neustadt

STARTPUNKT
S-Bahn Königstraße

ENDPUNKT
U-Bahn Baumwall

DAUER
etwa 2,5 Stunden

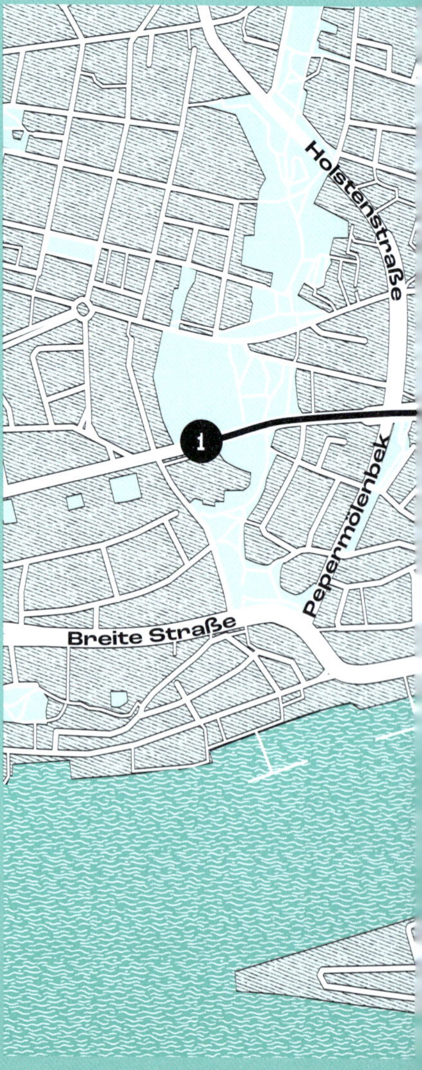

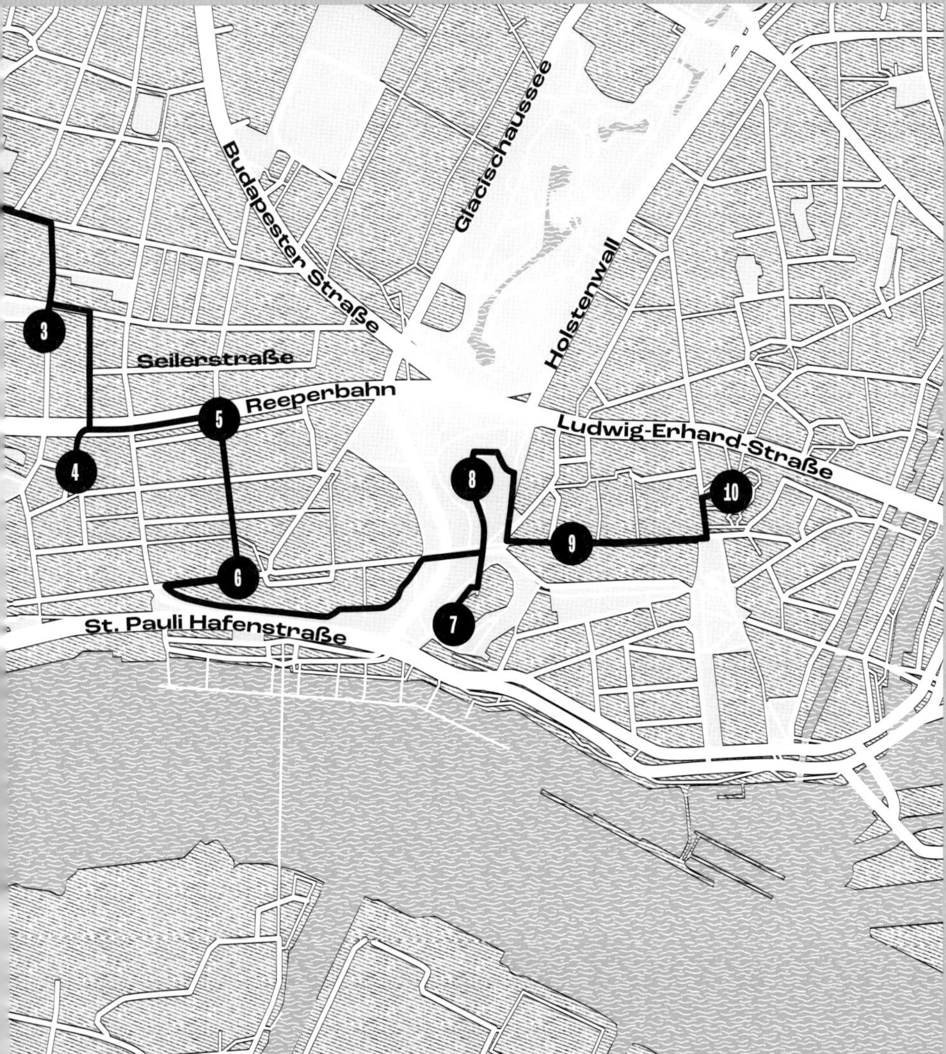
Budapester Straße
Glacischaussee
Holstenwall
Seilerstraße
Reeperbahn
Ludwig-Erhard-Straße
St. Pauli Hafenstraße
3
4
5
6
7
8
9
10

D

ieser Rundgang führt durch drei Hamburger Stadtteile: Vom alten Zentrum Altonas geht es über St. Pauli bis in die Neustadt zur Kirche St. Michaelis. Neben den Spuren, die das koloniale Hamburg in diesem Gebiet hinterlassen hat, geht es auf dieser Tour auch um unterschiedliche Formen der Einwanderung nach Hamburg im Laufe der Jahrhunderte. Zur Zeit des Deutschen Kaiserreichs war Altona, anders als heute, noch eine eigenständige Stadt. Zunächst regiert von den Schauenburger Grafen, stand sie ab 1640 unter dänischer Landesherrschaft, denn die Könige Dänemarks waren zugleich auch die Herzöge von Schleswig-Holstein. Als Ergebnis des Krieges zwischen Dänemark und Preußen/Österreich wurde Altona seit den 1860er Jahren zur preußischen Provinz. Erst mit dem Groß-Hamburg-Gesetz der Nationalsozialisten 1937/38 wurde die Stadt nach Hamburg eingemeindet und bildet heute einen Bezirk der Hansestadt.

Zwischen den einstigen Grenzen der Städte Altona und Hamburg liegt der südliche Teil des Stadtteils St. Pauli. Bis ins 19. Jahrhundert hinein trug der Bereich zwischen Nobistor im Westen und Millerntor im Osten den Namen »Hamburger Berg«. Grund dafür war das erhöhte Land, das das Gebiet bis zum Bau der Wallanlagen im 17. Jahrhundert prägte. Sand und Ton wurden als Baumaterial für Häuser innerhalb der Stadt und nicht zuletzt für die Befestigungsanlagen Stück für Stück abgetragen. Seinen heutigen Namen verdankt der Stadtteil einer Kirche, die dem Heiligen Paulus gewidmet wurde und bis heute nahe dem Elbufer zu finden ist. 1833 wurde der Hamburger Berg zur Vorstadt St. Pauli deklariert und gelangte damit unter Hamburgische Verwaltung. Erst Ende des 19. Jahrhunderts wurde St. Pauli nach Hamburg eingemeindet und verlor damit seinen Status als Vorstadt.

Der Stadtteil Neustadt entstand mit dem Bau der Wallanlagen im 17. Jahrhundert. Damit wurde das Kirchspiel St. Michaelis zum fünften seiner Art. Die Kirchspiele in der Altstadt existierten bereits seit dem Mittelalter und waren eine Art frühe Verwaltungsbezirke der Stadt. Die Kirchen in ihrer Mitte fungierten als Marktplätze und Treffpunkte. Das Areal, durch das wir uns bei diesem Rundgang bewegen, ist heute teils stark touristisch geprägt. Insbesondere Reeperbahn und Michel gelten als Hamburger Wahrzeichen und sind über die Tore der Stadt hinaus bekannt. Im kolonialen Hamburg existierte das Vergnügungsviertel auf St. Pauli längst. Bereits seit dem 18. Jahrhundert passierte die Hamburger Bevölkerung das Millerntor, um insbesondere am Spielbudenplatz das Leben und das Laster zu suchen. Aber auch Besucher der Hansestadt zog es auf den Kiez. Vor allem Seeleute waren auf St. Pauli zu finden, was der damaligen Nähe des Hafens geschuldet war. Noch immer steht St. Pauli für Heim- und Fernweh und versucht die Erinnerung an die Hafenwelt wachzuhalten. Der Hamburger Hafen ist indessen elbabwärts ans andere Flussufer gewandert.

Historisch betrachtet spazieren wir nun von der Stadt Altona in die Stadt Hamburg.

Nachdem wir die S-Bahn über den Ausgang in Richtung Königstraße verlassen haben, befindet sich die erste Station auf der gegenüberliegenden Seite in östlicher Richtung. Wer am Startpunkt in Altona auch den äußerst sehenswerten jüdischen Friedhof an der Königstraße besuchen möchte, sollte auf die Öffnungszeiten achten. Männer werden gebeten, eine Kopfbedeckung zu tragen. Doch auch außerhalb der Öffnungszeiten ist es möglich, durch den Zaun einen Blick auf die Grabfelder zu werfen.

1

Jüdischer Friedhof Altona

Beim Betreten des Friedhofs über den Haupteingang an der Königstraße passiert man mit dem Eduard-Duckesz-Haus das Besucherzentrum des Friedhofs und gelangt dann auf das von Bäumen umgebene Friedhofsareal. Trotz des stetigen Autoverkehrs ist es hier verhältnismäßig ruhig, und die natürliche Idylle in unmittelbarer Nähe zur Straße ist überraschend. Am Friedhof beteiligt sind heute gleich vier Hamburger Institutionen. Er befindet sich im Besitz der Jüdischen Gemeinde Hamburg. Erforscht wird er durch das Institut für die Geschichte der deutschen Juden, instand gehalten vom Denkmalschutzamt Hamburg und der Öffentlichkeit zugänglich gemacht durch die Stiftung Denkmalpflege. In Planung ist ein gemeinsamer Antrag mit weiteren jüdischen Friedhöfen unter anderem in Amsterdam und Curacao zur Aufnahme in die Weltkulturerbe-Liste der UNESCO. Grund hierfür sind insbesondere die rund 1600 erhaltenen **sephardischen Grabmale**, die im westlichen Teil des Friedhofs zu sehen sind. Im Unterschied zu den aschkenasischen Gräbern bestehen sie nicht aus senkrechten Stelen, sondern aus am Boden liegenden Grabplatten. Auch sogenannte »ohalim« – hebräisch »Zelte« – sind typisch für die sephardische Grabkunst. Als 1611 die erste Bestattung auf

Sephardische Gräber

diesem Friedhof stattfand, war es auch das Grab eines sephardischen Juden, das den Anfang machte.

Das sephardische Judentum stammte von der Iberischen Halbinsel, in diesem Fall insbesondere aus Portugal. Die katholische Inquisition verbot den jüdischen Glauben und vertrieb 1492 zunächst alle Juden und Jüdinnen aus Spanien ins portugiesische Nachbarland. Doch auch in Portugal blieb ihnen das Schicksal der Zwangstaufe nicht erspart. Seit Ende des 16. Jahrhunderts begann nun die Diaspora der Sephardim. Zunehmend wanderten sie auch in europäische Hafenstädte aus, um hier ohne Drangsalierung leben zu können. Neben Hamburg und Altona hatten viele von ihnen Amsterdam zum Ziel. Einige der zwangsgetauften Juden und Jüdinnen fanden dann in der Diaspora zurück zu ihrem ursprünglichen Glauben.

Dem Hamburger Senat wie auch den Altonaer Landesherren war die Ankunft der Sephardim durchaus nicht unrecht. Viele von ihnen waren erfolgreiche Kaufleute mit exzellenten Handelsbeziehungen insbesondere nach Brasilien. Dort wurden **Zuckerrohr** und Baumwolle angebaut, die das Begehren der Hamburger und Altonaer Kaufleute weckten. Von genau diesen Handelsbeziehungen hofften sie durch die legale Ansiedelung der Sephardim zu profitieren. Von deren Wohlstand zeugen nicht zuletzt ihre Grabmäler, einige sind aus reinem Carrara-Marmor gefertigt. Eine Besonderheit sind die figurenreichen Verzierungen der Grabplatten. Häufig sind es biblische Gestalten wie David oder Abraham, die gelegentlich einen Hinweis auf die Namen der Toten geben. Umgeben von Blumen, Pflanzenranken oder Memento mori – Motiven wie dem geflügelten Stundenglas – finden sich Inschriften in hebräischer, spanischer, englischer oder portugiesischer Sprache.

Die Ankunft der sephardischen Juden und Jüdinnen mit ihren Handelsbeziehungen sorgte dafür, dass in Hamburg bereits im 18. Jahrhundert die Zuckersiederei zu einem der Hauptwirtschaftszweige gehörte. Bevor in Europa die Raffination der Zuckerrübe entwickelt wurde, war es für lange Zeit das auf den Plantagen angebaute Zuckerrohr, das die Speisen in Europa versüßte.

Die Arbeit auf den Plantagen wurde von versklavten Menschen verrichtet und war entsprechend von Zwang, Gewalt und Ausbeutung geprägt. Die portugiesischen Einwanderer, insbesondere die Kauf-

→ Zuckerrohr

Zuckerrohr aus der Familie der Süßgräser gehört zu den ertragreichsten Nutzpflanzen überhaupt. Der Ursprung seiner Nutzung liegt vermutlich im ostasiatischen Raum, von wo die Araber das Zuckerrohr in die Mittelmeerregion brachten. Die Pflanze gedeiht optimal in tropischen und subtropischen Gebieten. So wundert es nicht, dass die Erträge sich erheblich mehrten, als Kolumbus Ende des 15. Jahrhunderts die ersten Stecklinge in die Karibik brachte. Mit der Kolonisation Südamerikas, insbesondere Brasiliens durch Portugal, entwickelte sich auch hier der Anbau des Zuckerrohrs in Form von Plantagenwirtschaft. Damit einher ging der massenhafte Einsatz von versklavten Menschen als Arbeitskräften. Zucker war einer der Grundpfeiler des transatlantischen Versklavungshandels des 17. und 18. Jahrhunderts, bei dem Menschen gegen Ware getauscht, verschleppt und zur Arbeit gezwungen wurden. Der durch Versklavte erwirtschaftete Zucker gelangte auch in die europäischen Städte, deren Oberschicht durch Zuckerkonsum von der Zwangsarbeit profitierte. Für die breite Bevölkerung wurde Zucker als Süßungsmittel erst im 19. Jahrhundert erschwinglich, als der Chemiker Andreas Sigismund Marggraf seine Gewinnung aus der Zuckerrübe etablierte. Bis heute ist Brasilien neben Indien und China ein Hauptanbaugebiet für Zuckerrohr.

leute, waren mit der Sklaverei durchaus vertraut. Versklavte wurden auch nach Europa verschleppt und für Tätigkeiten in den Haushalten eingesetzt. Diese ursprünglich vom afrikanischen Kontinent stammenden Versklavten brachte das sephardische Judentum nun auch nach Hamburg und Altona mit. Vermutlich waren sie die ersten Schwarzen Menschen, die die Altonaer beziehungsweise Hamburger Bevölkerung zu Gesicht bekam. Auch sie wurden aller Wahrscheinlichkeit nach auf dem jüdischen Friedhof in der Königstraße bestattet. Leider gibt es keinen Hinweis auf den Ort ihrer Gräber.

Durch die Einwanderung aus Portugal profitierten auch die wohlhabenden Teile der Hamburger und Altonaer Bevölkerung indirekt von der Plantagen-Arbeit der Versklavten.

Seit den 1950er Jahren verleiht der Hamburger Senat den »Portugaleser« als Zeichen der Anerkennung an ausgewählte Persönlichkeiten. Er geht vermutlich auf die portugiesische Goldmünze »Portuguez« zurück, die dort seit dem Ende des 15. Jahrhunderts geprägt wurde. Der hohe Wert der Münze lässt auf den Reichtum Portugals zu jener Zeit schließen, der nicht zuletzt durch die portugiesische Kolonialherrschaft entstand. Nachahmungen des »Portuguez« gab es im norddeutschen Raum bereits seit der Jahrhundertwende vom 16. ins 17. Jahrhundert. Ab dem 18. Jahrhundert wurde er auch im Auftrag der Hamburger »Commerzdeputation« geprägt. Die lange Tradition der Einwanderung von Portugiesen setzte sich in Hamburg und Altona auch in späteren Jahrhunderten fort und währt bis heute. Das Portugiesenviertel in der Neustadt geht jedoch nicht auf die sephardischen Juden und Jüdinnen zurück, sondern vielmehr auf portugiesische Einwanderer, die seit den 1970er Jahren vermehrt nach Hamburg kamen.

Königstraße in den 1920er Jahren

Jener Teil des Friedhofs, der mit **Grabstelen** versehen ist, ist sein aschkenasischer Teil. Hier wurden deutsche Juden und Jüdinnen bestattet. Alle Steine zeigen gen Osten und sind in der Regel einseitig mit hebräischer Schrift versehen. 1869 fand hier in der Königstraße die letzte Beisetzung statt. Trotz zweier Weltkriege und der antisemitischen Barbarei der Nationalsozialisten sind heute noch insgesamt fast 8000 Steine erhalten, davon rund 1600 sephardische Grabmale.

Gegenüber dem Friedhof liegt mit der Hauptkirche St. Trinitatis das alte Zentrum Altonas, das während der Luftangriffe des Zweiten Weltkriegs so stark zerstört wurde, dass einige Straßen heute nicht mehr in ihrer ursprünglichen Form existieren. Dazu gehört auch die Kleine Papagoyenstraße, in der sich seit 1684 die Synagoge der Aschkenasim befand, und die Bäckerstraße (heute Hoheschulstraße), in der die Sephardim Altonas ab 1771 eine eigene Synagoge hatten. Der Ort, an dem sich heute östlich der Kirche eine Tankstelle befindet, war einst der **Standort des alten Altonaer Rathauses**. Gegenüber der Tankstelle gibt ein kleines **Relief** an einer Fassade der Nachkriegszeit einen Eindruck der Königstraße um 1900.

→ Wir folgen nun der **Königstraße** in östlicher Richtung auf die **Reeperbahn**. Schon von hier aus ist der Endpunkt unserer Tour, der **Michel**, zu sehen.

Relief der alten Königstraße

2

Große Freiheit

Von der **Ecke Reeperbahn/Große Freiheit** aus ist nur wenige Meter entfernt noch ein Relikt der alten Grenze zwischen Altona und Hamburg zu sehen. Der **Grenzpfosten** markiert das einstige Nobistor. Dort, wo heute der Weg lediglich in ein Bordell führt, verlief in früheren Zeiten der Grenzgang. Vorbei an Bars und Clubs folgen wir nun der Großen Freiheit in nördlicher Richtung bis zu einer Kirche auf der linken Straßenseite, der katholischen **Kirche St. Joseph-Altona**, und befinden uns jetzt im Bezirk der »Freiheiten«, der seit Beginn des 17. Jahrhunderts entstand. Die Bezeichnung bezog sich allerdings einst keineswegs auf die sexuelle Freiheit, deren Versprechen heute in Form von Strip-Clubs und Tabledance-Läden locken. Vielmehr bestanden hier über Jahre hinweg die Privilegien der Gewerbe- und Religionsfreiheit. Altona war ein Zufluchtsort für europäische Gläubige verschiedener Religionen, die in ihren Heimatländern verfolgt wurden.

Zu den nach Altona Geflüchteten gehörten neben jüdischen Menschen beispielsweise Angehörige der Calvinisten, Katholiken und Mennoniten. Im 16. Jahrhundert waren es die Schauenburger Grafen, die unter anderen niederländischen oder französischen Glaubensflüchtlingen Privilegien gewährten. Das geschah jedoch nicht automatisch mit ihrer Ankunft, sondern die jeweiligen Glaubensgruppen hatten sich um die Privilegien zu bewerben. Auch unter dänischer Landesherrschaft wurden die erteilten Rechte beibehalten bzw. stetig erneuert. Im Vergleich zu Hamburg zeigte sich die Nachbarstadt deutlich liberaler. Allerdings ließ Altona die »Fremden« auch nicht aus reiner Nächstenliebe zu. Vielmehr steckten dahinter wirtschaftliche Interessen. Durch die Privilegien sollten Kaufleute mit wichtigen Handelsbeziehungen oder Handwerker mit wertvollen Kenntnissen angelockt werden. Und der Plan ging auf: Zahlreiche Neubürger und -bürgerinnen ließen sich in Altona nieder, denn Glaubensfreiheit war in jenen Jahren in Europa von unschätzbarem Wert. Andersherum profitierte Altona wie gewünscht immens von der Zuwanderung. Der Bezirk der »Freiheiten« war damals geometrisch genau aufgeteilt. Heute erinnern die Namen der Straßen »Große Freiheit« und »Kleine Freiheit« an diese Zeit.

Eingangsportal der Kirche St. Joseph

Auch die katholische Kirche St. Joseph steht mit dem Prinzip der Glaubensfreiheit in Verbindung. Im benachbarten Hamburg nämlich war die Feier katholischer Gottesdienste seit der Reformation verboten. Und auch die Einwanderung gehört zur Geschichte der Kirche: Es war nämlich ein florentinischer Kaufmann namens Alessandro della Rocca, der schon Ende des 16. Jahrhunderts das Recht erhielt, katholische Gottesdienste zu feiern. Im heutigen Stil wurde die Kirche allerdings erst Anfang des 18. Jahrhunderts durch den Architekten Melchior Tatz erbaut.

Sie gilt als erste katholische Kirche in Nordeuropa, die nach der Reformation entstanden ist. Während des Zweiten Weltkriegs wurde sie stark zerstört und nach dem Wiederaufbau in den 1950er Jahren sowie zwei weiteren Renovierungen inzwischen auf das barocke Vorbild zurückgebaut. Heute hat in dem Gebäudekomplex auch die polnische Mission ihren Sitz.

Im nördlichen Teil der Großen Freiheit befindet sich jenseits der Simon-von-Utrecht-Straße ein weiteres Relikt aus dem Bezirk der »Freiheiten«. Gegenüber dem Club »Indra« steht das ehemalige **Gemeindehaus der Mennoniten**.

1915 wurde der gesamte Komplex verkauft, seitdem hat die Hamburger Mennoniten-Gemeinde ihr Zentrum in Altona-Nord. Ein Mennoniten-Friedhof befindet sich in Bahrenfeld. Die Bewegung der Mennoniten entstand im 16. Jahrhundert als freikirchliche Glaubensgemeinschaft. Wesentlich für ihr Bekenntnis waren unter anderem die Eides- sowie die Kriegsdienstverweigerung und die Glaubenstaufe. Ihren Namen tragen die Gläubigen in Anlehnung an ihr niederländisches Oberhaupt Menno Simons (1496–1561). Fast überall in Europa wurden die Mennoniten und Mennonitinnen verfolgt. In Altona erhielten sie bereits im frühen 17. Jahrhundert das Recht, ihre Religion auszuüben. Eine der wichtigsten Persönlichkeiten der Altonaer Gemeinde war der Diakon und Gerbereibesitzer Paul Roosen, nach dem eine benachbarte Straße benannt ist. Insbesondere im 17. und 18. Jahrhundert traten die Mitglieder der mennonitischen Gemeinde als Reeder und Kaufleute hervor. Neben Pauls Sohn Gerrit Roosen waren dies insbesondere die Familien de Voß und van der Smissen. Nach beiden ist heute jeweils eine Straße nahe der Großen Elbstraße in Altona benannt. Dass die Altonaer Familie van der Smissen in Heinrich Heines Gedicht »Das Sklavenschiff« von 1854 namentlich verewigt ist, bleibt letztlich zwar eine Mutmaßung. Durch Heines enge Beziehungen zu den Städten Hamburg und Altona kann es aber doch als wahrscheinlich gelten. In Heines Gedicht ist vom »Schiffschirurgius« Dr. van der Smissen die Rede, der dem Kapitän Auskunft über die Sterblichkeit der Versklavten an Bord eines Schiffes gibt.

Ehemaliges Gemeindehaus der Mennoniten

Heine spielt hier sehr deutlich auf den rechenhaften Umgang mit Versklavten als Ware an, indem er den Doktor den Verlust »in die Kladde« schreiben, also akkurat seine Bücher führen lässt. Außerdem lässt Heine die Leser mit dem Hinweis, dass die versklavten Menschen sich totstellten, um in die Wellen geworfen zu werden, wissen, wie schlecht es ihnen an Bord ging. Das Gedicht beweist, dass die Umstände auf den Schiffen zumindest in einigen Kreisen durchaus bekannt waren. So kann Heinrich Heines Gedicht mit seinen drastischen Worten als Kritik an den Verhältnissen gelesen werden.

Sowohl der Reeder Gysbert van der Smissen (1717–1793) als auch sein Sohn Jacob Gysbert (1746–1829) statteten nicht nur Walfänger aus, sondern beteiligten sich mit ihren Schiffen auch am transatlantischen Versklavungshandel (⟶ Tour 5). Wenn heute in Hamburg von diesem Handel die Rede ist, geht es insbesondere um Heinrich Carl Schimmelmann, der davon in großem Stil profitierte. Das Beispiel van der Smissen aber zeigt, dass er bei weitem nicht der Einzige war, der Menschen wie Waren behandelte. Mehrere Hamburger und Altonaer Kaufleute und Reeder haben sich das grausame Geschäft zunutze gemacht.

⟶ Wir folgen der **Großen Freiheit** bis zu ihrem Ende und biegen anschließend rechts in die **Paul-Roosen-Straße** ein. Ein Grenzstein am Boden markiert, wo das alte Altona endete. Von hier aus geht es über die **Talstraße** wieder Richtung Süden. Nach Überquerung der **Simon-von-Utrecht-Straße** machen wir Halt an der **Ecke Schmuckstraße**.

Grenzpfosten am Nobistor

3

Schmuckstraße

Die einseitig bebaute Schmuckstraße liegt etwas unscheinbar fernab des Trubels auf der Reeperbahn. Doch die Straße erzählt ein wichtiges Stück Hamburger Geschichte. An der Ecke zur Talstraße befindet sich eine Informationstafel, welche die Erinnerung an Hamburgs »Chinesenviertel« wachhalten soll. Das Viertel hatte sich insbesondere seit den 1920er Jahren auf einem vergleichsweise kleinen Areal auf St. Pauli etabliert. Lebensmittelgeschäfte, Bars und Restaurants wurden von chinesischen Einwanderern betrieben. Der Begriff »Chinesenviertel« darf nicht darüber hinwegtäuschen, dass Chinesen auch in anderen Straßen lebten oder Gewerbe betrieben. Auch wohnten rund um die Schmuckstraße nicht ausschließlich chinesische Einwanderer. Häufig hatten sie lediglich die Ladengeschäfte im Erdgeschoss bzw. Souterrain angemietet.

Informationstafel in der Schmuckstraße

Die ersten chinesischen Einwanderer kamen bereits Ende des 19. Jahrhunderts nach Hamburg. Es handelte sich bei ihnen in der Mehrzahl um junge Männer. Sie stammten aus der Gegend rund um die Stadt Guangzhou (Kanton), aber auch aus Ningbo und Shanghai an der Küste des ostchinesischen Meeres und waren als Seeleute auf den großen Dampfschiffen nach Hamburg gekommen. Viele waren an Bord auf der untersten Stufe der Hierarchie als **Kohlentrimmer oder Schiffsheizer** tätig und verdienten weitaus weniger als ihre europäischen Kollegen. Den Reedereien waren sie als billige Arbeitskräfte mit, wie man unterstellte, niedrigen Ansprüchen willkommen. Wegen der schlechten Arbeitsbedingungen auf den Schiffen beschloss dann manch einer, sein Glück an Land zu suchen, und blieb in Hamburg. In der Regel war dieser Schritt aber eher als Bleiben auf Zeit gedacht und nicht als Auswanderung im eigentlichen Sinne.

Die Hamburger Bevölkerung, insbesondere aber die Hamburger Polizei hatte eine Reihe von Vorurteilen gegenüber dem »Chinesenviertel«. Seit der Cholera-Epidemie 1892 herrschte große Angst vor Krankheiten, die angeblich durch Zuwanderer in die Stadt gebracht würden. Diese Krankheiten wurden unter anderem den chinesischen Seeleuten in die Schuhe geschoben. Von unterirdischen Tunnelsystemen, die die Bewohner gegraben haben sollten, war zeitweise die Rede, und schnell wurde ein Restaurant zur »Opiumhöhle« deklariert. Weit verbreitet war in kolonialer Zeit allgemein das rassistische Stereotyp der **»Gelben Gefahr«**.

Seit den 1920er Jahren kamen auch Chinesen nach Hamburg, die sich zuvor in London oder Liverpool niedergelassen hatten. Auf diese Weise entstand eine größere, räumlich zentrierte chinesische Community auf St. Pauli, auch wenn das Hamburger »Chinesenviertel« einwohnerzahlenmäßig nicht vergleichbar war mit den »Chinatowns« in britischen oder US-amerikanischen Metropolen.

In der NS-Zeit wurden die Chinesen zunehmend drangsaliert. Häufig warf man ihnen illegalen Handel mit Devisen vor und nahm dies zum Anlass für Verhaftungen. Ein Beispiel dafür ist das Schicksal des ehemaligen Schiffsheizers Woo Lie Kien (1885–1944). Seit 1926 hatte er in Deutschland gelebt und seit den frühen 1930er Jahren im **Haus Schmuckstraße 7**, vor dessen Eingang sich heute ein Stolperstein mit seinem Namen befindet. Woo Lie Kien hatte in der Nachbarschaft ein Restaurant betrieben, bevor er 1938 wegen Devisenschmuggels angeklagt wurde. Zwar

→ Kohlentrimmer und Schiffsheizer

Mit dem Aufkommen der Dampfschifffahrt entstanden zugleich auch neue Berufe auf See. Die Hand-in-Hand-Arbeit der Mannschaften auf Segelschiffen stand nun nicht länger im Vordergrund. Vielmehr gab es verschiedene Einzelaufgaben, die auch von ungelernten Seeleuten übernommen werden konnten. Zu diesen Jobs zählten die des Kohlentrimmers und des Schiffsheizers. Die Aufgabe der Kohlentrimmer bestand darin, die Kohlen aus dem Kohlenbunker per Schubkarre in den auf großen Schiffen oft weit entfernten Kesselraum zu befördern. Die Bunker waren in aller Regel nur notdürftig beleuchtet, eng und extrem stickig. Der allgegenwärtige Kohlenstaub machte die Arbeit des Trimmers zur Qual. Nach einiger Zeit konnte ein Kohlentrimmer zum Schiffsheizer aufsteigen. Aufgabe der Heizer war es, die Dampfkessel durch das Zuführen und Verfeuern von Kohle unter Dampf zu halten, um die Weiterfahrt des Schiffes zu garantieren. Auch wenn die Heizer in der Hierarchie ein kleines Stück über den Trimmern standen, war diese Arbeit doch nicht zwingend weniger anstrengend. Bei Temperaturen teils um die fünfzig Grad mussten die Heizer in der Enge des Kesselraums mit großem Gerät hantieren. Beide Aufgaben, sowohl die des Trimmers als auch die des Heizers, wurden unter unzumutbaren Bedingungen ausgeführt. Physische wie psychische Probleme waren häufig die Folge. Um ihren Einsatz zu rechtfertigen, wurde in stereotypisierender Weise die Behauptung aufgestellt, dass Menschen aus warmen Gebieten besser für diese Aufgaben geeignet seien als der gemeine Mitteleuropäer.

→ **»Gelbe Gefahr«**

»Die Gelbe Gefahr«, »Le péril jaune«, »The Yellow Peril« – das abwertende Stereotyp fiel in der Kolonialzeit sowohl in Europa als auch in den USA auf fruchtbaren Boden. Dahinter stand die Angst vor einem Erstarken der ostasiatischen Länder, allen voran Chinas, aber auch Japans. Debattiert wurden sowohl ein möglicher Anstieg der asiatischen Wirtschaftskraft auf dem Weltmarkt (vor allem mit Blick auf Japan) als auch die »drohende« politische Eigenständigkeit und die zahlenmäßige Überlegenheit der ostasiatischen Bevölkerung. Obgleich insbesondere aus China bereitwillig billige Arbeitskräfte angeworben wurden, sah man diese zugleich als Gefahr für die europäische Arbeiterschaft. Im deutschen Kaiserreich versinnbildlichte Kaiser Wilhelm II. die »Gefahr aus dem Osten«, als er 1895 das Gemälde »Völker Europas, wahrt Eure heiligsten Güter« bei Hermann Knackfuß in Auftrag gab, auf dem die »Gefahr« in Form einer auf einer Wolke thronenden Buddha-Figur heranschwebte. Auch die gewaltgesättigten Reden, die der Kaiser während des »Boxerkriegs« um 1900 von sich gab, machten die Chinesen zum Feindbild. Beispielhaft steht hierfür die sogenannte »Hunnenrede«. Literarisch geprägt wurde der Begriff 1900 in dem gleichnamigen Buch des deutschen Kolonialschriftstellers Stefan von Kotze.

ließ man ihn mangels Beweisen zunächst wieder frei. 1944 wurde er aber im »Gestapo-Gefängnis Fuhlsbüttel« und im »Arbeitserziehungslager Wilhelmsburg« inhaftiert. Schwer misshandelt starb er im November des Jahres im Krankenhaus Barmbek.

Das Schicksal Woo Lie Kiens war kein Einzelschicksal. Nach der Kriegserklärung Chinas an Deutschland im Dezember 1941 wurden die gewalttätigen Maßnahmen gegen die Hamburger Chinesen immer weiter verstärkt und gipfelten schließlich am 13. Mai 1944 in der sogenannten »Chinesenaktion«. 129 Chinesen wurden dabei von der Gestapo gefangen genommen und ins »Arbeitserziehungslager Wilhelmsburg« sowie das »Gestapo-Gefängnis Fuhlsbüttel« gebracht. Dort mussten sie schwere Misshandlungen ertragen und Zwangsarbeit unter unmenschlichen Bedingungen verrichten. Viele Hamburger Chinesen haben die »Chinesenaktion« nicht überlebt. In Erinnerung an einige von ihnen wurden 2021 von dem Kölner Künstler Gunter Demnig **13 Stolpersteine an der Ecke zur Talstraße** verlegt.

Nach dem Zweiten Weltkrieg wurden Anträge auf Wiedergutmachung abgelehnt und die Betroffenen entsprechend nicht offiziell als Opfer der NS-Zeit anerkannt.

Heute gibt es fast keine Spuren des ehemaligen »Chinesenviertels« auf St. Pauli mehr. Eine Ausnahme ist die **Hong-Kong-Bar** (mit Hotel) in un-

Stolpersteine in der Schmuckstraße

Hong-Kong-Bar am Hamburger Berg

mittelbarer Nähe, zu der wir nun gehen. Dafür setzen wir unseren Weg auf der Simon-von-Utrecht-Straße in östliche Richtung fort und biegen dann rechts in die Straße **Hamburger Berg** ein. Hier, bei der Hausnummer 14, befindet sich ein letztes Relikt der chinesischen Einwanderung nach Hamburg im frühen 20. Jahrhundert.

Damals trug der Hamburger Berg noch den Namen »Heinestraße«, benannt nach dem jüdischen Bankier Salomon Heine. Dieser hatte das benachbarte jüdische Krankenhaus an der Simon-von-Utrecht-Straße gestiftet, in dem sich heute ein Job-Center befindet. Während der NS-Zeit wurde die Straße in »Hamburger Berg« umbenannt. In den 1930er Jahren eröffnete der Koch Chong Tin Lam an dieser Stelle ein chinesisches Restaurant und bot hier kantonesische Küche an. Chong Tin Lam überlebte die »Chinesenaktion« und die Zeit des Nationalsozialismus und konnte danach seine Gaststätte zurückgewinnen. Mehr noch erweiterte er sie um ein Hotel. Bis in die 1980er Jahre hinein betrieb er sein Gewerbe, er starb 1983. Im Anschluss übernahm seine Tochter Marietta Solty (1942–2021) die Hong-Kong-Bar. Auch nach ihrem Tod 2021 hat die Kneipe zumindest bisher ihr altes Gesicht behalten.

⟶ Wir folgen dem **Hamburger Berg** bis zu seinem südlichen Ende bei der Einmündung in die **Reeperbahn**. Direkt gegenüber befindet sich der **Hans-Albers-Platz**.

4

Hans-Albers-Platz

Auf diesem Platz ist der Hamburger Schauspieler Hans Albers (1891–1960) allgegenwärtig. Bereits seit den 1960er Jahren trägt der ehemalige Wilhelmsplatz, an dem wir nun stehen, seinen Namen. An der Bar »La Paloma« ist eine große Fotografie des »blonden Hans« zu sehen, und die Kneipen tragen Namen wie »Albers Eck« oder »Hans-Albers-Klause«. 1986 schuf der Künstler Jörg Immendorff (1945–2007) das **Denkmal in der Mitte des Platzes**, inzwischen ein Zweitguss aus dem Jahr 1999.

Auf einem Vogel stehend schaut Hans Albers, mit einem Akkordeon ausgestattet, in Richtung Reeperbahn. Aber nicht nur der Platz, der ganze Stadtteil ist von Albers'schem Kolorit geprägt. In der Straße »Große Freiheit« ist die Kneipe »Große Freiheit Nr. 7« nach seinem großen Filmerfolg benannt, und durch das benachbarte Millerntor-Stadion schallt Heimspiel für Heimspiel »Das Herz von St. Pauli« als Vereinshymne.

Im »Dritten Reich« gehörte der Archetyp des »Hamburger Jung« zwar nicht zu den glühenden Anhängern der Nationalsozialisten. Dennoch füllten seine Filme auch in den 1930er und 1940er Jahren die Kinosäle. Zur nationalsozialistischen Propaganda zählt jedenfalls sein Film »Carl Peters« von 1941, der allerdings nur mäßigen Erfolg erzielte. Hans Albers verkörperte hier in der Hauptrolle den

Hans-Albers-Platz, 1907

Hans-Albers-Denkmal

namensgebenden Reichskommissar in »Deutsch-Ostafrika«. Carl Peters gehörte zu den größten Agitatoren einer expansionistischen Kolonialpolitik. 1884 war er Gründungsmitglied der »Gesellschaft für deutsche Kolonisation« (GfdK) in Berlin, deren Ziel die Errichtung deutscher Kolonien war. Zu diesem Zweck reiste Peters 1884 nach Ostafrika und begann mit seiner unrechtmäßigen Landnahme, indem er einheimischen Machthabern deutschsprachige Verträge vorlegte, die diese nicht übersetzen konnten, und sie mittels Alkohol und Geschenken zur Unterzeichnung bewegte. Im Folgejahr gründete er die »Deutsch-Ostafrikanische Gesellschaft«, die im Februar 1885 durch das Deutsche Reich »unter Schutz gestellt« wurde. Durch seinen betrügerischen Landerwerb wurde Peters bald zum »Gründer Deutsch-Ostafrikas« verklärt. Doch damit nicht genug, schloss er 1887 einen Vertrag mit dem Sultan von Sansibar zum Erwerb weiterer Gebiete an der Küste. Als das Deutsche Reich 1890 im Zuge des »Helgoland-Sansibar-Vertrags« (⟶ Tour 4) den Verzicht auf einen Teil des Gebiets bewilligte, zeigte sich Peters enttäuscht und beteiligte sich 1891 an der Gründung des »Alldeutschen Verbandes«, der die deutsche Expansion in Afrika forcierte.

Im Film von 1941 wird Carl Peters als humaner Idealist dargestellt. Die Wirklichkeit sah indessen anders aus. Sein Handeln war von größter Brutalität gegen die kolonisierte Bevölkerung geprägt, die ihm alsbald den Beinamen »blutige Hand« gab. Schläge und Peitschenhiebe waren an der Tagesordnung. Als Peters zwei Schwarze Personen erhängen ließ, stieß sein Vorgehen auch im Deutschen Reich auf Widerstand. Der sozialistische Reichstagsabgeordnete August Bebel etwa prangerte sein Vorgehen an, und in der Presse, beispielsweise im sozialdemokratischen Organ »Vorwärts«, wurde er als »Hänge-Peters« bezeichnet. Dies veranlasste den Rückbefehl nach Deutschland, wo sich Peters

Verhandlungen stellen musste, die mit seiner Amtsenthebung endeten. Kaiser Wilhelm II. rehabilitierte ihn jedoch einige Jahre später wieder, wodurch er in seinen letzten Lebensjahren eine Pension beziehen konnte.

Die Nationalsozialisten machten sich die Person Carl Peters dahingehend zurecht, dass er im Film als stoischer Kämpfer mit Herz für die Menschen zum Antagonisten der machthungrigen Briten stilisiert wurde. Sozialdemokratische und jüdische Kräfte seien es gewesen, so will uns der Film glauben machen, die seine Mission für das Deutsche Reich zerstört hätten. Eine dritte, weniger bekannte Biografie ist außerdem mit dem Film »Carl Peters« verwoben. In der Rolle des Dolmetschers Ramasan hatte der ursprünglich aus Tansania stammende Schauspieler Mahjub bin Adam Mohamed Hussein (auch: Bayume Mohamed Husen, 1904–1944) seinen größten und zugleich letzten Auftritt in einem deutschen Spielfilm. Als Sohn eines sudanesischen Soldaten der deutschen Kolonialtruppen hatte Hussein eine Regierungsschule in Daressalam besucht und sich dort bereits erste Deutschkenntnisse angeeignet. Während des Ersten Weltkriegs wurde er als Kindersoldat zu den deutschen Besatzungstruppen unter dem Kommando Paul von Lettow-Vorbecks eingezogen (→ **Thema: ehemalige Lettow-Vorbeck-Kaserne**), 1917 durch eine Schussverletzung verwundet und geriet danach in britische Kriegsgefangenschaft. In den Jahren nach Kriegsende arbeitete er an Bord verschiedener britischer und deutscher Schiffe. 1929 reiste er nach Berlin, und das aus gutem Grund: Beim Auswärtigen Amt versuchte er, den ausstehenden Sold für den von ihm selbst und seinem Vater geleisteten Militärdienst einzufordern. Diese Forderung blieb erfolglos, das Auswärtige Amt lehnte ab. Dennoch beschloss Hussein, sich in Deutschland niederzulassen. Er heiratete in Berlin die deutsche Maria Schwandner und wurde Vater dreier Kinder, die alle bereits im Kindesalter starben. Beruflich verdingte er sich zunächst als Kellner in der Berliner »Wildwest-Bar«. Daneben trat er in sogenannten »Völkerschauen« auf, so auch bei der **»Deutschen Afrika-Schau«**.

→ »Deutsche Afrika-Schau«

Die »Deutsche Afrika-Schau« entstand in Berlin und wurde ab Mitte der 1930er Jahre bis 1940 als Wanderausstellung an verschiedenen Orten in Deutschland gezeigt. In Anlehnung an die »Völkerschauen« traten die rund sechzig Darsteller mit Tanz- und Akrobatikeinlagen vor Publikum auf. Die meisten von ihnen stammten aus den ehemaligen deutschen Kolonien, aber auch Afroamerikaner gehörten zeitweise zum Ensemble. Die Nationalsozialisten erhofften sich auf diese Weise Kontrolle über die Schwarze Minderheit im NS-Staat. Außerdem boten die Auftritte eine willkommene Möglichkeit, die Kolonialpropaganda unter die Bevölkerung zu bringen. Nach Auflösung der »Afrika-Schau« durch die Nationalsozialisten konnten einige Darsteller ins Exil fliehen, andere wurden verhaftet und kamen in Konzentrationslager.

Zeitweilig arbeitete Hussein am Seminar für Orientalische Sprachen der Universität Berlin als sogenannter »Sprach-Gehilfe« für Kiswahili. Als Schauspieler hatte er rund zwanzig kleinere Rollen in deutschen Spielfilmen, bevor er an der Seite von Hans Albers für »Carl Peters« drehte. Noch während der Dreharbeiten wurde er denunziert und wegen eines Verhältnisses mit einer deutschen Frau der »Rassenschande« beschuldigt. Hussein wurde ins Konzen-

Hausfassade am Spielbudenplatz

trationslager Sachsenhausen deportiert, wo er im November 1944 starb. In Berlin wurde 2007 ein Stolperstein vor Husseins ehemaligem Wohnhaus verlegt.

Mit seinen verschiedenen Tätigkeiten steht Hussein beispielhaft für viele Afrikaner in Deutschland in der Zeit nach dem Ersten Weltkrieg. Die Berufe, die sie ausüben konnten, waren stark begrenzt, so blieb den meisten neben Tätigkeiten in der Sprachforschung und Übersetzung nur die Unterhaltungsindustrie. In der Regel traten sie hier in der Rolle des »Exoten« oder des »treuen Askari« auf und mussten damit Stereotype bedienen, die in der deutschen Gesellschaft weit verbreitet waren. Ein Umstand, der leider auch hier auf St. Pauli auf fruchtbaren Boden traf.

Wir kehren nun zurück auf die Reeperbahn. Hier setzen wir den Weg in östlicher Richtung fort und machen einen kurzen Halt mit Blick auf ein **rotes Gebäude zwischen den Theatern »Schmidt« und »Schmidts Tivoli«**. Bei genauer Betrachtung zeigt sich, dass es sich dabei lediglich um die denkmalgeschützte Fassade des Hauses handelt.

Bevor das Gebäude bis 1980 ein Schwimmbad beherbergte, befand sich hier zu Beginn des 20. Jahrhunderts die »Hamburg-Amerika-Bar«, die sich dank ihrer Größe und der modernen Ausstattung großer Beliebtheit erfreute. Historische Fotografien belegen, dass dort auch Schwarze Barkräfte arbeiteten. Neben »Auftritten« in »Völkerschauen« oder bei Kolonialausstellungen war dieses Gewerbe eines der wenigen, in dem Schwarze Menschen im Deutschen Reich einen kleinen Verdienst erwerben konnten.

Die Entstehung des deutschen Kolonialreichs und der damit einhergehende regelmäßige Schiffsverkehr zwischen Hamburg und den deutschen Kolonien ermöglichte eine zunehmende Einwanderung aus Afrika ins Deutsche Kaiserreich. Die Zahl der Eingewanderten lässt sich heute nicht mehr eindeutig feststellen. Nachweisbar ist jedoch, dass sich die meist jungen männlichen Einwanderer in allen Teilen des Kaiserreichs befanden. Auch in Kleinstädten und im dörflichen Umfeld, vor allem aber in großen Städten wie Hamburg und Berlin wurden sie zumindest vorübergehend sesshaft. Als Seeleute oder Bedienstete von Kolonialbeamten gekommen, fanden sie neben dem Unterhaltungsgewerbe Anstellung als sogenannte »Sprachgehilfen« etwa am Hamburger Kolonialinstitut (⟶ Thema: Universität). Daneben sandten auch wohlhabende afrikanische Familien, so beispielsweise die Familien Bell und Akwa aus Kamerun, zumeist ihre männlichen Kinder zur Ausbildung nach Deutschland. Ein Großteil dieser Einwanderer verließ das Kaiserreich mit Ausbruch des Ersten Weltkriegs, doch blieb eine afrikanische Minderheit auch nach Kriegsende. Nach dem Zusammenbruch des deutschen Kolonialreichs galten sie als »ehemalige Angehörige der Schutzgebiete« und waren damit de facto staatenlos. Viele waren dadurch zum Bleiben gezwungen, und auf diese Weise etablierte sich in der Zeit der Weimarer Republik eine afrikanische Diaspora auch in Hamburg.

⟶ Der Weg führt uns nun weiter auf den **Spielbudenplatz**.

Hamburg-Amerika-Bar, 1908

5

Spielbudenplatz

Spielbudenplatz, »Kiez«, Reeperbahn: Das alles sind Ortsbezeichnungen, die bis heute mit Unterhaltung und Vergnügen verbunden sind. Bereits seit Ende des 18. Jahrhunderts befanden sich hier auf dem Spielbudenplatz die namensgebenden hölzernen Buden, in denen allerhand »Kram« verkauft wurde. Es gab Gaukler, Schausteller und »Kuriositätenkabinette« zu bestaunen, was die Hamburger Bevölkerung vor das Millerntor strömen ließ, um sich unterhalten zu lassen. Hinzu kamen zahlreiche Seeleute, die Geschichten aus aller Welt mitbrachten und daneben auch Naturalien, Masken oder Alltagsgegenstände aus verschiedenen Teilen der Erde. Das damalige St. Pauli darf man sich entsprechend bunt, international und etwas »kurios« vorstellen. An jene Zeit erinnert heute hier am Spielbudenplatz allenfalls noch das Panoptikum, das inzwischen – wenig kurios – Prominente in Wachs verewigt.

Das Geschäft mit dem vermeintlich »Kuriosen« nahm bisweilen größere Auswüchse an, dies allerdings auch in äußerst professioneller Form. Ein Beispiel hierfür ist die Naturalienhandlung J.F. Umlauff, die sich ab 1868 am Spielbudenplatz 16 befand. Ihr Gründer Johann Friedrich Umlauff (1833–1889) war selbst zur See gefahren, bevor er sich in Hamburg niederließ.

Spielbudenplatz, 2023

Spielbudenplatz, 1911. Blick von der Ecke Taubenstraße zur Davidstraße

Zunächst arbeitete er als Leiter einer Badeanstalt. Was schon währenddessen als kleiner »Kuriositätenhandel« nebenbei begann, entwickelte sich dann zum großen Familienbetrieb. Umlauff heiratete 1863 in zweiter Ehe Caroline Hagenbeck, die Schwester des Tierpark-Begründers. Gemeinsam mit seiner Frau und seinen Söhnen baute er ein Unternehmen auf, das sich im Laufe der Jahre vom reinen Verkaufshandel zum Ausstellungshaus wandelte. So trug das Unternehmen schließlich den Zusatz »Museum« im Namen. Das Angebot umfasste die Verarbeitung und den Verkauf von Naturalien. Hierbei spielte insbesondere der Handel mit Muscheln eine große Rolle. Zeitweise hatte Umlauff rund zwanzig weibliche Angestellte, die für das Waschen der Muscheln zuständig waren. Die Muscheln lagerten zuhauf in den Kellerräumen. Daneben gab es Alltags- und Kultusgegenstände, Tierschädel und Skelette, eingelegte Reptilien und Tierpräparate. Für letztere diente Umlauff die Tierhandlung des Schwagers als sichere Quelle. Carl Hagenbeck lieferte tote Tiere, die Umlauff wiederum ausstopfen konnte. Seit der Veranstaltung der »Völkerschauen« erwiesen sich aber auch diese als Quelle für Gegenstände aus verschiedenen Regionen der Welt.

Ab 1873 befand sich das florierende Unternehmen am Spielbudenplatz 8. Insbesondere die deutsche Kolonialzeit brachte großen Profit. Der Schiffsverkehr nahm stetig zu, und immer mehr Kaufleute reisten nach Afrika oder in die pazifische Inselwelt. Umlauff konnte nun gezielte Aufträge an die Kapitäne ihrer Schiffe vergeben.

Nach dem Tod Johann Friedrichs übernahm seine Witwe Caroline gemeinsam mit ihren Söhnen das Unternehmen. Der Erstgeborene Heinrich Umlauff

Ausgestellter Gorilla im Museum Umlauff um 1900

(1869–1925) nahm gezielt Kontakt zu unterschiedlichen ethnologischen Museen auf, wie sie in jenen Jahren europaweit entstanden. Er erstellte Werbekataloge für Museen, deren Mitarbeiter neben Tierpräparaten, ethnografischen Einzelstücken und ganzen Sammlungen auch Menschenfiguren aus Wachs oder Pappmaché erwerben konnten. Auf diese Art gelang es ihm, die Naturaliensammlung aus dem reinen Unterhaltungsumfeld auf dem Spielbudenplatz in die – in ihrem Selbstverständnis wissenschaftliche – Welt der Museen zu transferieren. Ein weiteres Privatmuseum war das Museum Godeffroy am Alten Wandrahm (⟶ Tour 2). Allerdings verlangte Familie Umlauff für den Besuch im Gegensatz zu Godeffroy keinen Eintritt. Das Publikum kam aus Hamburg wie von außerhalb, allesamt wollte man einen Blick in diese als »fremd« konstruierte Welt werfen.

Als nach Ende des Ersten Weltkriegs das Kino eine wachsende Rolle zu spielen begann, stattete Umlauff auch Filmproduktionen aus. Außerdem erschuf das Unternehmen ganze Kulissen für die Hagenbeck'schen Menschenschauen. Entsprechend dürften die Produkte der Firma Umlauff weiten Teilen der Hamburger Bevölkerung bekannt gewesen sein. Nach dem Tod Heinrichs zog seine Witwe Berta mit dem Unternehmen nach Stellingen in unmittelbare Nähe zum Tierpark. Die endgültige Auflösung erfolgte erst 1974.

Neben Unternehmen wie der Firma Umlauff, die sich explizit dem Handel mit Naturalien und ethnografischen Gegenständen aus aller Welt verschrieben hatten, gab es »auf dem Kiez« auch weniger professionelle Anlaufstellen, in denen sich die Sehnsucht nach »Fremde« und vermeintlicher »Exotik« stillen ließ. Das bekannteste Beispiel hierfür war die Seemannskneipe von Käppen Haase in der Erichstraße. Ein buntes Durcheinander aus Exponaten, das durch die einkehrenden Seeleute stetig erweitert wurde, ließ sich bei Käppen Haase feuchtfröhlich bestaunen. Auch bei den Hamburgern und Hamburgerinnen war die Kneipe wohlbekannt. Der Historiker Lars Amenda weist darauf hin, dass hier auch Lokalprominenz wie der Autor Hans Leip oder der Journalist Egon Erwin Kisch verkehrte. Nach dem Tod Haases 1934 und einem Besitzerwechsel wurde die Sammlung 1954 von Harry Rosenberg gekauft. Teilen der Hamburger Bevölkerung ist »Harrys Hafenbasar« auf St. Pauli noch ein lebhafter Begriff. Ein Teil der Sammlung wird bis heute auf einem Schwimmkran am Sandtorhafen ausgestellt.

Im Hinblick auf die ungeklärte Provenienz der ausgestellten Gegenstände, sei es bei Umlauff, Godeffroy oder Käppen Haase, ist die unhinterfragte Zurschaustellung vermeintlich kurioser Gegenstände außerhalb ihres ursprünglichen Kontexts mehr als fraglich. Es lässt sich in den meisten Fällen nicht mehr nachvollziehen, ob Gegenstände und Naturalien freiwillig in die Hände ihrer neuen Besitzer gelangten bzw. rechtmäßig erworben worden waren. Was also zahlreichen Menschen auf St. Pauli dem Vergnügen und der Unterhaltung diente, ging für seine ursprünglichen Besitzer oder Besitzerinnen womöglich unter prekären Umständen verloren.

⟶ Vom Spielbudenplatz aus führt der Weg in südlicher Richtung die **Taubenstraße** entlang bis in die **Bernhard-Nocht-Straße**. Dabei überqueren wir auf Höhe des **Gebrüder-Wolf-Platzes** zwischen Büro- und Wohngebäuden auch das ehemalige Gelände der **Bavaria-Brauerei**.

6

Bernhard-Nocht-Institut für Tropenmedizin

In der Bernhard-Nocht-Straße angekommen, liegt direkt gegenüber der Eingang des gleichnamigen **Instituts für Tropenmedizin**. Um einen guten Eindruck von dem Gebäudeensemble zu bekommen, lohnt es sich, einen Blick auf die **elbseitige Fassade** zu werfen. Dazu folgen wir der Straße in westlicher Richtung bis zur Davidstraße, halten uns anschließend links in Richtung Elbe und gelangen wieder links auf eine Promenade mit Elbblick: **Bei der Erholung**.

Zunächst passieren wir den Neubau des Instituts von 2009, in dem sich Forschungslabore befinden. Das **rote Klinkergebäude** daneben ist der Hauptsitz des Bernhard-Nocht-Instituts für Tropenmedizin, das 1900 als »Hamburger Institut für Schiffs- und Tropenkrankheiten« gegründet wurde. Der repräsentative Bau wurde 1914 von Fritz Schumacher errichtet und sticht durch den charakteristischen Turm auch von der Elbe aus ins Auge. Seit 1942 trägt das Institut den Namen seines Gründers und ersten Direktors.

Die wissenschaftliche Disziplin der **Tropenmedizin** entwickelte sich erst Ende des 19. Jahrhunderts. Ihr Ursprung lag in Großbritannien, wo 1898/1899 je ein tropenmedizinisches Institut in Liverpool und London eröffnet wurde. Hintergrund war eine Entdeckung des britischen Arztes Ronald Ross. Er hatte herausgefunden, dass die Malaria durch den Stich der Anopheles-Mücke von Mensch zu Mensch übertragen wird.

Auch im Deutschen Kaiserreich wurde nun der Wunsch nach einem tropenmedizinischen Institut laut. Der Schiffsverkehr hatte in den vorangegangenen Jahrzehnten stetig zugenommen. Nicht nur Waren wurden auf diese Weise ausgetauscht, sondern auch Erreger. Und Krankheiten wie Malaria oder die

→ Tropenmedizin

Die »Tropenmedizin« befasst sich vor allem mit Erregern und Krankheiten, die in erster Linie in tropischen und subtropischen Klimazonen vorkommen. Der Begriff findet seit Ende des 19. Jahrhunderts Verwendung und birgt durchaus einige Schwierigkeiten. Damals bezeichnete er nämlich weniger die Erforschung »tropischer« Krankheiten. Vielmehr ging es dabei um die Region, in der die Tropenmedizin hauptsächlich angewendet werden sollte. Denn auch Krankheiten, die damals in Europa vorkamen, wurden nun in der Tropenmedizin zusammengefasst. Neben Typhus war das beispielsweise die Cholera, die auch in europäischen Großstädten wie etwa 1892 in Hamburg als Epidemie auftrat. Malaria kam bis ins 20. Jahrhundert hinein ebenfalls in Süd- und Mitteleuropa vor. Die Tropenmedizin sollte diese Krankheiten in den Kolonien bekämpfen und ist damit untrennbar mit dem Kolonialismus verbunden.

Schlafkrankheit standen dem kolonialen Unternehmen massiv im Weg. Kolonialbeamte, Seeleute und Soldaten starben an diesen Krankheiten oder waren durch sie zumindest weniger leistungsfähig. Außerdem führten die Krankheiten zu einer hohen Sterblichkeit innerhalb der lokalen Gesellschaften. Für die selbsternannten Kolonialherren bedeutete das den Verlust von Arbeitskräften, die sie für die Sicherung ihres ökonomischen Ertrags so dringend benötigten. Die Tropenmedizin wurde also nicht aus humanitären Gründen ins Leben gerufen, sondern diente in ihren Anfängen vielmehr wirtschaftlichen Interessen. Die Entstehung der Tropenmedizin zu jener Zeit kommt deshalb nicht von ungefähr, sondern ist eng mit dem Kolonialismus verbunden.

Der Mediziner und Bakteriologe Robert Koch plädierte zwar für ein tropenmedizinisches Institut in der Hauptstadt, aber trotzdem konnte sich Hamburg gegen Berlin durchsetzen. Maßgeblich daran beteiligt war der Arzt Bernhard Nocht (1857–1945), der nach Abschluss seines Studiums als Mediziner Teil der Kaiserlichen Marine war, bevor er einige Jahre unter der Leitung Robert Kochs am Hygienischen Institut in Berlin arbeitete. Koch sandte seinen Mitarbeiter 1892 nach Hamburg, wo eine Cholera-Epidemie zahlreiche Todesopfer forderte. Nachdem diese Epidemie besiegt war, führte die Hansestadt das Amt des »Hafenarztes« ein, das Nocht als Erster innehatte. Aus seiner Sicht war Hamburg im Kaiserreich der beste Standort für ein tropenmedizinisches Institut. Seine Gründe dafür waren natürlich der Hafen und damit einhergehend der rege Schiffsverkehr. Dadurch, so argumentierte Nocht, gebe es auf den Schiffen zahlreiche Erreger und damit immer ausreichend Forschungsmaterial. Sowohl die Kolonialabteilung des Auswärtigen Amtes als auch der Hamburger Senat stimmten der Neugründung an der Elbe zu.

Auch die Kaufmannschaft hatte ein reges Interesse an der Erforschung von Krankheiten, die in den Kolonien auftraten. Denn diese stellten ein großes Hindernis für Handel und Wirt-

Promenade »Bei der Erholung«

Bernhard-Nocht-Institut, 1927

schaft dar. Entsprechend wurden Forschungsexpeditionen teilweise auch von Privatpersonen wie dem Kaufmann und Reeder Adolph Woermann mitfinanziert. Eine enge Verbindung zwischen Tropenmedizin und Kolonialismus zeigt sich auch in der Person des Institutsmitarbeiters Friedrich Fülleborn. Dieser war in den letzten Jahren des 19. Jahrhunderts als Militärarzt der Kolonialtruppen in Tansania (damals »Deutsch-Ostafrika«) stationiert und zudem Teilnehmer der sogenannten »Südsee-Expedition«, die 1908 von Hamburg aus entsandt wurde. Die Expedition war vom Direktor des »Völkerkundemuseums« Georg Thilenius organisiert und von der Hamburgischen Wissenschaftlichen Stiftung finanziert worden. Hamburger Kaufleute wie auch der Hamburger Senat waren an der Ausrichtung beteiligt. Ihr Ziel war die »Erforschung« der pazifischen Inselwelt.

1907 wurde mit der »Deutschen Tropenmedizinischen Gesellschaft« (DTG) ein stadtübergreifendes Gremium geschaffen, das dem Austausch der Fachmediziner untereinander dienen sollte. Vorsitzender war wiederum Bernhard Nocht. Im Folgejahr wurde das Hamburgische Kolonialinstitut als Hochschule zur Vorbereitung auf Leben und Arbeit in den Kolonien gegründet. Von Beginn an hielten Bernhard Nocht und seine Mitarbeitenden hier medizinische Lehrveranstaltungen ab. Die Lehrtätigkeit blieb auch nach Schließung des Kolonialinstituts und mit der Gründung der Universität Hamburg 1919 bestehen. 1926/27 war Nocht dann auch Direktor der Universität. Durch das Institut für Schiffs- und Tropenkrankheiten, das Hamburgische Kolonialinstitut und die Person Bernhard Nochts entwickelte sich die Hansestadt zum Zentrum der Tropenmedizin in Deutschland. Was nach einer aufstrebenden Erfolgsgeschichte klingt, hatte allerdings erhebliche Schattenseiten. Diese lagen insbesondere in der Forschung in den Deutschen Kolonien. Beispielhaft für das rassistische Menschenbild der Ärzte und Wissenschaftler in den Kolonien steht die zwangsweise Umsiedlung und Enteignung der Douala im heutigen Kamerun in den Jahren 1912 bis 1914. Im Sinne der »Seuchenprävention« maßten sich Mediziner und Forscher an, eine »Rassentrennung« zu propagieren und rein *weiße* bzw. Schwarze Wohnviertel zu schaffen. Diese Segregation basierte auf der Annahme, dass die einheimische Schwarze Bevölkerung Überträger von Krankheiten sei und sich *weiße* Menschen vor ihr schützen müssten. Auch im Hamburger Institut gab es eine rassistische Aufteilung innerhalb des Gebäudes. So wurden Schwarze Menschen in von *weißen* Patienten und Patientinnen getrennten Krankenzimmern untergebracht. Ein weiteres Beispiel für eine rassistische Medizin in den deutschen Kolonien sind die **Humanversuche Robert Kochs** an der einheimischen Bevölkerung in Ostafrika.

Nachdem das Deutsche Reich seine Kolonien im Zuge des Ersten Weltkriegs verloren hatte, stand der Nutzen des tropenmedizinischen Instituts zunächst infrage. Durch die finanzielle und gesellschaftliche Unterstützung der »Vereinigung der Freunde des Hamburger Tropeninstituts«, eines Zusammenschlusses von Hamburger Kaufleuten und anderen namhaften Persönlichkeiten, konnte das Institut jedoch weiterbetrieben werden. Ab 1933 gingen Tropenmedizin und »Rassetheorien« wenig überraschend miteinander einher, und das nicht nur in Hamburg. Als 1945 im Nürnberger Ärzteprozess die unter dem Deckmantel der Medizin verübten Gräueltaten der Nationalsozialisten angeklagt wurden, waren es teils auch Tropenmediziner, die sich vor Gericht verantworten mussten. Zwar hatte Deutschland seit Ende des Ersten Weltkriegs seine Kolonien verloren, neue Versuchsfelder hatten sich aber auf anderem Wege reichlich ergeben. Eines der grausamsten Beispiele hierfür ist der Tropenmediziner Claus Schilling, der im Konzentrationslager Dachau rund eintausend Häftlinge mit Malaria infizierte.

→ Robert Koch und die Schlafkrankheit

Gegen Malaria hatte man mit Chinin bereits im frühen 19. Jahrhundert ein immerhin in Teilen wirksames Mittel entdeckt. Gänzlich machtlos blieben die Mediziner aber gegenüber der sogenannten Schlafkrankheit. Sie wird durch den Stich der Tsetsefliege übertragen und verursacht bei den Betroffenen eine große Schläfrigkeit bis hin zu Muskelversagen und Koma. Robert Koch war bestrebt, ein Mittel gegen die meist tödlich verlaufende Krankheit zu finden. Ein großes »Forschungsfeld« fand er schließlich 1906 bei einem Aufenthalt im damals britisch besetzten Uganda auf den Ssese-Inseln am Viktoriasee. Hier waren besonders viele Menschen von der Schlafkrankheit betroffen. Koch verabreichte den Erkrankten das arsenhaltige Mittel Atoxyl und experimentierte dabei munter mit der Dosierung. Teils war die verabreichte Dosis so hoch, dass sie zu schmerzhaften Koliken, Erblindung und bisweilen zum Tod führte. Medizinische Versuche an Menschen waren im Kaiserreich auch zu jener Zeit illegal und fanden keine Akzeptanz. Es zeugt vom rassistischen Überlegenheitsgefühl der europäischen Forscher, dass sie sich das in der Heimat verpönte Menschenexperiment in den Kolonien herausnahmen – ohne einen Gedanken daran, dafür zur Rechenschaft gezogen zu werden.

7

Deutsche Seewarte und »Hafenkrone«

Unmittelbar an das Bernhard-Nocht-Institut schließt ein reich verziertes Gebäude aus dem Jahr 1905 an. Der Schriftzug und die Figur eines Steuermanns über dem Eingang deuten auf die ursprüngliche Funktion des Gebäudes als **Navigationsschule** hin.

Diese Schulen entstanden im 18. und 19. Jahrhundert in größerer Zahl und dienten der Ausbildung von Seeleuten, allen voran von Kapitänen. Die Hamburger Navigationsschule geht auf eine private Gründung von Gerloff Hiddinga zurück, der Mitte des 18. Jahrhunderts zunächst in seinen Privaträumen nahe der Kirche St. Katharinen lehrte.

An der **Fassade des Baus** von Albert Erbe sind in goldenen Lettern namhafte Seefahrer, Geografen und Kartografen verewigt. Heute hat in dem Gebäude der Deutsche Wetterdienst (DWD) seinen Sitz. Östlich des DWD befindet sich das **Bundesamt für Seeschifffahrt und Hydrografie** (1945–1990 Deutsches Hydrographisches Institut). Beide Institutionen waren bis 1945 in die »Deutsche Seewarte« integriert. Für diese wurde bis 1881 ein repräsentativer Neubau auf dem **Stintfang** geschaffen. Heute befindet sich hier eine Jugendherberge, zu der wir gelangen, wenn wir dem Weg weiter folgen. Am Ende der »Erholung« geht es linker Hand auf die Seewartenstraße. Von dort zweigt rechts der Alfred-Wegener-Weg ab. Nach ein paar Treppenstufen unmittelbar rechts vorbei am Gebäude der Jugendherberge führt der Weg auf eine **Aussichtsplattform**. Der Ausblick an dieser Stelle macht deutlich, dass die Seewarte nicht nur durch ihre Architektur, sondern auch durch ihre Lage mit Blick über Hafen und Elbe eine besondere Stellung einnahm. Ihre Aufgaben bestanden im Wesentlichen in der Unterstützung der Seeschifffahrt. Neben der Überprüfung nautischer Instrumente wie Sextanten, Kompassen und Chronometern galt ein weiteres Hauptinteresse der Meteorologie. Die Mitarbeitenden der Seewarte verteilten sogenannte Wetterbücher an Schiffskapitäne, die während ihrer häufig langen Überfahrt Daten zu Seegang, Klima und Wind sammelten. Diese Wetterbücher übergaben die Schiffsführer nach ihrer Rückkehr der Seewarte, die auf Grundlage der Aufzeichnungen Seekarten erstellte. Diese Seekarten zeigten die optimale Seeroute zum Zielort an, was letztlich zu

Navigationsschule von der Elbe aus, 1906

einer enormen Zeitersparnis während der Überfahrt führte. Das wussten auch die Kapitäne zu schätzen und nahmen das Führen der Wetterbücher entsprechend gern in Kauf. Daneben wurden im Auftrag der Seewarte national wie international Wetterstationen eingerichtet, die das Klima in der jeweiligen Umgebung aufzeichnen sollten. Insbesondere in den deutschen Kolonien gab es eine Vielzahl solcher Wetterstationen. Die Aufzeichnungen aus der Kolonialzeit sind heute beim Deutschen Wetterdienst archiviert.

Der Bau der »Reichsanstalt für maritime Meteorologie und Wettertelegraphie«, wie die Seewarte offiziell genannt wurde, verfügte an den Ecken des quadratischen Gebäudes über vier Türme, von wo aus Observationen durchgeführt werden konnten. Die Überprüfung der Kompasse fand in einem Gebäudebereich unter der Erde statt, der gänzlich eisenfrei erbaut worden war, um Störungen der sensiblen Geräte zu vermeiden. Die repräsentative Architektur der Institution und ihre unmittelbare Unterstellung unter das Deutsche Reich zeigen die Bedeutung der Seewarte. Ihr Sitz in der Hansestadt verdeutlicht einmal mehr, dass Hamburg neben Berlin die wichtigste deutsche Kolonialmetropole im Kaiserreich war.

Rechter Hand führt eine Treppe auf eine weitere Aussichtsplattform hinab. Unten angekommen folgen wir dem Weg nach rechts nur wenige Meter zurück in Richtung Seewartenstraße. Von hier haben wir einen guten Gesamteindruck der sogenannten **Hafenkrone des 19. Jahrhunderts**. Zu diesem Ensemble können nicht nur die Einrichtungen der Seewarte, des Tropenmedizinischen Instituts und der Navigationsschule gezählt werden, sondern noch weitere Bauten, die das koloniale Hamburg repräsentieren. Unterhalb unseres Standorts verläuft die Helgoländer Allee, die von der 1897 erbauten **Kersten-Miles-Brücke** in einem Bogen überspannt wird. Auffällig ist der Skulpturenschmuck, der sich zu beiden Seiten der Brücke findet. In Richtung Elbe sind dies die überlebensgroßen Sandstein-Standbilder, die die Bürgermeister Kersten Miles und Simon von Utrecht zeigen. Nördlich in Richtung Millerntor sind der Bürgermeister Dietmar Koel und der Convoy-Kapitän Jacob Berendsen Karpfanger dargestellt. Alle vier Männer hatten sich seit dem Mittelalter in unterschiedlicher Form in der Schiffahrt bzw. im »Kampf auf See« hervorgetan. Sinnbildich wird auch hier wieder die »Eroberung« und »Beherrschung« der Meere durch die Stadt Hamburg thematisiert. Ursprünglich befanden sich auf der Brücke vier Brückenhäuschen und Fahnenmasten für die Beflaggung. Auf diese Weise sollte auch die Kersten-Miles-Brücke den Hafen »bekrönen«. Komplettiert wurde das Ensemble schließlich 1906 mit der Einweihung des größten Bismarck-Denkmals im Deutschen Reich. Als bauliches Pendant dienten die Landungsbrücken und das Kuppelgebäude des Alten Elbtunnels. Die »Hafenkrone« markierte Elbe und Hafen, andersherum war von der Elbe aus die architektonische Repräsentation weithin sichtbar. Das Ensemble zeugt zum einen von der Bedeutung von Schifffahrt und Handel für die Stadt, aber auch von einem großen – in der Regel unkritischen – Selbstverständnis der Vormachtstellung Hamburgs in kolonialer Zeit.

→ Wir gehen nun zurück auf die **Seewartenstraße** und haben mit ihrer Überquerung auch schon unsere nächste Station erreicht.

Seewarte, Kersten-Miles-Brücke und Helgoländer Allee, 1906

8

Bismarck-Denkmal

So starr und eintönig der Granit-Bismarck hier auf seinem Sockel steht, so bewegt und vielfältig sind die Diskussionen, die sich seit einigen Jahren um das Denkmal des ehemaligen Reichskanzlers drehen. Mit der »Black Lives Matter«-Bewegung im Sommer 2020 geriet das Hamburger Bismarck-Denkmal in den Fokus einer breiten Öffentlichkeit. Auch wenn manche Stimmen die »Kolonial-Skepsis« des Reichskanzlers immer wieder betonen, fällt die Entstehung des deutschen Kolonialreichs doch eindeutig in seine Regierungszeit. Auch war es Otto von Bismarck, der 1884/85 die europäischen Machthaber zur Berliner Konferenz einlud und damit seinen Beitrag zur Kolonisierung des afrikanischen Kontinents leistete. Vor diesem geschichtlichen Hintergrund agieren Initiativen wie »Decolonize Bismarck«, die eine Aufarbeitung der kolonialen Epoche in Hamburg sowie einen neuen Umgang mit dem größten Bismarck-Denkmal der Bundesrepublik fordern.

Erschaffen wurde der Koloss durch den Bildhauer Hugo Lederer und den Architekten Emil Schaudt. Vielleicht war es die Kombination aus Architektur und Bildhauerei, die das Entscheidungskomitee veranlasste, aus rund 200 Entwürfen für diesen zu votieren.

Das Gremium bestand aus namhaften Hamburgern, darunter Bürgermeister Johann Georg Mönckeberg, den Museumsdirektoren Alfred Lichtwark und Justus Brinckmann sowie dem Architekten Martin Haller. Die Idee zu einem Bismarck-Denkmal war nicht die erste ihrer Art. 1898 schuf der Berliner Bildhauer Adolf Brütt einen bronzenen Bismarck, der

Rückansicht des Bismarck-Denkmals im Alten Elbpark

Denkmal-Entwurf um 1904

im heutigen Schleepark in Altona steht. 2020 wurde dieser als Hinweis auf die koloniale Verstrickung mit roter Farbe gekennzeichnet. Bereits 1895 hatte der Architekt Georg Thielen einen **Denkmal-Entwurf** geliefert, der allerdings nie umgesetzt wurde.

Recht einig war man sich über den Standort des neuen Denkmals im Alten Elbpark auf der ehemaligen Bastion Casparus, die einst Teil der Hamburger Wallanlagen gewesen war. 450 000 Reichsmark wurden auf Spendenbasis für den Bau gesammelt.

Es mag wenig verwundern, dass sich die Liste der Spender wie ein Who-is-Who der damaligen Hamburger Kaufmannschaft liest, war es doch nicht zuletzt Bismarck, dem Kaufleute und Reeder wie Adolph Woermann, William O'Swald oder Edmund Siemers ihren Reichtum zumindest in Teilen verdankten.

An der Organisation maßgeblich beteiligt war der Bauingenieur Franz Andreas Meyer, der auch den Entwurf für die Kersten Miles-Brücke geliefert hatte. Bismarck wird hier in der Gestalt einer **Rolandsfigur** dargestellt, vielleicht ein Verweis auf die Reichsgründung in seiner Regierungszeit.

Das Denkmal hat eine Gesamthöhe von rund 34 Metern, die Figur selbst misst 14,80 Meter. Um das Fundament reihen sich die allegorischen Darstellun-

→ **Denkmal-Entwurf**

Der Entwurf Georg Thielens zu einem Bismarck-Denkmal war eine Auftragsarbeit für Julius Richter. Als Bankier, Makler und Unternehmer hatte dieser es zu einem beträchtlichen Vermögen gebracht und zählte zu den Mitbegründern der Holsten-Brauerei in Altona. 1875 erwarb er ein großes Stück Land in Blankenese, um sich einen Rückzugsort an der Elbe zu schaffen. Als glühender Verehrer des Reichskanzlers benannte er einen Teil seines Anwesens in »Bismarckstein« um. Doch damit nicht genug, ein weithin sichtbares Bismarck-Denkmal sollte sein Anwesen »schmücken«. So sah Thielens Entwurf einen zwanzig Meter hohen Granitsockel vor, auf dem ein dreißig Meter hoher kupferner Bismarck auf ein Schwert gestützt zur Elbe hinabblicken sollte. Vermutlich hält sich die Enttäuschung darüber, dass der Entwurf nie zur Ausführung kam, heute genauso in Grenzen wie damals.

Bismarck-Denkmal im Bau um 1905

→ Rolandsfigur

Als Zeichen eigenständiger Städte, die sich durch Stadtrechte und bürgerliche Freiheit auszeichneten, fanden sich Rolandsfiguren schon auf mittelalterlichen Marktplätzen. Der historische »Roland« war ein Ritter zur Zeit der Karolinger, der im gleichnamigen »Rolandslied« verewigt wurde. Als Standbild findet er sich als aufrecht stehende Figur mit einem Schwert versehen bis heute in deutschen Städten und im Ausland.

gen von acht deutschen Stämmen in Form archaisch wirkender **Männerplastiken**. Zur Einweihung 1906 wurden 1400 Gäste eingeladen, die Platz auf einer Tribüne unterhalb des Denkmals fanden. Der Bildhauer Ernst Barlach fertigte eigens eine Gedenkmünze zur Einweihung. Auch über die Tore der Stadt hinaus sorgte das Hamburger Bismarck-Denkmal für Aufsehen. Das darf aber nicht darüber hinwegtäuschen, dass bei weitem nicht alle Teile der Bevölkerung den Bau begrüßten.

Bereits in den 1920er Jahren fanden regelmäßige Fackelumzüge völkisch-nationalistischer Gruppierungen zum Denkmal statt. Sie nutzten das Standbild im Alten Elbpark als Projektionsfläche für ihre rechte Gesinnung. Zugleich kam es zu Gegendemonstrationen. Immer wieder schritt die Polizei ein, bis die Fackelumzüge samt Gegendemos verboten wurden.

Ab 1933 waren Umzüge und Versammlungen nationalistischer Kreise am Denkmal durchaus willkommen. Dennoch blieb es dort eher ruhig, denn jene Kreise hatten einen anderen »Führer« für sich entdeckt.

Allerdings gab es in der NS-Zeit eine Veränderung am oder vielmehr im Denkmal, die bis heute erhalten ist. Der **Sockel** wurde zum Luftschutzraum für knapp tausend Menschen ausgebaut. Und im Zuge der Umgestaltung erhielt sein Inneres Wandbemalungen: Hakenkreuze und NS-Adler sind seitdem an den Wänden zu sehen, daneben Zitate von Bismarck, was einen Gruft-ähnlichen Charakter evoziert. Dass die Geschichte des Bismarck-Denkmals als »politischer Ort« in der Stadt nicht mit dem Zweiten Weltkrieg endete, zeigt die Tatsache, dass in den 1980er Jahren erneut rechte Gruppierungen das Denkmal als Treffpunkt wählten. Immer wieder wird es so zum Kristallisationspunkt von Vereinnahmung und Protest, sei es politisch, künstlerisch oder mit lokalpatriotischem Beiklang. Das Denkmal ist schlichtweg nicht zu übersehen, im wörtlichen wie im übertragenen Sinne. Und genau dieser Umstand macht eine kritische Auseinandersetzung unumgänglich. Seit 2020 sanierte die Stadt das seit 1960 unter Denkmalschutz stehende Riesen-Standbild für rund neun Millionen Euro. Während die Figur per Sandstrahler für ihre Gegner auch symbolisch gereinigt wurde, forderten andere ihren Abriss. In den letzten Jahren hat es die unterschiedlichsten Ideen gegeben, wie der Umgang mit dem Denkmal aussehen könnte. Die Vorschläge reichten von einer Beschilderung mit Erklärungstafeln bis hin zu einem kopflosen Bismarck. Nach Forderungen verschiedener Initiativen hatte die Behörde für Kultur und Medien schließlich einen Beteiligungsprozess angekündigt. Ein Wettbewerb wurde ausgeschrieben, in dessen Rahmen ein Konzept zur Neuverortung des größten Bismarck-Denkmals der Bundesrepublik erarbeitet und umgesetzt werden sollte. »In der ausführlichen Auseinandersetzung mit den Wettbewerbsbeiträgen kam die Jury zu der Auffassung, dass durch eine einzelne künstlerische Intervention die Aufgabe in ihrer Komplexität und mit all ihren Facetten nicht erfüllt wurde«, so das Fazit der 13-köpfigen Fachjury. In naher Zukunft wird sich zeigen, ob und wie das Standbild dennoch kontextualisiert bzw. dekontextualisiert wird. Vielleicht wird der Umgang mit ihm auch ein Hinweis darauf sein, wie die Stadt Hamburg in Zukunft mit ihrem (post-)kolonialen Erbe im Ganzen umgehen wird. Bis dahin bleibt er stehen, sandgestrahlt und sprachlos.

→ In östlicher Richtung mündet die **Seewartenstraße** nach wenigen Metern in die **Rothesoodstraße**.

9

Rothesoodstraße

Die Rothesoodstraße ist eine kleine, eher unscheinbare Wohnstraße. Um 1930 befand sich hier in der Hausnummer 8 das »International Trade Union Committee of Negro Workers«. Diese Vereinigung war eine Gewerkschaft Schwarzer Arbeiter in Deutschland. Ihr Leiter George Padmore war Ende der 1920er Jahre in den USA in die Kommunistische Partei eingetreten, bevor er nach Deutschland kam. 1930 fand durch seine Initiative mit der »First International Conference of Negro Workers« der erste internationale Kongress Schwarzer Arbeiter hier in der Rothesoodstraße statt. Außerdem wurde von hier aus das kommunistische Organ des Komitees, »The Negro Worker«, herausgebracht. Die Zeitschrift hatte das Ziel, die marxistischen Ideen des antikolonialen Widerstands an die internationale Schwarze Arbeiterschaft heranzutragen, und wurde von Seeleuten im Geheimen ins Ausland geschmuggelt. Mit der Machtübernahme durch die Nationalsozialisten hatte die Arbeit in der Rothesoodstraße ein jähes Ende, und Padmore wurde des Landes verwiesen.

Seit 1918 existierte mit dem »Afrikanischen Hilfsverein« eine weitere wichtige Institution zur Unterstützung der Schwarzen Community in Hamburg. Auch wenn der Vereinssitz in der Hafenstadt lag, konnten Schwarze aus allen Teilen Deutschlands beitreten. Die 32 Gründungsmitglieder verfolgten das Ziel einer Anlauf- und Beratungsstelle für Schwarze Menschen in Deutschland sowie die Bildung einer offiziellen Gemein-

Rothesoodstraße im frühen 20. Jahrhundert

schaft. So hieß es in § 11 des Gründungsstatuts: »Der ›Afrikanische Hilfsverein‹ wird auch in allen Fällen, die in dem Statut nicht genannt sind, seine Mitglieder in jeder Beziehung unterstützen, dazu ist aber der Zusammenschluß aller unbedingt erforderlich. Der Verein soll uns einen Teil der Heimat ersetzen und das Gefühl der Vereinsamung inmitten der weißen Bevölkerung von uns nehmen.« Das Statut gibt einen Einblick in die Lebenswelt der Schwarzen Menschen in Hamburg zu jener Zeit. Obgleich zahlreiche Schwarze Männer mit *weißen* Frauen verheiratet waren und in Deutschland geborene Kinder hatten, standen sie doch am Rande der Gesellschaft. Der Verein engagierte sich ganz lebensnah in der Wohnungs- und Arbeitsvermittlung. Als eine Art Hilfe zur Selbsthilfe sollten seine Mitglieder einander in diesen Angelegenheiten unterstützen. Finanziert wurde die Vereinsarbeit über Mitgliedsbeiträge. Dies wurde aber dadurch zunehmend zum Problem, dass sich die Mitglieder meist in prekären finanziellen Situationen befanden und sich die Beiträge kaum leisten konnten. Mitte der 1920er Jahre wurde der »Afrikanische Hilfsverein« aufgelöst. Der Umstand, dass der Verein bis dahin nie als offizielle politische Organisation in Erscheinung getreten war, darf indes nicht darüber hinwegtäuschen, dass viele seiner Mitglieder durchaus für ihre politischen Rechte eintraten. So hatten beispielsweise viele von ihnen die Dibobe-Petition unterzeichnet.

In der Zeit des Nationalsozialismus war an eine politische Tätigkeit der Schwarzen Menschen in Deutschland nicht länger zu denken. Viele versuchten, das Land zu verlassen, entweder in Richtung ihrer Herkunftsländer oder in europäische Metropolen wie London oder Paris. Auch wenn die neuen Machthaber sie aus Angst vor schlechter Propaganda im Zuge der Erschaffung eines neuen deutschen Kolonialreichs in Afrika in den ersten Jahren ignorierten, nahmen Verfolgung und Entrechtung stetig zu. Unter fadenscheinigen Vorwänden wie jenem der »Rassenschande« wurden Schwarze Einwohner verhaftet und kamen in Konzentrationslagern ums Leben. Die beste Möglichkeit, jene Jahre zu überleben, bestand im »Nicht-Auffallen«.

→ Dibobe-Petition

Der Titel der »Dibobe-Petition« lautete eigentlich »32 Forderungen der Afrikaner in Deutschland«. Benannt wurden diese Forderungen dann nach ihrem Verfasser, dem aus Kamerun stammenden Martin Dibobe. 1919 reichten er und seine Mitstreiter ihre Forderungen nach Gleichberechtigung der Afrikaner und Afrikanerinnen sowohl in Deutschland als auch in den (ehemaligen) Kolonien beim Kolonialministerium und der Nationalversammlung ein. Dibobe selbst, so heißt es in den Forderungen, solle als ihr Vertreter einen Platz im Reichstag erhalten. Sowohl das Ministerium als auch die Nationalversammlung blieben den Eingebern der Petition eine Antwort schuldig, so dass die Forderungen nicht umgesetzt wurden. Sie ist ein sehr eindrucksvolles Zeugnis politischen Schwarzen Widerstands im Deutschland jener Zeit.

→ Um zur letzten Station dieses Rundgang zu gelangen, folgen wir der Straße in östlicher Richtung und kommen so zum **»Michel«**.

10

St. Michaelis

Durch den **Haupteingang von St. Michaelis** gelangen Besucher und Besucherinnen zunächst in die Turmhalle. Von dort führt der Weg ins Kirchenschiff, das sich in barockem Glanz präsentiert. Wie in so vielen deutschen Kirchen wird auch hier der Kriegsgefallenen gedacht: den Toten zweier Weltkriege *und* der deutschen Soldaten der Kolonialzeit. Unter der Empore am nördlichen Seitenschiff hängt eine **schwarze Gedenktafel**. In goldenen Lettern steht hier: »In Hamburg starben für Kaiser und Reich«. Es folgt die Einteilung der Soldaten »In Afrika« und »In China«. Am Ende der Tafel steht die häufig verwendete Floskel »Ehre ihrem Andenken«.

Gemeint sind hier jene Soldaten, die in den deutschen Kolonien in Afrika mit Gewalt bis hin zum Völkermord an den Herero und den Nama gegen die einheimische Bevölkerung vorgingen (⟶ Tour 4). In China waren sie an der blutigen Niederschlagung der Widerstandsbewegung der »Boxer« (⟶ Tour 1) beteiligt.

Die Tafel im Michel ist kein Einzelfall. So finden sich beispielsweise auch in der Lüneburger St. Michaelis-Kirche oder in der Christuskirche in Windhoek Gedenktafeln für die Gefallenen der kolonialen Besatzung. Dass über hundert Jahre nach dem durch das Deutsche Kaiserreich verübten Völkermord an den Herero und den Nama noch immer wohl der Täter, nicht aber der Opfer gedacht wird, ist skandalös. In der Regel sind die Tafeln Teil eines »Gedenkprogramms« und in den Kontext von Gedenktafeln für die Gefallenen der beiden Weltkriege eingebettet. Auch hier im Michel wird dieser Kontext mit Blick auf eine ähnlich gestaltete Tafel unter der südlichen Empore, die an die Gefallenen des Ersten Weltkriegs erinnert, deutlich. Es ist in diesem Zusammenhang wichtig zu wissen, dass die Soldaten der kaiserlichen Truppen nicht zum Wehrdienst verpflichtet worden waren, sondern sich in der Regel freiwillig meldeten. Eine Kontextualisierung erscheint also allein aus diesem Grund schon schwierig.

Nach einem Erlass durch Kaiser Wilhelm II., in den Kirchen des Deutschen Reichs an die Gefallenen der Kolonialtruppen zu erinnern, traten auch in Hamburg Veteranenverbände an den Senat heran. Das Ergebnis ihrer Forderungen war die Gedenktafel im Michel, die 1913 mit einem feierlichen Gottesdienst

Gedenktafel unter der Empore im »Michel«

eingeweiht wurde. Seitdem gehört sie zum festen, denkmalgeschützten Inventar von St. Michaelis und kann von den jährlich nahezu 1,5 Millionen Besuchern und Besucherinnen gelesen werden. Über Jahrzehnte war der Umgang mit der fragwürdigen Gedenktafel in erster Linie durch Gleichgültigkeit geprägt. Nicht mal die Studentenproteste der 1960er Jahre, die erstmals seit Ende des Ersten Weltkriegs auch auf die Kolonialverbrechen in den deutschen Kolonien aufmerksam machten, thematisierten die Tafel. Erst mit der Jahrtausendwende wurde sie wieder in den Fokus gerückt. Louis-Henri Seukwa, Professor an der Hochschule für Angewandte Wissenschaften in Hamburg, hielt 2002 eine Rede in St. Michaelis. Er machte darauf aufmerksam, dass den Soldaten, derer hier gedacht wird, Verbrechen an den Herero und den Nama anhängen. Zwischen 1904 und 1908 hatten die deutschen Besatzer an ihnen den ersten Völkermord des 20. Jahrhunderts verübt, bei dem schätzungsweise 80000 Herero und 10000 Nama durch Verdursten, Erschießen, Zwangsarbeit und Folter ums Leben kamen. Auch hatten die Deutschen im heutigen Namibia Konzentrationslager geschaffen, in denen die Menschen qualvoll zu Tode kamen. Nahezu zur gleichen Zeit wurden zahlreiche Menschen aus Ostafrika bei der Niederschlagung des »Maji-Maji-Widerstands« von deutschen Kolonialsoldaten getötet.

Bezeichnenderweise führte Seukwas Rede nicht zu einem Umdenken. Vielmehr geriet das Thema erneut in Vergessenheit. Erst die 2010er Jahre brachten den Völkermord und damit auch die Gedenktafel im Michel erneut ins Bewusstsein der Hamburger Öffentlichkeit. Es waren wie so oft zivilgesellschaftliche Initiativen, allen voran der Arbeitskreis »Hamburg postkolonial«, die eine

Übernahme der Verantwortung gegenüber den Opfern forderten. 2009 war das Dach der Kirche erneuert worden. Gesponsert wurde die Sanierung durch den Kupferproduzenten »Aurubis«, dessen Vorläufer unter dem Namen »Norddeutsche Affinerie« an der Ausbeutung von Kupfer im heutigen Namibia (damals »Deutsch-Südwestafrika«) beteiligt gewesen war (⟶ Tour 4). Es war unter anderem dieser Zusammenhang, der den Anstoß zu erneuten Diskussionen gab.

Im Jahr 2013 fand schließlich eine Aktion statt, die durch eine Gruppe rund um den Herero-Aktivisten Israel Kaunatjike aus Berlin initiiert wurde. Die Aktivisten und Aktivistinnen stellten dem Gedenken an die Soldaten Fotos gegenüber, die deutsche Kolonialverbrechen in Afrika zeigten. Durch Verantwortliche der Kirche wurden diese Bilder jedoch wieder entfernt. Der Hauptpastor des Michels, Alexander Röder, argumentierte, dass auch die Gefallenen der Kolonialtruppen als Opfer gesehen werden müssten und entsprechend ein Gedenken an sie gegeben sein sollte. Selbst wenn man dieser Argumentation folgte, würde doch das kleine Wort »auch« stören. Denn für die Opfer im heutigen Namibia gibt es bislang in ganz Hamburg kein Gedenken im öffentlichen Raum. Und dies gilt kaum weniger für die gesamte Bundesrepublik. Nur wenige Städte haben sich bislang ihrem kolonialen Erbe gestellt. Auf dem Neuköllner Garnisonsfriedhof in Berlin ist seit 2009 neben dem sogenannten »Hererostein« eine Gedenktafel in den Boden eingelassen, die als Monument des Gegen-Gedenkens fungiert. Die Stadt Bremen hat das größte Kolonial-Denkmal Deutschlands, einen Elefanten auf einem Sockel von insgesamt zehn Metern Höhe, im Jahr 2008 in ein antikoloniales Denkmal umgewidmet.

Vergleichbar mit der Gedenktafel in St. Michaelis ist eine Tafel mit ähnlich lautendem Text in der Christus- und Garnisonskirche Wilhelmshaven. 2004, als sich der Widerstand der Herero zum hundertsten Mal jährte, fasste die Gemeinde einen Beschluss. Die Steintafel wurde mit einer Plexiglastafel versehen, die auf das durch die deutsche Kolonisation verursachte Leid der Herero und Nama aufmerksam macht. Noch ist die Zukunft der Gedenktafel im Hamburger Michel ungeklärt. Und viel zu wenig geklärt ist auch die Frage, warum uns als deutscher Gesamtgesellschaft der Umgang mit und die Erinnerung an die kolonialen Gräueltaten über hundert Jahre später noch so schwerfallen. Das Thema lässt sich weder gesellschaftlich noch politisch länger ignorieren. Nach den Wiedergutmachungsforderungen der Nachfahren der Opfer hat Deutschland inzwischen den Völkermord anerkannt, und auch Zahlungen an die Nachkommen der Opfer werden nicht ausbleiben. Das bleibt zumindest zu hoffen.

Hagenbecks Tierpark

Der Name Hagenbeck hat nicht nur am heutigen Standort des Tierparks seine Spuren hinterlassen. Sie finden sich ebenso am Spielbudenplatz, wo die Tierhandlung ihren Ursprung hatte, wie auf dem Heiligengeistfeld, auf dem der Zirkus Carl Hagenbecks in den 1880er Jahren seine Premiere feierte. Oder am Neuen Pferdemarkt, wo das Unternehmen seit 1874 residierte. Auf dem Ohlsdorfer Friedhof bewacht ein Löwe das Grab des Tierparkgründers, und auf dem Friedhof Nienstedten ruht mit Familie Wilhelm Hagenbeck ein weiterer Zweig der Dynastie. Die meisten Spuren jedoch finden sich tatsächlich im Stadtteil Stellingen, wo der Tierpark Hagenbeck, der früher Hagenbecks Tierpark hieß, bis heute seinen Sitz hat. Angefangen bei der gleichnamigen U-Bahn-Station, hin zu den Namen der umliegenden Straßen Hagenbeckallee, Hagenbeckstraße oder Tierparkallee. Allein diese Benennungen deuten auf den Stellenwert hin, den Hagenbecks Tierpark und die Person Carl Hagenbeck bis heute in Hamburg haben.

Die Geschichte des Unternehmens beginnt in der ersten Hälfte des 19. Jahrhunderts auf dem Spielbudenplatz auf St. Pauli. Hier führte Gottfried Claes Carl Hagenbeck (1810–1887) eine Fischhandlung. Über Fischer geriet er an lebende Seehunde, die er geschickt in das Umfeld der Schausteller auf dem Spielbudenplatz zu integrieren wusste. Neben den Spielbuden gab es Gaukler, Jongleure und nun eben auch Seehunde. Ab 1884 baute Claes Hagenbeck die Ausstellung von Tieren als zweiten Geschäftszweig neben dem Handel mit ihnen aus. In der Regel waren es zu diesem Zeitpunkt Seeleute und Kapitäne, die Tiere von ihren Reisen mitbrachten oder zum Kauf anboten.

1866 übernahm Sohn Carl Hagenbeck (1844-1913) das Geschäft des Vaters und konzentrierte sich auf den Handel mit Tieren. 1874 zog das Unternehmen an den Neuen Pferdemarkt. Hier hatte die Tierhandlung auf rund 7000 Quadratmetern Platz für Tiere aus aller Welt. Das Geschäft lief gut, denn Ende des 19. Jahrhunderts gab es eine ganze Reihe von Zoo-Neugründungen in Europa, und die neuen Tierparks begehrten Tiere aus weit entfernten Ländern. Auch in Hamburg gab es bereits seit 1863 einen ersten Zoologischen Garten auf dem Gelände des heutigen Parks »Planten un Blomen«. Allerdings waren viele Besucher weniger am Kauf der Tiere interessiert als an deren Betrachtung, und so etablierte sich schon hier ein erster Hagenbeck'scher Tierpark. Außerdem war mit dem Umzug zum Pferdemarkt ein erster Schritt unternommen, das Tiergeschäft vom Schaugewerbe auf dem Spielbudenplatz zu trennen.

Am Neuen Pferdemarkt fand im Jahr 1874 auch die erste sogenannte »Völkerschau« statt. In seinen Erinnerungen schildert Hagenbeck dieses Ereignis als

Haupteingang zu Hagenbecks Tierpark um 1930

zufällige Verkettung verschiedener Umstände. Ein befreundeter Künstler habe gesagt, dass es doch schön wäre, neben den Rentieren auch eine Gruppe von »Lappländern« zu sehen. Eine sechsköpfige Saami-Familie war so die erste von vielen Personengruppen, die durch das Unternehmen Hagenbeck angeworben wurde. Der Erfolg, den Hagenbeck mit der Zurschaustellung von Menschen und Tieren hatte, zeigt sich im Umzug nach Stellingen und der Gründung von Hagenbecks Tierpark im Jahr 1907 an heutiger Stelle. Hagenbeck begnügte sich nun nicht mehr damit, Menschen vorzuführen, sondern er ließ dafür auch monumentale Kulissen schaffen, indem er ganze Regionen nachbauen ließ.

Gezielt ließ er jetzt Menschen aus verschiedenen Teilen der Welt anwerben. Dabei halfen ihm unter anderen sein Halbbruder John Hagenbeck, der zwischenzeitlich in Sri Lanka (früher Ceylon) lebte, und der aus Norwegen stammende Forschungsreisende Johan Adrian Jacobsen. Bei den Angeworbenen handelte es sich um Menschen jeglichen Alters, Erwachsene wie Kinder. Bei der Anwerbung wurden sie aufgefordert, Kleidung, Haushaltsgegenstände, Waffen und Werkzeug mit auf die Reise zu nehmen. In Stellingen wurden sie dann zu Protagonisten und Protagonistinnen der Hagenbeck'schen Inszenierungen. Musik und Tanzdarbietungen waren genauso Teil dieses Schauspiels wie ein Umzug mit Tieren oder gestellte Kampfhandlungen. In den Pausen zwischen den Darbietungen wurde der Hamburger Bevölkerung dann das angeblich alltägliche Leben der Zurschaugestellten vor Augen geführt. In der Konsequenz bedeutete diese Mischung aus Showelementen und der als authentisch ausgegebenen Zurschaustellung ein Leben unter ständiger Beobachtung. Für die Teilnehmenden hatte dies mitunter extrem negative psychische wie physische

Folgen. Häufig ging es im Anschluss an den Aufenthalt in Hamburg auf Deutschland- bzw. Europa-Tournee. Denn Menschenschauen gab es nicht nur in Hamburg. Sie waren ebenso in Wien, München oder Paris bekannt, und Hagenbeck war auch nicht ihr »Erfinder«. Allerdings gehörte er zu jenen, die den größten Profit aus der Zurschaustellung von Menschen zogen. Die häufigen Ortswechsel während der Tourneen waren für viele der zur Schau gestellten Menschen eine enorme körperliche Belastung. Und nicht immer hatten sich die Verantwortlichen ausreichend um die gesundheitliche Vorsorge der Teilnehmenden gekümmert. Ein trauriges Beispiel hierfür war die Familie des Inuk Abraham Ulrikab, die sich zu Beginn der 1880er Jahre in Hamburg aufhielt und im Anschluss auf Tournee ging. Man hatte versäumt, sie gegen Pocken zu impfen, was zum Tode aller Familienmitglieder während ihres Aufenthalts führte. Neben fehlenden Impfungen litten viele Teilnehmende unter den allgemein oft schlechten Wohn- und Lebensverhältnissen, den ungewohnten klimatischen Bedingungen oder der für sie fremden Ernährung.

Im Zuge der Vorführung einer Personengruppe aus dem Sudan erinnert sich Hagenbeck: »Im Schmucke ihrer eigenen wilden Persönlichkeiten, mit ihren Tieren, Zelten, Haus- und Jagdgeräten boten die Gäste ein hochinteressantes anthropologisch-zoologisches Bild aus dem Sudan.« Mit dieser Aussage traf Hagenbeck unfreiwillig den Nagel auf den Kopf. Tatsächlich boten sie ein *»Bild* aus dem Sudan«. In der Regel waren es die europäischen Stereotype von kolonisierten Ländern und Menschen, die hier dargestellt wurden. Mit der Realität hatte die Darstellung indessen meist wenig zu tun. Die Bezeichnung »anthropologisch-zoologisch« taucht im Wortschatz des Tierparkgründers immer wieder auf. Damit gab er den Zurschaustellungen einen wissenschaftlichen Anstrich.

Und tatsächlich waren es oft »Wissenschaftler«, die Interesse zeigten und in den zur Schau gestellten Menschen eine Chance sahen, ihre vermeintliche Forschung voranzutreiben. Andersherum war das Interesse der »Wissenschaft« für Hagenbeck eine willkommene Werbung, spiegelte es den Tierpark-Besuchenden doch einmal mehr die Glaubwürdigkeit der Länder- und Menschendarstellungen wider. Letztlich führte das System sich selbst ad absurdum, indem die Zurschaugestellten jene Stereotypen zu erfüllen hatten, die die Zuschauer erwarteten. Und die Erfüllung dieser Erwartung war dann wiederum Beweis der Authentizität des Dargestellten. Vielleicht lag gerade in dieser Übereinstimmung von Projektionen und ihren Abbildern der langjährige Erfolg dieser Veranstaltungen. Bis in die frühen 1930er Jahre wurden Menschen in Hagenbecks Tierpark zur Schau gestellt. Das Ende der Darbietungen wurde indes nicht aus humanen Gründen oder aus Einsicht in ihren pseudoethnografischen Charakter eingeläutet. Vielmehr standen dahinter wirtschaftliche Gesichtspunkte und ein Rückgang des Publikums, der vermutlich durch das Aufkommen des Films bewirkt wurde.

Nach Carl Hagenbecks Tod 1913 übernahmen seine Söhne Heinrich und Lorenz das Unternehmen. Noch heute ist der Tierpark in Familienbesitz. Teile des Geländes stehen inzwischen auf der Denkmalliste der Stadt Hamburg. Dazu gehört auch das historische Jugendstiltor, das bis 2003 als Haupteingang genutzt wurde. Inzwischen ist dieser verlegt, und das Tor wird saniert. Nach der Wiederherstellung wird wieder sichtbar sein, dass hier neben Löwe, Eisbär und Elefant auch Menschen in stereotypisierender Weise als Statuen das Tor »schmückten«. Im heutigen Tierpark ist dies einer der wenigen Hinweise auf die Zeit, in der hier neben Tieren auch Menschen ausgestellt wurden. Bis heute hat sich die Familie Hagenbeck nicht intensiv mit dieser Vergangenheit auseinandergesetzt und signalisiert auch keine Bereitschaft dazu. Es bleibt zu hoffen, dass spätere Generationen das ändern werden.

»Eismeer-Panorama«, 1907

4

Hafen-gebiet

STARTPUNKT
Landungsbrücken [U-Bahn Landungsbrücken]

ENDPUNKT
Baakenhafen [U-Bahn Elbbrücken]

DAUER
etwa 3 Stunden [Fahrradtour]

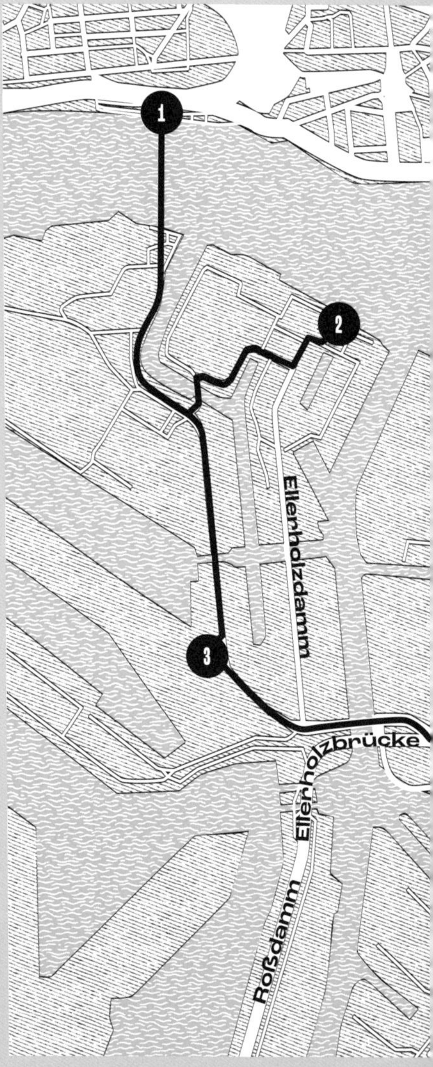

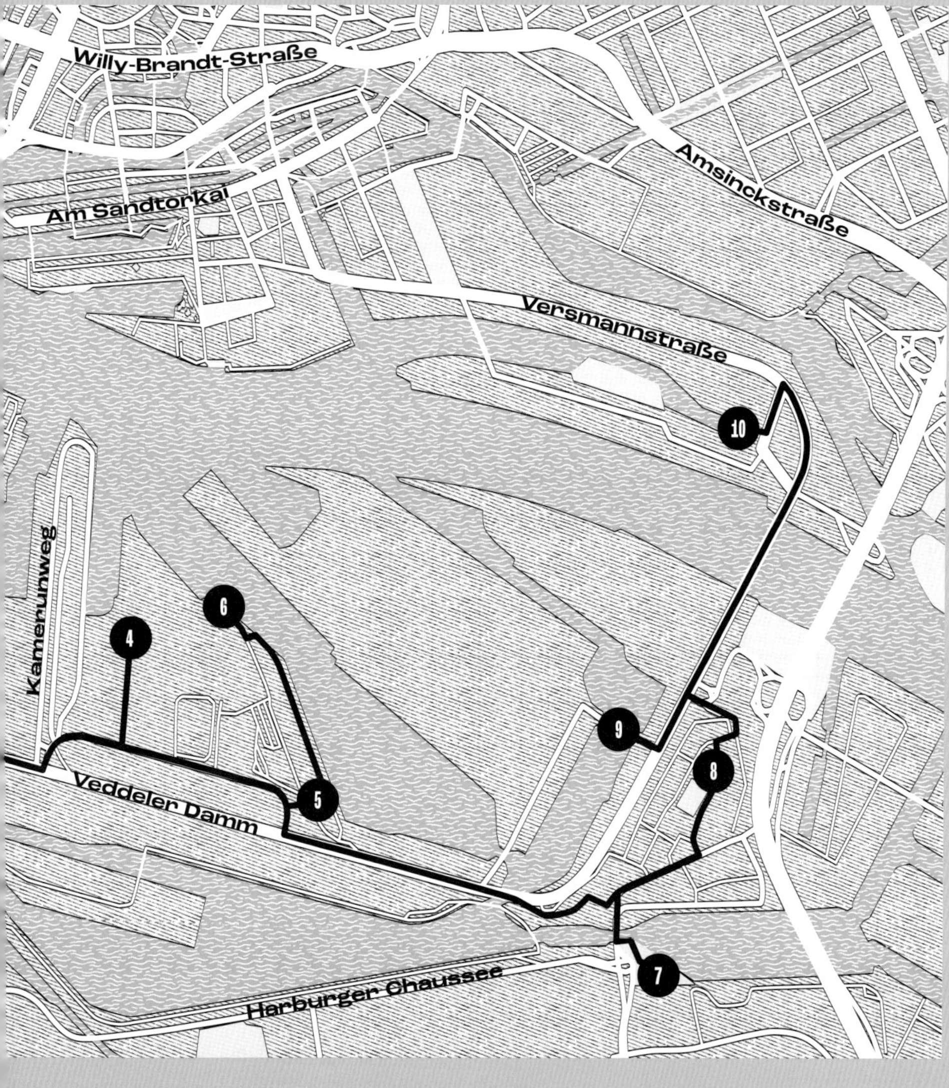
Willy-Brandt-Straße
Am Sandtorkai
Amsinckstraße
Versmannstraße
10
Kamerunweg
6
4
9
8
5
Veddeler Damm
7
Harburger Chaussee

D

as Gebiet des Hamburger Hafens umfasst heute eine Fläche von über 7000 Hektar. Er bestimmt die Geschicke der Hansestadt von ihren Anfängen bis in die Gegenwart. Und ohne den Hafen wären wohl weder die koloniale Geschichte noch die globale Gegenwart so eng mit der Hansestadt verbunden. Bis heute wird aufgrund der engen Verbindung von Stadt und Hafen häufig die allegorische Floskel »Tor zur Welt« für die Stadt Hamburg werbewirksam verwendet. Doch verschleiert das schöne Bild, dass es sich dabei auch um das Tor in eine koloniale Welt handelte, die in erheblichem Maß von Ausbeutung, Unterdrückung, Zwang und Gewalt geprägt war.

Einen ersten Anlegeplatz am Wasser hatte Hamburg bereits im 9. Jahrhundert. Dort, wo sich heute die Kleine Reichenstraße in der City befindet, verlief einst das Reichenstraßenfleet, auf dem Waren verschifft wurden. Seit dem 12. Jahrhundert befand sich der Hamburger Hafen durch Zusammenschluss von bischöflicher Altstadt und gräflicher Neustadt am Nikolaifleet. In den folgenden Jahrhunderten bewegte sich das Hafengebiet dann zunehmend von der Alster in Richtung Elbe. Weitreichende Veränderungen brachte das Zeitalter der kolonialen Globalisierung. Der stetige Ausbau des Hafens spielte dabei eine tragende Rolle, insbesondere seit Beginn des 19. Jahrhunderts.

1866 wurde mit dem Sandtorhafen das erste künstliche Hafenbecken der Stadt geschaffen, das durch seine Modernität Vorbildfunktion für den weiteren Ausbau des Hafens haben sollte. Mit Blick auf diesen Ausbau wird deutlich, dass sich der Hafen im Verlauf seines Wachstums immer weiter von der Stadt entfernt hatte, eine Entwicklung, die sich bis in die Gegenwart fortsetzt. In der Zeit um die Jahrhundertwende vom 19. zum 20. Jahrhundert wurden zahlreiche Hafenanlagen im Süden der Stadt geschaffen, die es erlaubten, massenhaft Waren aus aller Welt abzufertigen. Ohne die Kapazitäten, die mit den modernen Anlagen von Hafenbecken, Kaikanten, Schuppen und Eisenbahnlinien entstanden, hätten der Betrieb von Plantagen, die Gründung von Handelsniederlassungen und die Ausbeutung von Mensch und Land in den europäischen Kolonien schlichtweg keinen Sinn gehabt. Allein der Ausbau des Hafens schuf die Möglichkeit, Waren und Rohstoffe aus aller Welt massenhaft zu löschen, zu lagern und sie weiterzutransportieren.

Diese Tour führt uns durch ein Hafengebiet, das vor allem in der Kaiserzeit industriell entwickelt wurde. Aber auch die Zeit in den ersten Jahren nach dem Ersten Weltkrieg hat ihre Spuren hinterlassen. Streng genommen bewegen wir uns bei dieser Radtour durch gleich fünf Stadtteile.

Wir starten auf St. Pauli an den Landungsbrücken und gelangen durch den Alten Elbtunnel nach Steinwerder. Über den Kleinen Grasbrook geht es auf die Veddel, nach Überquerung der Freihafenelbbrücke endet die Tour in der Hafencity.

Bis zum Zollanschluss 1888 wurde Steinwerder noch von zahlreichen Hafenarbeiter-Familien bewohnt. Heute kann man sich das kaum mehr vorstellen, denn der Stadtteil ist inzwischen ausschließlich durch Gewerbe und Industrie geprägt. Mit dem Zollanschluss wurde Steinwerder Teil des Freihafens, und die Bewohnerschaft musste ihren Stadtteil verlassen. Auch dem Stadtteil Kleiner Grasbrook ist bis heute anzusehen, dass er als Hafengebiet geschaffen wurde. An einigen Orten, wie beispielsweise am O'Swaldkai, findet hier nach wie vor Hafenumschlag statt. Lediglich in der Harburger Chaussee befinden sich Wohnhäuser. Doch das wird sich in den kommenden Jahren ändern. Die HafenCity Hamburg GmbH ist dabei, das Areal auch als Wohnstadtteil zu entwickeln. Der Grasbrook nimmt diese Entwicklung schon vorweg. Auch wenn noch viele Baustellen zu sehen sind, hat sich die Hafencity bereits als Wohnort etabliert. Auf der Veddel sind Industrie auf der Peute und Wohnen rund um die Veddeler Brückenstraße nah beieinander und dennoch strikt getrennt. Seit den 1920er Jahren entstand hier eine Wohnsiedlung, in der heute rund 4500 Menschen leben.

1968 eröffnete im Stadtteil Waltershof das erste Container-Terminal Hamburgs. Damit war das Ende der kaiserzeitlichen Hafenanlagen eingeläutet. Aber so sehr sich die Stadtteile, die wir auf dieser Tour besuchen, auch verändert haben – viele Spuren des Hafens aus dem kolonialen Hamburg sind noch heute vorhanden.

Auch wenn der Weg mitunter an stark befahrenen Straßen entlangführt, ist die Strecke durchweg auf Radwegen bzw. Gehwegen, auf denen das Radfahren erlaubt ist, fahrbar. Am Wochenende lässt der Verkehr deutlich nach. Zwischen Anfang April und Ende Oktober hat das sehenswerte Hafenmuseum, das Teil der Route ist, geöffnet.

1

Landungsbrücken und Alter Elbtunnel

Anfang des 20. Jahrhunderts entstand das Ensemble der Landungsbrücken und des Alten Elbtunnels. Fast sinnbildlich stehen die Bauten für den Hamburger Hafen, für Ferne und Heimat gleichermaßen, indem sie mit Seefahrt und Hafenarbeit assoziiert werden. In seiner Bauzeit war das heute hauptsächlich touristisch geprägte Areal vorrangig eine Arbeitswelt, hinter der heute fast pittoresk anmutenden Kulisse verbirgt sich die Infrastruktur für einen möglichst reibungslosen Arbeitsablauf im Hamburger Hafen. Erbaut wurden sowohl das **Abfertigungsgebäude** der Landungsbrücken als auch der **tempelartige Eingangsbau des Tunnels** von den Architekten Raabe & Wöhlecke.

Einen ersten Schiffsanleger gab es hier bereits 1839. In jener Zeit war die Dampfschifffahrt auf dem Vormarsch. Die neue Technik barg jedoch auch Gefahren: Um die Segelschiffe im Hafen und die Stadt vor der Brandgefahr zu schützen, sollten die Dampfschiffe hier etwas weiter elbabwärts festgemacht werden. Anfang des 20. Jahrhunderts war die Pontonanlage allerdings bereits zu klein geworden und wich einem 420 Meter langen Nachfolger, der ebenfalls durch Brücken mit dem Festland verbunden war. In dieser Zeit wurde auch das tuffsteinerne Abfertigungsgebäude mit dem markanten **Uhren- und Pegelturm** errichtet. Nach Zerstörungen im Zweiten Weltkrieg erhielt die Anlage in

Blick auf die Elbe bei den Landungsbrücken

Landungs-brücken, 1916

der Nachkriegszeit ihren heutigen Umfang. Nahe Brücke 1 liegt der 1896 erbaute **Frachtensegler Rickmer Rickmers**. Seine erste Fahrt führte von Hamburg nach Hongkong, wo Reis und Bambus geladen wurden. Unter dem Namen »Max« wurde das heutige Museumsschiff auch in der Salpeterfahrt eingesetzt.

Von den Landungsbrücken aus fuhren um die Jahrhundertwende Personendampfer im regelmäßigen Linienverkehr in teils weit entfernte Länder. Aber auch die HADAG-Fähren legten hier an und brachten täglich Zehntausende von Arbeitern auf die südliche Elbseite und zurück. Seit dem Zollanschluss Hamburgs 1888 und der damit einhergehenden Gründung des Freihafens strömten immer mehr Menschen auf der Suche nach Arbeit in die Stadt. Und diese war hier durchaus zu finden. Zahlreiche Werften säumten das südliche Elbufer. Außerdem entstanden neue Hafenbecken, in denen Schiffe mit Waren aus aller Welt festmachten, die gelöscht, gelagert und transportiert werden wollten. Allerdings war diese Arbeit recht schlecht bezahlt und häufig »unständig«. Je nach Schiffsaufkommen stieg oder sank der Bedarf an Arbeitskräften, so dass ein großer Teil der Hafenarbeiter keine feste Anstellung hatte und sich als Tagelöhner verdingen musste. Ihre prekäre Situation führte 1896/97 zu einem der größten Arbeiterstreiks im deutschen Kaiserreich. Auch wenn die Streikenden eine Niederlage erlitten und ihr Lohn nicht wesentlich erhöht wurde, rückte ihre Lage doch nun stärker in den Fokus. Wohl weniger als ein Zugeständnis an die Arbeiter denn aus wirtschaftlichem Interesse, plante der Senat eine Erleichterung des Arbeitswegs. Resultat war der Bau des Alten Elbtunnels zwischen 1907 und 1911, an dem nahezu 4500 Arbeiter beteiligt waren.

Von jetzt an konnten Tag für Tag Zehntausende den raschen Weg unter der Elbe zum Arbeitsplatz nehmen, so dass der Alte Elbtunnel nunmehr den

Übergang zwischen Lebens- und Arbeitswelt, zwischen Wohnstadt und Werft markierte.

Bevor wir nun in den Tunnel abtauchen, lohnt sich ein Blick auf den **Skulpturenschmuck an der landseitigen Fassade des Abfertigungsgebäudes** der Landungsbrücken. Der Bildhauer Arthur Bock schuf hierfür 1909 vier Skulpturen, die »Allegorien der Winde«. Bei genauer Betrachtung tragen die »Winde« klischeehafte Gesichtszüge mit Bezugnahmen auf die Windrichtung bzw. Region, aus der sie kommen. Westlich an das Gebäude schließt der Alte Elbtunnel an. Mit dem Aufzug geht es nun rund 24 Meter in die Tiefe.

Verwundern mag die schmale Fahrbahn der Tunnelröhre, doch zur Bauzeit des Tunnels unterquerten hier noch keine Autos die Elbe, sondern die schmaleren Pferdekutschen. An den weiß gefliesten Wänden finden sich in regelmäßigem Abstand **Steinzeug-Reliefs**, die unterschiedliches Wassergetier darstellen. Außerdem stellen hier ein Stiefel und eine Ratte einen Bezug zur Kleidung der Hafenarbeiter her, in deren hohen Stiefeln die Ratten nämlich ein warmes Quartier finden konnten. Nur die kurze Strecke durch den Tunnel trennt die Stadtteile St. Pauli und Steinwerder, wo wir nach rund 420 Metern wieder auftauchen.

Skulpturen »Allegorien der Winde«

2

Guanofleet

Oben am Südufer der Norderelbe angekommen, wird es gleich etwas ruhiger, auch wenn wir uns nun in einem Industrie- und Gewerbegebiet befinden. Viele Tunnelbesucher biegen an dieser Stelle links ab auf die Aussichtsplattform, wir aber fahren geradeaus. Die folgende Strecke entlang der Hermann-Blohm-Straße gibt uns einen guten Eindruck von der Größe des Geländes der Werft Blohm + Voss, das sich nun rechter Hand erstreckt. Bevor wir uns mit der Geschichte der Werft befassen, machen wir aber zunächst noch einen Abstecher an das Guanofleet. Dafür bleiben wir auf der **Hermann-Blohm-Straße**, bis linker Hand die Straße **Nordersand** abzweigt. Dieser folgen wir in Richtung der Musical-Theater, bis sie nach einer Rechtskurve in den **Rohrweg** mündet. Der Weg führt nun links in den **Ellerholzdamm** und wieder rechts in die **Norderelbstraße**. Nachdem wir zunächst das gelbe Musicalzelt an seiner Rückseite passiert haben, begeben wir uns links über einen kleinen Fußweg auf die Aussichtsterrasse eines weiteren Hafentheaters, das durch seine futuristische Architektur an einen silbernen Helm erinnert. Ein Schild weist »Theaterbesuchern« an dieser Stelle den Weg auf die Plattform.

Auf der gegenüberliegenden Seite sind nun die Landungsbrücken mit dem Museumsschiff Cap San Diego zu sehen, östlich daran anschließend die Elbphilharmonie und die Hafencity. Im Westen reihen sich die modernen Bauten am Altonaer Elbufer aneinander, die sogenannte »Perlenkette«. In der Ferne gen Osten sind das Kraftwerk Tiefstack sowie der Wasserturm in Rothenburgsort zu erahnen. Unmittelbar östlich unseres Standorts befindet sich ein von Pflanzen umgebener Wasserarm. Das **Guanofleet**, an dem wir hier stehen, führt an dieser Stelle scheinbar ins Nichts, denn der kleine Kanal wurde in Teilen zugeschüttet und wird durch Landmasse in zwei Teile getrennt.

Obwohl sich hier auf Steinwerder einst ein Werk zur Guano-Verarbeitung befand und bis heute das »Guanofleet« an den natürlichen Rohstoff (→ Tour 1) erinnert, wurde die Geschichte des Peru-Guanos in Hamburg über lange Zeit kaum thematisiert. Im Mai 2022 allerdings wurde in der Villa Mutzenbecher im Niendorfer Gehege die gelungene Ausstellung »Peru – Guano

– Hamburg« von Claudia Chávez de Lederbogen und Jan Lederbogen gezeigt, deren Inhalte inzwischen auch in Buchform erschienen sind. Der Name Mutzenbecher ist eng mit dem Guano-Handel verbunden, auch wenn es sich bei den Bauherren der Villa um einen anderen Familienzweig handelt als bei den Importeuren des Rohstoffs. Nachdem in den 1840er Jahren eine erste Ladung Guano von Peru nach Liverpool verschifft worden war, nahm die Einfuhr des feinkörnigen Pulvers aus den Exkrementen von Seevögeln in die europäischen Häfen rasant an Fahrt auf. Auch in Hamburg landeten nun Schiffe mit Guano an. Einer der Hauptimporteure war das Handelshaus J.D. Mutzenbecher & Söhne. Ein Lehrling in diesem Unternehmen war Albertus Ohlendorff, der später gemeinsam mit seinem Bruder Heinrich die Firma Ohlendorff & Co. betrieb (→ Tour 1). Mit dem 1858 gegründeten Unternehmen gelang es den Brüdern, ein Monopol im Guano-Handel zu errichten und zu entsprechend großem Reichtum zu gelangen. Neben weiteren europäischen Standorten betrieben die Ohlendorff'schen Guano-Werke eine Niederlassung hier auf Steinwerder. In den verschiedenen Werken wurden zeitweilig täglich 1200 Tonnen Guano von der rund tausendköpfigen Belegschaft verarbeitet und verpackt. Als Albertus das Unternehmen schließlich unter dem Namen »Anglo-Continentale Guano-Werke« in eine Aktiengesellschaft umwandelte, schied sein Bruder Heinrich aus dem Geschäft aus. Durch den massenhaften Import von Salpeter, der die gleichen Eigenschaften besitzt wie Guano, war zu diesem Zeitpunkt bereits das Ende des Guano-Handels eingeläutet.

Guano ist ein organisches Düngemittel, das bereits von den Inkas genutzt wurde. Der Name leitet sich aus der Inka-Sprache Quechua ab und bedeutet so viel wie »Dung«. Den Arabern und Araberinnen war Guano bereits seit dem Mittelalter bekannt. Als Alexander von Humboldt 1802 die ersten Proben aus Lima nach Europa mitbrachte, war die Verwendung als Düngemittel also keine Neuentdeckung, sondern vielmehr der Anlass, Guano großflächig auch in Europa einzusetzen. Vorausgegangen war diesem Einsatz die Entdeckung des Chemikers Justus von Liebig, dass die Ernteerträge durch den Einsatz von Düngemittel mit Stickstoff, Phosphor und Kalium erheblich anstiegen. Genau diese Stoffe enthält Guano. Populär wurde der Einsatz dann durch Wissenschaftler wie Julius Adolph Stöckhardt, der in seinem »Guanobüchlein. Eine Belehrung für den deutschen Landwirth über die Bestandtheile, Wirkung, Prüfung und Anwendung dieses wichtigen Düngemittels« die direkte Verbindung zur Landwirtschaft herstellte.

Guano besteht aus den Exkrementen, Federn oder Eierschalen von Seevögeln wie dem Kormoran oder dem Pelikan. Diese ernähren sich von Fisch, was ihre Exkremente besonders phosphat- und eiweißhaltig macht. Meterhohe Schichten der Ausscheidungen hatten sich auf den Chincha-Inseln Perus im Lauf der Jahrhunderte gebildet. Der massenhafte Import von Guano führte nun zu einem ganzjährigen Abbau und ließ diese Schichten binnen weniger Jahrzehnte schwinden. Abgetragen wurde der Rohstoff sehr mühsam mit Hacken und Schaufeln und teils mittels Schießpulver gesprengt. Der dabei frei werdende Staub führte bei den Arbeitern zu Reizungen der Atemwege und der Augen, nicht selten litten sie deshalb an Lungenkrankheiten. Der Gestank des Guanos, über den sich andere Unternehmer auf Steinwerder beschwerten, dürfte also ihr geringstes Problem gewesen sein. Um das Ertragspensum zu erreichen, schufteten die Arbeiter häufig sieben Tage die Woche. Guano wurde als Schüttgut verschifft und über einen mit Segeltuch verlängerten Trichter direkt in den Laderaum oder auf Boote geschüttet, die die pastöse Ware zu den Frachtern brachten. Per Handkarren oder mittels reiner Körperkraft mussten die mit Guano gefüllten Säcke zuvor in Richtung Wasser gebracht und dort in die Trichter entleert werden.

Der Abbau von Guano in der Kolonialzeit ist untrennbar mit Zwangsarbeit verbunden. Um den hohen Bedarf an Arbeitskräften zu decken, wurden Kontraktarbeiter aus China, **»Kulis«** genannt, nach Peru verschifft. Viele von ihnen überstanden schon die mehrmonatige Überfahrt nicht lebend, kaum einer hat seine Heimat je wiedergesehen. Im südchinesischen Macau angeworben, unterzeichneten sie Verträge, mit denen sie einwilligten, jede Arbeit zu tun, die ihnen vorgeschrieben wurde. Die Fahrt nach Peru mussten sie von ihrem geringen Lohn in Raten selbst abbezahlen, bei Nichterfüllung des vorgeschriebenen Arbeitspensums oder Widerstand drohte ihnen körperliche Gewalt. So wurden die Zwangsarbeiter beispielsweise im Wasser an Bojen gekettet oder ausgepeitscht. Für viele bedeutete der Arbeitsplatz den Tod, während in Europa eine reichere Ernte zum Überleben der Bevölkerung beitrug.

Am Rohstoff Guano lässt sich die Verbindung von Kolonialismus und Industrialisierung beispielhaft ablesen. Immer mehr Menschen zogen im 19. Jahrhundert vom Land in die Städte und fanden Arbeit in den Fabriken. An Selbstversorgung war für die Landflüchtigen in den dicht bebauten städtischen Quartieren wie den berüchtigten Hamburger Gängevierteln nicht mehr zu denken. Stattdessen musste die Bauernschaft die landwirtschaftlichen Erträge enorm steigern, um die rapdie steigende Arbeiter-

→ »Kulis«/Indentur-Arbeit

Es gibt verschiedene Theorien darüber, in welcher Sprache das Wort »Kuli« seinen Ursprung hat. Im Chinesischen wird es als »bittere Kraftarbeit« übersetzt.
Die Anwerbung meist junger Chinesen fällt unter die Praktik der Indentur-Arbeit, die nach Abschaffung der Sklaverei dafür sorgen sollte, dass der Bedarf an Arbeitskräften weiter gedeckt werden konnte. Diese Form der Kontraktarbeit muss als Vertragsknechtschaft in unmittelbare Nähe zur Sklaverei gerückt werden. Vor allem in den Jahren zwischen 1850 und den 1870er Jahren wurden chinesische Männer von Macau, Kanton oder Hongkong aus nach Südamerika, Afrika oder in die Pazifikregion verschifft, um dort auf Plantagen zu arbeiten, Eisenbahnlinien zu errichten oder eben Guano und weitere Rohstoffe abzubauen. Häufig wurden die Arbeiter mittels Tricks dazu gebracht, die Arbeitskontrakte zu unterschreiben, unzählige wurden entführt und unter Gewalt zum Verlassen ihrer Heimat gezwungen. In der Seemannssprache etablierte sich für diese Art der Zwangsrekrutierung von Seeleuten auch das Wort »schanghaien«.
Die Arbeitsbedingungen waren extrem und führten häufig zu Krankheit und Tod. Auf Plantagen und in Abbaugebieten wurde in der Regel zehn Stunden und mehr gearbeitet, das Verlassen des Arbeitsplatzes war ohne Erlaubnis nicht gestattet. Die Unterbringung in unzureichenden Baracken, die mangelhafte Ernährung und die körperliche Gewalt trugen ein Übriges zu der hohen Todesrate bei. Schon auf der Überfahrt starben unzählige Zwangsarbeiter auf den Schiffen, so dass es immer wieder zu Meutereien kam.

Auch an Land setzten sich die chinesischen Arbeiter zur Wehr und leisteten Widerstand, der häufig mit dem Leben bezahlt wurde.
In der zweiten Hälfte des 19. Jahrhunderts schlugen zahlreiche Nationen Profit aus der Indentur-Arbeit. Als die chinesische Regierung von den Lebensumständen ihrer Landsleute auf kubanischen Plantagen erfuhr, setzte sie 1873 eine Untersuchungskommission ein, in deren Folge die zwangsweise Verschiffung chinesischer Arbeiter stark abnahm. Bis heute hält sich das für die unfreiwilligen Lastenträger verwendete Wort »Kuli« für Gepäckwagen an Bahnhöfen oder Flughäfen hartnäckig.

schaft in den Städten sattzubekommen. Andernfalls hätte die massenhafte Produktion von Industriegütern nicht am Laufen gehalten werden können. Der erhöhte Bedarf an Arbeitskräften zum Abbau des begehrten Düngers war eine direkte Folge des rasanten Industrialisierungsprozesses. So zeigt der Handel mit Guano exemplarisch die enge Verbindung von kapitalistischer Produktion und Zwangsarbeit.

In Hamburg wollte man diese Verbindung jedoch nicht sehen. Vielmehr prägte sich das Bild des hart arbeitenden Bauern ein, ohne dass diese Kehrseite beachtet worden wäre. 1898 brachte das Ohlendorff'sche Unternehmen einen Werbekalender heraus, auf dessen Rückseite zu lesen war: »Durch Landmanns Fleiss und Düngers Kraft wird tausenfält'ge Frucht geschafft.« Als dekorative Illustration wurden allerdings Schiffe vor den Guano-Inseln und Pelikane mit Gartenzwergen kombiniert, so dass die Spuren dieses globalen Zusammenhangs durchaus Eingang in die werblichen Bildwelten fanden.

Noch heute wird auf den küstennahen Inseln Südamerikas Guano für die Verwendung als Dünger abgebaut. Und genau wie in früheren Zeiten geschieht diese Arbeit von Hand. Der Abbau ist körperlich enorm strapaziös. Und auch für die Psyche bedeutet er eine große Belastung, denn die Arbeitenden sind für mehrere Monate auf den unbewohnten Inseln isoliert.

⟶ Wir verlassen nun das **Guanofleet** und kehren zurück auf die **Hermann-Blohm-Straße**, die in südlicher Richtung in den **Reiherdamm** mündet. Gegenüber einem auffälligen weißen Industriebau mit Rundbogenfenstern – dem **Port Center** – führt neben einem Parkplatz rechter Hand die **Nehlsstraße** auf den Kai.

3

Nehlsstraße

Wir folgen der Kaizunge bis zu einem Seezeichen an ihrem Ende und gelangen so zum **Kaiser-Wilhelm-Höft** – als »Höft« wird im niederdeutschen Sprachgebrauch die Spitze einer Landzunge bezeichnet. Auf dem Weg ist Vorsicht geboten. Um Stürze zu vermeiden, sollten die hier verlaufenden Schienenstränge möglichst rechtwinklig überquert oder das Fahrrad beim Passieren geschoben werden. Die Schienen sind an dieser Stelle inzwischen obsolet und Relikte der **Hafenbahn**, deren Anschlussgleise sich einst unter anderem hier befanden und ohne die der Gütertransport an Land in größerem Ausmaß nicht möglich gewesen wäre.

Das Kaiser-Wilhelm-Höft bildet die Spitze einer Kaizunge, die sich zwischen dem Kuhwerder Hafen im Norden und dem Kaiser-Wilhelm-Hafen im Süden erstreckt. Letzterer ist seit 2015 in erster Linie durch das Cruise Center Steinwerder geprägt, wo 8000 »Kreuzfahrer*innen« zeitgleich abgefertigt werden können. Am nördlichen Ufer des Kuhwerder Hafens hingegen blicken wir auf das Gelände einer der letzten Hamburger Werften: **Blohm + Voss** (bis 1965 »Blohm & Voss« geschrieben). Von hier aus gut sichtbar sind die beiden Schwimmdocks 5 und 12. Als Dock 5 im Jahr 1908 fertiggestellt wurde, dürfte es eine Sensation gewesen sein, galt es doch als das größte Schwimmdock der Welt.

→ Hafenbahn

Für den Hamburger Hafen war und ist die Hafenbahn unerlässlich. Seit der zweiten Hälfte des 19. Jahrhunderts bildet sie die Verbindung zwischen den Schiffen und dem europäischen Schienennetz. In früheren Zeiten war es Stückgut, heute sind es hauptsächlich Container, die mittels Eisenbahn vom Hafen oder zum Hafen transportiert werden. Für das bis dato modernste Hafenbecken der Stadt wurde 1866 ein erstes Teilstück der Hafenbahn gelegt. Es verband den Sandtorhafen mit dem damaligen Berliner Bahnhof am Deichtorplatz. Parallel zum Ausbau des Hafens erfolgte sukzessive auch der Ausbau der Hafenbahn. 1880 wurde im heutigen Südwesthafen das erste Gleisstück am Südufer der Elbe gelegt. Heute fährt die Hafenbahn auf knapp 290 Kilometern Gleisen und 160 Kilometern Anschlussgleisen mit rund 200 Zügen täglich in sämtlichen Terminals und Hafenbereichen.

Gegründet wurde die Werft bereits 1877 durch die Ingenieure Hermann Blohm und Ernst Voss. Nach anfänglichen Schwierigkeiten gelang es den Unternehmern, sich im deutschen Schiffbau zunehmend an die Spitze zu arbeiten. In der Liste der Auftraggeber finden sich fast alle bekannten Hamburger Reedereien wie Laeisz, Woermann, HAPAG und Hamburg Süd. Großen Erfolg brachten Blohm + Voss aber auch die Auftragsarbeiten für

→ Linienschiff

Der Begriff »Linienschiff« bezeichnet nicht nur ein Schiff mit regelmäßiger Verbindung zwischen verschiedenen Orten, sondern ist auch die historische Bezeichnung für einen bestimmten Typ von Kriegsschiff. Die Schiffe segelten die Formation der »Kiellinie«, bei der sich ein Schiff immer genau im Kielwasser des vorderen Schiffs befindet. Vom 17. bis ins frühe 20. Jahrhundert hielt sich der Begriff, nach Ende des Ersten Weltkriegs setzte sich dann die Bezeichnung »Schlachtschiff« durch.

die Kaiserliche Marine. So trugen viele Schiffe, die hier vom Stapel liefen, das Kürzel »S.M.S.« für »Seiner Majestät Schiff«.

Kaiser Wilhelm II. maß der Marine einen überaus hohen Stellenwert zu, und hierin liegt auch die persönliche Verbindung des Kaisers zur Werft. Als 1899 mit der S.M.S. »Kaiser Karl der Große« das größte bis dahin je bei Blohm + Voss gebaute **Linienschiff** vom Stapel lief, hielt der Kaiser persönlich die Taufansprache.

In dieser Taufrede sprach er die Worte: »Bitter not ist uns eine starke deutsche Flotte.« Durch den verstärkten Überseehandel und die deutschen Kolonien gewann die Kaiserliche Marine erheblich an Bedeutung, in einer großen Seeflotte sah der Kaiser seinen Wunsch nach globaler Expansion und imperialer Macht verwirklicht. 1895 wurde der Kaiser-Wilhelm-Kanal (heute Nord-Ostsee-Kanal) eingeweiht, der eine Verbindung zwischen den atlantischen Meeren schuf. Doch als glühender Verehrer der Marine wollte der Kaiser in seinem Großmachtstreben mit seiner Flotte in die ganze Welt. Die Kaiserliche Marine sollte an der Spitze aller Seestreitmächte in Europa stehen. Hierdurch sah sich Großbritannien als Land mit der größten Seeflotte bedroht. Die Folge war ein **Wettrüsten** der beiden Mächte, das zumindest als Wegbereiter zum Ausbruch des Ersten Weltkriegs gesehen werden kann.

Im Zuge des Ersten Weltkriegs versuchte sich Blohm + Voss nun auch im U-Boot-Bau, der für den Krieg immer unentbehrlicher wurde. Diesen setzte die Werft auch im Zweiten Weltkrieg unter Einsatz von Zwangsarbeit und Inhaftierten der Konzentrationslager fort. 1944 wurde zu diesem Zweck auf dem Werftgelände ein Außenlager des KZ Neuengamme eingerichtet.

Auch wenn das Unternehmen zahlreiche Frachten- und Passagierschiffe baute, blieben Kriegsschiffe auch nach den beiden Weltkriegen fester Bestandteil des Bauprogramms der Werft.

Kaiser-Wilhelm-Hafen, 1906

Stapellauf der »Bismarck« 1914 bei Blohm+Voss

Im Zusammenhang damit steht ein Ereignis vom 13. Oktober 1969. Zwei Hamburger Studenten, die bis heute anonym geblieben sind, verübten einen Bombenanschlag auf die im Bau befindliche Korvette »João Coutinho«. Verletzt wurde durch die Bombe niemand, einzig eine Schute wurde komplett zerstört. Die Aktion führte allerdings dazu, dass die Korvette erst mehrere Monate später an ihre Auftraggeberin, die portugiesische Regierung unter dem Diktator António de Oliveira Salazar, ausgeliefert werden konnte. Portugal hatte gleich drei Kriegsschiffe bei Blohm + Voss geordert. Trotz großer Proteste ließ die Werft nicht wieder von ihrem Rüstungsdeal ab. Die Korvetten sollten insbesondere im Krieg gegen die Unabhängigkeitsbewegung in Angola und Mosambik zum Einsatz kommen, wo die Bevölkerung nach Jahrzehnten unter europäischer Fremdherrschaft nach Unabhängigkeit strebte. In Kooperation mit portugiesischen Aktivisten und Aktivistinnen sowie der Freiheitsbewegung MPLA (»Movimento Popular de Libertação de Angola« – »Volksbewegung zur Befreiung Angolas«) sollte das Attentat im Kampf für die Freiheit und gegen den Krieg einen Beitrag leisten. Doch der Anschlag wurde – anders als erwartet – nicht in die mediale Öffentlichkeit getragen, sondern ging mangels Berichterstattung einfach unter. Auch der Einsatz der Korvetten konnte nicht verhindert werden. Nichtsdestotrotz konnte Angola 1975 die Unabhängigkeit ausrufen.

→ Deutsch-Britisches Flottenwettrüsten

Großbritannien setzte seiner Royal Navy seit dem Ende des 19. Jahrhunderts das Ziel, immer so stark zu sein wie die beiden nach ihr folgenden Seeflotten zusammen. Als sogenannter »Two-Power-Standard« sicherte diese Maxime Großbritannien die Spitzenposition unter allen Seeflotten weltweit. Als das Deutsche Reich unter Kaiser Wilhelm II. nun begann, seine Flotte erheblich auszubauen, fühlten sich die Briten bedroht. Es begann ein Wettrüsten zwischen den beiden europäischen Mächten. Aber wenngleich es dem Kaiser gelang, seine Flotte bis 1914 zur zweitstärksten der Welt zu machen, musste das Deutsche Reich sich spätestens mit Ende des Ersten Weltkriegs auch zur See geschlagen geben.

→ Es geht nun zurück auf den **Reiherdamm**, dem wir in östlicher Richtung weiter folgen. Nach einer sanften Linksbiegung führt uns der Weg über die **Argentinienbrücke**. Hier lohnt sich ein kurzer Zwischenstopp.

4

Afrikastraße

Von der **Argentinienbrücke** in Richtung Norden fällt der Blick auf die Silhouette der Stadt. Das Rathaus, die Elbphilharmonie und alle fünf Hauptkirchen sind zu sehen. Die Brücke überquert an dieser Stelle den Reiherstieg, einen Seitenarm der Elbe. Unterhalb der Brücke am westlichen Ufer befindet sich das Gelände der Firma H.D. Cotterell. Sie wurde 1890 in Hamburg gegründet, um Waren wie Kakao oder Kautschuk zu lagern. In Liverpool geboren, kam der Gründer Harry Dougan Cotterell 24-jährig in die Hansestadt, die damals einen der wichtigsten Häfen der Welt besaß. Die Firma existiert noch heute in Familienbesitz und gehört damit zu den ältesten Quartiersmannbetrieben der Stadt. Von der Argentinienbrücke führt der Weg direkt auf den Veddeler Damm, dem wir ein Stück folgen, bis es linker Hand in die Straße **Am Windhukkai** geht. Vorbei am **Kamerunweg** folgen wir der Straße und biegen erneut links in die **Afrikastraße** ein.

In westlicher Richtung befindet sich hier der **Südwesthafen**. Fast sinnbildlich steht der Name »Südwest« für den deutschen Kolonialismus, denn die Kolonie »Deutsch-Südwestafrika« war der Ausgangspunkt des deutschen Kolonialreichs. Ihre Entstehung war, anders als propagiert, wenig glorreich, denn sie basierte auf einem Betrug, dem sogenannten »Meilenschwindel«. Der Bremer Tabakhändler Adolf Lüderitz hatte es auf eine Bucht abgesehen, die zum Land der Nama gehörte. Im Jahr 1883 verhandelte er mit deren Kaptein Joseph Frederiks darum, und sie einigten sich auf den Landkauf. Der Führer der Nama, dem die britische Maßeinheit durchaus vertraut war, ging bei dem Deal von britischen Meilen aus. Lüderitz dagegen beanspruchte die um gut ein Vierfaches längeren deutschen Meilen. So mussten die Nama letztlich ein Stück Land verkaufen, das deutlich größer war, als sie gedacht hatten. Dieses Land wurde vom Deutschen Reich im Folgejahr »unter Schutz gestellt« und so zum ersten deutschen **»Schutzgebiet«** erklärt.

Der Südwesthafen hat seinen Namen allerdings nicht zur Zeit der Entstehung des deutschen Kolonialreichs erhalten, sondern erst in den 1920er Jahren. Zu einem Zeitpunkt, als das deutsche Kolonialreich gar nicht mehr existierte, wurden also die Namen Südwesthafen, Togokai, Kamerunkai oder Windhuk-

→ **»Schutzgebiet«**

Otto von Bismarck und das Deutsche Reich sprachen mit Blick auf die deutschen Kolonien von »Schutzgebieten«. Dieser Begriff ist irreführend, denn letztlich sollte nicht das Gebiet an sich, ähnlich einem Naturschutzgebiet, geschützt werden, geschweige denn dessen Bevölkerung. Vielmehr ging es um den Schutz des Handels vor Konkurrenz und damit um den Schutz der deutschen Wirtschaft. Von diesem Begriff leitete sich auch der Name »Schutztruppen« für die in den Kolonien eingesetzten Soldaten ab. Angesichts der Gewalttaten, die durch die »Schutztruppen« verübt wurden, führt sich der Begriff noch ein weiteres Mal ad absurdum.

kai vergeben. Auch nachdem die Kaianlagen längst aufgegeben sind, leben die Namen in Form von Straßen wie Am Windhukkai oder Kamerunweg weiter. Interessanterweise bestand für Kolonien innerhalb der deutschen Gesellschaft nach dem Ende des Kolonialreichs eine erhebliche Begeisterung, wenn auch nie so allumfassend, wie sich das mancher Agitator gewünscht hätte. Sowohl in der Politik als auch in der Gesellschaft machte sich in dieser Zeit ein teils nostalgischer Kolonialrevisionismus breit, der durch Reden, Schriften und Denkmäler genährt wurde. Neben den Namen der Kaianlagen prägten seit den 1920er Jahren auch zunehmend koloniale Denkmäler das Hamburger Stadtbild. Das Wissmann-Denkmal etwa fand einen neuen Platz am Hauptgebäude der Universität. In den 1930er Jahren folgte ihm das Denkmal Hans Dominiks. Mit dem »Deutsch-Ostafrika-Kriegerdenkmal« und dem »Deutsch-Ostafrika-Ehrenmal« fertigte der Bildhauer Walter von Ruckteschell gleich zwei koloniale Denkmäler, die bis heute in Hamburg-Jenfeld bzw. in Aumühle zu besichtigen sind (→ **Thema: koloniale Denkmäler**). Walter von Ruckteschell war Adjutant von Paul von Lettow-Vorbeck, dem Kommandeur der deutschen Besatzungstruppen in der Kolonie »Deutsch-Ostafrika« (→ **Thema: ehemalige Lettow-Vorbeck-Kaserne**). Letzterer veröffentlichte 1920 mit **Heia Safari** ein gewaltverherrlichendes Jugendbuch mit Schauplatz in Ostafrika, für das von Ruckteschell die Illustrationen lieferte. 1926 erschien mit Hans Grimms Roman **Volk ohne Raum** ein weiteres kolonialrevisionistisches Buch. Es schilderte auf über tausend Seiten das bewegte Leben des Deutschen Cornelius Friebott in Südafrika und »Deutsch-Südwestafrika«.

Neben Denkmälern und Literatur entstanden Sammelbilder, Briefmarken und Werbeplakate, allesamt mit dem Ziel, propagandistisch für die Rückgewinnung der deutschen Kolonien zu werben. Nach der Niederlage Deutschlands im Ersten Weltkrieg war im Versailler Vertrag rechtlich fixiert worden, dass das Reich seine Kolonien abzugeben habe. Daraufhin machte das Wort von der

→ **»Heia Safari« und »Volk ohne Raum«**

In »Heia Safari« schildert Lettow-Vorbeck die Kriegsereignisse in »Deutsch-Ostafrika«. Sein gewaltverherrlichendes Buch richtete sich insbesondere an die Jugend. In der NS-Zeit stiegen die Verkaufszahlen an, das Buch ließ sich als nationalistisches »Heldenepos« vermarkten, und große Teile der Kriegsgeneration wuchsen damit heran. »Heia Safari« verkaufte sich über 280 000 Mal und erschien in mehreren Auflagen – die neunte und letzte 1952. Der Roman »Volk ohne Raum« von Hans Grimm lieferte den Nationalsozialisten schon im Titel die Schlagworte zur Legitimation des Kriegs und für die Ideologie der »Raumnahme«. Den dem deutschen Volk angeblich fehlenden »Raum« gelte es, für dieses zu erkämpfen. Grimm, der um 1900 einige Zeit als Kaufmann in Südafrika gelebt hatte, verortete diesen »Raum« auf dem afrikanischen Kontinent. In der NS-Zeit verkaufte sich das Buch 600 000 Mal und trug dazu bei, den Mythos vom »Volk ohne Raum« zu etablieren.

»Kolonialschuldlüge« der Siegermächte die Runde. Diese hatten dem Deutschen Reich die Fähigkeit, Kolonien zu führen, abgesprochen. In ihren Augen hatten die Deutschen bei der angestrebten »Zivilisierungsmission« versagt, unter anderem wegen der großen Brutalität, mit der die deutschen Soldaten gegen die kolonisierte Bevölkerung vorgegangen waren. Diese Ansicht wollten indes viele nicht auf sich sitzen lassen. Das betraf insbesondere die Mitglieder der Deutschen Kolonialgesellschaft und diverser Kolonialvereine, aber auch viele Akteure aus der Politik. »Das Deutsche Reich muß unbedingt den Erwerb von Kolonien anstreben. Im Reiche selbst ist zu wenig Raum für die große Bevölkerung. Gerade die etwas wagemutigen, stark vorwärtsstrebenden Elemente, die sich im Lande selbst nicht betätigen konnten, aber in den Kolonien ein Feld für ihre Tätigkeit finden, gehen uns dauernd verloren. Wir müssen für unser Volk mehr Raum haben und darum Kolonien«, so formulierte etwa der spätere Bundeskanzler Konrad Adenauer im Jahr 1927. Für die filmische Verherrlichung der Kolonialzeit im Nationalsozialismus steht beispielhaft der Propagandafilm »Carl Peters« von 1941 mit dem Hamburger Schauspieler Hans Albers in der Hauptrolle (→ Tour 3).

Ursprünglich trug der »Südwesthafen« den Namen »Petroleumhafen«. Nach wie vor findet am »Südwest-Terminal« Hafenumschlag in kleinerem Umfang statt.

→ Wir kehren nun zurück auf die Straße **Am Windhukkai** und folgen dieser nach links in östlicher Richtung. Nach Überquerung eines Bahnübergangs kommen wir in den Bereich der sogenannten **50er Schuppen**.

5

»50er Schuppen« und Viermastbark »Peking«

Das Ensemble der »50er-Schuppen« wurde 1908 bis 1911 erbaut. In der **Australiastraße**, in der wir uns jetzt befinden, beginnt das Ensemble in östlicher Richtung mit den Schuppen 50A und 50B. In Schuppen 50A ist das **Deutsche Hafenmuseum (im Aufbau)** untergebracht. Daran anschließend folgen die Schuppen 51A und B sowie ein Beamtenwohnhaus bestehend aus fünf Wohnungen, die für leitende Hafenbeamte und deren Familien vorgesehen waren. Die Schuppen in östlicher Richtung sind zum Bremer Kai am Hansahafen ausgerichtet. In westlicher Richtung befand sich zur Bauzeit der zum **Indiahafen** ausgerichtete Australiakai. Der Indiahafen existiert heute nicht mehr, er wurde 1997 zugeschüttet. Schuppen 53A und B haben die Zeit nicht überdauert, an ihrer Stelle befindet sich ein Zollamt. Daran anschließend haben sich die Schuppen 52A und B glücklicherweise erhalten. Insbesondere der Kopfbau von Schuppen 52A sticht durch seine repräsentative Architektur heraus.

Schuppen 52A

Mit einer Länge von 271 Metern und einer Tiefe von 48 Metern boten die Schuppen ausreichend Platz für die Zwischenlagerung von Waren. In den Kopfbauten waren Büro- und Verwaltungsräume eingerichtet, außerdem Sanitär- und Aufenthaltsräume für die Arbeiter. Fast sakral muten die Bauten mit erhöhtem Mittelschiff an. Durch diese Bauweise kam stets ausreichend Licht in den Innenraum. Erlebbar wird dieser Eindruck bei einem Besuch des Hafenmuseums. Seit den späten 1960er Jahren verloren die Schuppen im Zuge des Strukturwandels des Hafens durch die Einführung des Containers zunehmend an Bedeutung. Seit 2002 steht das Ensemble unter Denkmalschutz.

An dieser Stelle lohnt es sich, das Fahrrad abzustellen und das öffentlich zugängliche **Außengelände des Hafenmuseums am Hansahafen** zu besuchen. Im kolonialen Hamburg war die Straße zwischen den Schuppen als Allee angelegt. Heute herrscht hier insbesondere werktags reger Betrieb, daher gehen wir am Eingang des Hafenmuseums vorbei um den Kopfbau des Schuppens herum. Über eine Treppe an der Flutschutzwand gelangen wir zum Bremer Kai mit seinen zahlreichen Kränen, Eisenbahnwagen und Schiffen.

Der Aufenthalt auf dem Gelände ist kostenfrei, für die Begehung der historischen Schiffe sowie des Schuppens braucht es jedoch eine Eintrittskarte. Bis in die 1960er Jahre legten hier Schiffe auf dem Weg nach Südamerika oder von dort aus kommend an. Die Kräne an dieser Stelle sind **Vollportalkräne**, wie sie beispielsweise auf Kampnagel hergestellt wurden. In der Kaiserzeit waren zunächst Halbportalkräne üblich, die »zweibeinig« auf Schienen rangiert wurden und mit einem Arm am Schuppen befestigt waren. Unübersehbar am Bremer Kai ist die **Viermastbark »Peking«**.

Im September 2020 waren an zahlreichen Aussichtspunkten am Hamburger Elbufer Trauben von Menschen zu sehen, die sich ihren Platz mit Blick auf den Strom aus einem ganz bestimmten Grund gesichert hatten: Sie alle wollten die Rückkehr der Viermastbark »Peking« nach Hamburg mitverfolgen.

Die Begeisterung über das für rund dreißig Millionen Euro sanierte Segelschiff war in den Medien und der Öffentlichkeit in der ganzen Stadt spürbar. Die Geschichte der »Peking« muss allerdings von zwei Seiten aus erzählt werden. Einerseits ist das heutige Museumsschiff ein Sinnbild für den Höhepunkt der Segelschifffahrt, die aufstrebenden Reeder der Stadt und die Handelsmacht Hamburgs zu Beginn des 20. Jahrhunderts. Untrennbar damit verbunden steht es aber mindestens genauso für die Salpeterfahrt und damit für die Ausbeutung eines Rohstoffs, die menschenunwürdige Behandlung der Salpeter-Arbeiter und deren Widerstand gegen koloniale Machtpraktiken.

→ Viermastbark

Der Begriff »Viermastbark« bezieht sich auf die Takelung des Segelschiffs. Während die vorderen drei Masten über Rahsegel verfügen, die waagerecht zum Mast an den runden Rahen angebracht sind, befinden sich am hinteren Mast Schratsegel. Diese werden längs zum Schiff gesetzt. In der zweiten Hälfte des 19. Jahrhunderts waren Barken weit verbreitet und kamen wie die »Peking« als Frachtensegler zum Einsatz. Neben Viermastbarken gab es auch Drei- und Fünfmastbarken.

Hansahafen um 1908

Seit der Naturwissenschaftler Thaddäus Haenke um die Wende vom 18. zum 19. Jahrhundert auf einer Forschungsreise die Verwendungsmöglichkeit von Salpeter als Düngemittel entdeckt hatte und auch die Verwendbarkeit für die Herstellung von Sprengstoff bekannt wurde, brach sich die Salpeterfahrt Bahn. Handelsleute aus Europa und Südamerika erkannten, wie gewinnbringend das natürliche Nitrat eingesetzt werden konnte. Nach dem Abbau und Auslaugen wurde Salpeter in Säcken verschifft.

Der »Run« auf Salpeter forcierte in Südamerika die konkurrierenden Ansprüche auf das Land, in dem er abgebaut werden konnte. Diese Konkurrenz mündete schließlich ab 1879 in den rund fünf Jahre währenden Salpeterkrieg zwischen Chile auf der einen und Peru sowie Bolivien auf der anderen Seite, an dessen Ende sich Chile die Vorherrschaft sichern konnte. Neben chilenischen waren es vor allem deutsche und britische Unternehmen, die in der Atacama-Wüste insgesamt rund neunzig Salpeterwerke betrieben. Zu ihnen gehörten auch die Hamburger Unternehmen der Familie Sloman und die Firma Martin & Fölsch. Rentabel war das Salpetergeschäft nicht nur wegen der großen Nachfrage, sondern auch durch die für die Unternehmer äußerst gering bezahlten Arbeitskräfte. Echten Lohn erhielten die Arbeiter häufig nicht. Vielmehr wurden sie mit Gutscheinen bezahlt, die sie in den werkseigenen Lebensmittelläden eintauschen konnten. Und hier waren die Preise wiederum deutlich überhöht. Hinzu kamen menschenunwürdige Arbeitsverhältnisse (→ Tour 1).

Angesichts dieser Bedingungen entschieden sich einige Arbeiter schließlich, für ihre Rechte zu kämpfen, und traten im Dezember 1907 in den Streik.

Rückkehr der »Peking« nach Hamburg, 2020

Ausgehend von den Eisenbahnführern der Salpetertransporte legten immer mehr Menschen ihre Arbeit nieder und machten sich in die Region auf, in der die meisten Unternehmer lebten: in die Hafenstadt Iquique. Noch konnten sie da allerdings nicht ahnen, dass dieser Streik für viele von ihnen tödlich enden würde. Die darauffolgenden Ereignisse gelten bis heute als Unglückstag in der Geschichte der Arbeiterbewegung Chiles und sind als »Massaker von Iquique« in die Geschichte eingegangen.

Nachdem die Streikenden Iquique nach einem mehrstündigen Fußmarsch erreicht hatten, erhielten sie weiteren Zulauf von Menschen aus dem Umland, die an ihrer Seite gegen die Großgrundbesitzer kämpfen wollten. Mehrere Tausend Menschen – Männer, Frauen und Kinder – versammelten sich schließlich rund um die Schule Santa Maria. Um dem Einhalt zu gebieten, stellte das chilenische Militär Waffen auf dem Platz vor der Schule auf. Doch die Widerstandleistenden weigerten sich zu gehen. Daraufhin schoss das Militär wahllos in die Menge und setzte das Töten im Schulgebäude, in dem sich viele Schutzsuchende aufhielten, fort. An diesem Tag wurden an die 2000 friedlich demonstrierende Menschen ermordet. Krieg und Gewalt sind Teil der Geschichte der Salpeterfahrt und somit auch Teil der Geschichte der »Peking«.

In der Hamburger Werft Blohm & Voss erbaut, wurde das Schiff 1911 vom Stapel gelassen und kam als Frachtensegler der Reederei Laeisz insbesondere zwischen Hamburg und Chile zum Einsatz. Etwa ein halbes Jahr war die Besatzung auf dieser Route unterwegs und musste dabei die Fracht gleich zweimal sicher um das Kap Horn verschiffen. Lukrativ war insbesondere die Ware, die von Chile aus in die Hansestadt gelangte. Denn die »Peking« hatte jeweils bis zu 4700 Tonnen Salpeter an Bord.

Eine Spezialität der Reederei Laeisz waren die »Flying-P-Liner«, eine Serie von Segelschiffen, zu der auch die »Peking« gehörte und die durch ihre Modernität den Höhepunkt der Segelschifffahrt markierte. Die »Peking« gehört zu den vier erhaltenen »Flying-P-Linern«. Auch die »Passat« und die »Pommern« dienen heute als Museumsschiffe, lediglich die »Padua« sticht unter dem Namen »Kruzenstern« noch immer in See.

Auch von Land aus gut sichtbar sind die **drei erhöhten Decks**, die den Großsegler zu einem »Drei-Insel-Schiff« machen. Das Hauptsteuer steht mittschiffs auf dem Brückendeck, ein verhältnismäßig ruhiger und sicherer Standort, der bestmögliche Sicht erlaubte. Die Fracht wurde im Laderaum und im Zwischendeck untergebracht. In Hamburg wurden in erster Linie Baumaterialien und Kohle geladen, in Chile dann der begehrte Salpeter. Während des Ersten Weltkriegs wurde das Schiff von den Briten in Valparaiso beschlagnahmt. Eine Seeblockade verhinderte den Salpeterimport nach Deutschland vollständig, was die Abhängigkeit von diesem Rohstoff deutlich machte und maßgeblich dazu beitrug, die Forschungen zur Herstellung synthetischen Salpeters voranzutreiben. Im Auftrag der BASF gelang es schließlich dem Chemiker und späteren Nobelpreisträger Fritz Haber zusammen mit seinem Kollegen Carl Bosch, die Forschungsergebnisse umzusetzen.

Auch wenn die Salpeterfahrt damit nicht umgehend abbrach, war ihr langsames Ende doch eingeläutet. Die »Peking« war bis 1932 als Frachtensegler im Einsatz. Im Anschluss fand sie eine neue Funktion als Internatsschiff in Großbritannien, bevor sie in den 1970er Jahren als Exponat im South Street Seaport Museum in New York City bewundert werden konnte. 85 Jahre nach seiner Außerdienststellung wurde der betagte Großsegler durch die Stiftung »Hamburg Maritim« zurück nach Deutschland geholt und originalgetreu restauriert. Er liegt heute als Museumsschiff im Hansahafen und kann im Rahmen von Führungen besucht werden. Dort kann die »Peking« nun stellvertretend für ihre Zeit die Geschichte des Salpeterhandels erzählen, die sichtbare wie die unsichtbare.

6

O'Swaldkai

Wir setzen unseren Weg entlang des Bremer Kais weiter fort und gelangen so zum **Hansahöft** an der Spitze der Kaizunge. An dieser Stelle ist die Balustrade noch historisch, und von hier aus eröffnet sich ein lohnender Blick ans nördliche Elbufer. Früher gab es an diesem Ort einen Fähranleger, der die Arbeiter von den Landungsbrücken aus hierherbrachte. Noch zu finden ist ein Hinweis auf die ursprüngliche Breite der Kaianlagen. Diese wurden im Lauf der Jahre nämlich deutlich vergrößert. Mitten auf der Wiese sehen wir Poller, die inzwischen gänzlich obsolet geworden sind. Einst befanden sie sich jedoch genau an der Kaikante und dienten dem Festmachen der Schiffe.

Mit Blick in östlicher Richtung ist der **O'Swaldkai** zu sehen. Noch immer wird hier Hafenwirtschaft betrieben. An der Spitze der Kaizunge befindet sich ein **»Ro-Ro-Terminal«**. Die Abkürzung steht für »Roll on – Roll off« und bezeichnet den Verladevorgang insbesondere von Autos. Massenhaft Pkw werden hier in die voluminösen Schiffsbäuche verladen und beispielsweise in Richtung der afrikanischen Westküste verschifft. Etwas

Kräne am Bremer Kai

Segelschiffhafen um 1910

weiter südlich an das Ro-Ro-Terminal anschließend befindet sich das **Frucht- und Kühlzentrum der HHLA**, wo bis heute Südfrüchte, insbesondere Bananen, umgeschlagen werden.

Auch der O'Swaldkai ist in seiner heutigen Größe durch das Zuschütten eines ehemaligen Hafenbeckens entstanden. Bis in die 1970er Jahre befand sich in östlicher Richtung der **Segelschiffhafen**, von dem lediglich eine kleine Aussparung erhalten ist.

Benannt ist die Kaianlage nach dem Hamburger Kaufmann William Henry O'Swald (1832–1923). Neben seinem Kaufmannsberuf war er zeitweilig Senator und zweiter Bürgermeister der Hansestadt. Das Wappen seiner Familie ist an der Fassade des Hamburger Rathauses verewigt (→ Tour 1).

Sein Vater William O'Swald (1798–1859) war es, der 1831 das Handelshaus Wm. O'Swald & Co. gründete, das nach dessen Tod von seinen Söhnen Albrecht Percy und William Henry weitergeführt wurde. Geboren wurde der Firmengründer als Wilhelm Oswald. Vielleicht um seinem Namen einen weltmännischen Klang zu verleihen, wählte er die englischsprachige Form seines Vornamens und verpasste dem Nachnamen einen eigenwilligen Apostroph.

William O'Swald jun. war ein Verfechter der kolonialen Idee. Ende des 19. Jahrhunderts initiierte er die Gründung eines Hamburger Ablegers der »Deutschen Kolonialgesellschaft«, die 1887 in Berlin gegründet worden war. Zweck der Gesellschaft war es, die Kolonien auszubauen und die deutsche Bevölkerung propagandistisch von deren Nutzen zu überzeugen.

Es mag wenig verwundern, dass der Kaufmann sich für den überseeischen Handel starkmachte, hatte sein Handelshaus doch seit Mitte des 19. Jahrhunderts Niederlassungen in Ostafrika. Auf Sansibar gehörte die Firma O'Swald neben Hansing & Co. und H.C. Meyer zu den einzigen deutschen Händlern, die hier längerfristig Fuß fassen konnten. Sansibar war schon seit dem 17. Jahrhundert unter – zumindest informeller – Herrschaft des Sultans von Oman. 1840 verlegte dieser seinen Regierungssitz auf die ostafrikanische Insel. William Henry O'Swald junior war 1859 maßgeblich an Verhandlungen mit dem Sultan Madjid bin Said beteiligt. Neben den USA, Großbritannien und Frankreich gewährte dieser nun auch den hanseatischen Städten Hamburg, Bremen und Lübeck Verträge, die es den Kaufleuten erlaubten, ihre Schiffe auf Sansibar festzumachen, dort Handel zu treiben und Niederlassungen zu gründen. Auf Waren hatten sie maximal fünf Prozent Zoll an den Sultan zu entrichten.

Gehandelt wurde unter anderem mit Elfenbein, das aus dem Landesinneren an die Küste transportiert werden musste. Als Träger der oft langen Karawanen wurden Versklavte eingesetzt (→ **Tour 1**). Sansibar war insgesamt eng mit dem internationalen Versklavungshandel verknüpft. Seit dem 18. Jahrhundert existierte hier ein Umschlagplatz für den Menschenhandel, der diese Funktion erst 1873 verlor. Die Versklavung selbst wurde gar noch einige Jahre später verboten. Versklavte Menschen mussten häufig auf den Plantagen oder als Hausangestellte arbeiten. So ist davon auszugehen, dass auch die Hamburger Handelshäuser versklavte Menschen in ihren Niederlassungen zur Arbeit zwangen.

Handelsgüter waren neben Elfenbein auch Kopra, Gewürznelken und Zucker. Nicht zuletzt das Importgeschäft blühte aus Sicht der deutschen Kaufleute. Waffen und Munition, die ihrerseits wiederum für die Elefantenjagd eingesetzt werden konnten, wurden massenhaft aus Europa verschifft. In der Regel stammte das Kriegsgerät aus Armeebeständen und war ausgemustert worden, die Gewehre waren entsprechend häufig nicht sicher. Ein spezielles Handelsgut allerdings sollte insbesondere das Handelshaus O'Swald zu großem Reichtum bringen: die Kaurischnecke. Kauris fanden sich an den Küsten Sansibars zuhauf. In Westafrika hingegen dienten sie als Währung.

Als Erster witterte vermutlich der Hamburger Kaufmann Adolph Jacob Hertz das Geschäft mit dem **Kaurigeld**, aber es dauerte nicht lange, bis O'Swald die Idee aufgriff. Die Kaurischnecken wurden für wenig Geld auf Sansibar erworben, um das Kap

→ Kaurigeld

Jahrhundertelang dienten Muscheln in unterschiedlichen Weltregionen von China über Indien, Westafrika bis Nordamerika als Geld und wurden im Tausch gegen Waren als Währung eingesetzt. Im Falle der Kauris ist es allerdings falsch, von »Muscheln« zu sprechen. Zwar gehören sie wie diese zur Gattung der Mollusken (Weichtiere), stellen jedoch vielmehr eine Schneckenart dar. Es existieren rund 200 Arten der Meeresschnecke, von denen allerdings in erster Linie zwei als Tauschmittel von Wert waren. In den flachen Lagunen der Malediven wurden die Schnecken von Steinen und Treibgut getrennt, im Anschluss vom Fleisch befreit und schließlich gesäubert. Auf komplizierten Wegen gelangten sie über indische Händler nach Westafrika. Den Wert der Naturwährung bestimmte unter anderem die Entfernung von der Küste, an der mit ihr gehandelt wurde. Ab Mitte des 19. Jahrhunderts stiegen auch europäische Kaufleute in den Kaurihandel ein. Vermehrt wurde nun die Ring-Kaurischnecke aus Sansibar exportiert. Teils wurden die Schnecken sogar als Ballast für die Segelschiffe genutzt. Das Schiff ließ sich damit sicher steuern, und der »Kauri-Ballast« konnte im Gegensatz zu Sand oder Kies am Zielort zu Geld gemacht werden. Die Währung hatte zudem den Vorteil, dass sie enorm fälschungssicher war. Allerdings war mit der massenhaften Verschiffung der Kaurischnecken durch die Europäer auch der Wertverfall der Währung eingeläutet. Zwar behielt sie als Kleingeldersatz noch bis ins 20. Jahrhundert hinein in manchen Regionen ihre Funktion, jedoch lösten Münzen die Kauris zunehmend ab.

der Guten Hoffnung verschifft und dort gegen wertvolle Waren und Rohstoffe eingetauscht. In der zweiten Hälfte des 19. Jahrhunderts hatte diese unlautere Art des Handels inflationäre Wirkung, das Kaurigeld verlor an Wert und verschwand allmählich.

Ebenfalls in jener Zeit wurde der Expansionsdrang der deutschen wie der britischen Kolonialmacht immer größer. 1885 hatten die Deutschen die Kolonie »Deutsch-Ostafrika« gegründet. Die »Deutsch-Ostafrikanische Gesellschaft« (DOAG) war mit ihrem Aufbau beauftragt. Das Sultanat verlor unter Sultan Sayyid Khalifa zunehmend an Einfluss. Im Sommer 1890 regelte der »Vertrag zwischen Deutschland und England über die Kolonien und Helgoland« (häufig als **»Helgoland-Sansibar-Vertrag«** bezeichnet) die Herrschaft über das Gebiet. Der Sultan blieb zwar formell im Amt, tatsächlich wurde Sansibar aber britisches Protektorat und damit Teil des britischen Kolonialreichs.

→ **»Helgoland-Sansibar-Vertrag«**
Die verkürzte Bezeichnung des »Vertrags zwischen Deutschland und England über die Kolonien und Helgoland« als »Helgoland-Sansibar-Vertrag« stellt Helgoland und Sansibar in eine unmittelbare Beziehung zueinander. Folge dessen ist die noch immer weit verbreitete Legende, das Deutsche Reich habe Helgoland im Tausch mit den Briten gegen Sansibar erhalten. Sansibar war aber bis zum Vertragsabschluss ein von beiden Kolonialmächten unabhängiges Sultanat. Da Sansibar nie zum Besitz des Deutschen Reichs gehört hat, kann von einem Tausch keine Rede sein. Tatsächlich regelte der Vertrag in erster Linie die formellen Belange der deutschen und britischen Kolonien in Ostafrika. Im letzten Artikel (Artikel 12) wurde zudem die Abgabe der Insel Helgoland an den deutschen Kaiser festgehalten.

→ Wir kehren nun zurück an unseren Ausgangspunkt und verlassen das großzügige Areal des Hafenmuseums. Vorbei an einem Backsteingebäude gelangen wir zurück auf den **Veddeler Damm**. Diesem folgen wir nach links in östlicher Richtung. Bei der Abzweigung in die **Dessauer Straße** haben wir die Möglichkeit, den verkehrsreichen Veddeler Damm zu überqueren, worauf bald eine kleine Straße rechter Hand in Richtung der S-Bahn-Station und des Stadtteils **Veddel** führt. Auf dem Weg dorthin befinden sich noch Relikte des einstigen Freihafens in Form einer ehemaligen Zollstation. Hier angekommen, geht es rechts durch eine Unterführung bis zum **Wilhelmsburger Platz**. Wir überqueren die **Wilhelmsburger Brücke** rechter Hand und machen Halt in einer kleinen Grünanlage, dem **BallinPark**.

Wappen des Senators O'Swald an der Rathaus-Fassade

7

BallinPark und Aurubis

Der BallinPark ist eng verknüpft mit der Geschichte der Auswanderung von Europäern und Europäerinnen in die »Neue Welt«. Im Jahr 2007 eröffnete auf der Veddel mit der **»Ballinstadt«** ein Museum, das sich der Auswanderung von Hamburg aus insbesondere nach New York widmet. Untergebracht ist das Museum in den »Auswandererhallen«, die seit 1901 an dieser Stelle erbaut und für die Dauerausstellung rekonstruiert wurden.

Durch die Auswandererhallen gewann Hamburg seit dem frühen 20. Jahrhundert als Ausgangspunkt für die Auswanderung nach Amerika an Bedeutung. Es handelte sich hierbei um eine »Stadt in der Stadt« auf gut 50000 Quadratmetern. Neben den Unterkünften für etwa 5000 Menschen verfügte die Anlage über eine Speisehalle mit Küche, eine Kirche und eine Synagoge. Initiator war der Reeder Albert Ballin (1857–1918). Als Sohn eines Auswanderer-Agenten hatte dieser zu Beginn seiner Karriere die kleine Agentur des Vaters übernommen. 1886 stieg er in die Reederei »Hamburg-Amerikanische Packetfahrt-Actien-Gesellschaft« (HAPAG) ein. Hier gelang ihm binnen kurzer Zeit ein steiler beruflicher Aufstieg. Bereits 1899 wurde er Generaldirektor und machte die HAPAG in dieser Funktion zur zeitweise größten Reederei der Welt. Der Erfolg blieb

Auswandererhallen auf der Veddel, 1908

auch Kaiser Wilhelm II. nicht verborgen. Er pflegte Kontakt zu Ballin, der bald als »Reeder des Kaisers« bekannt war. In Ballins Villa in der Hamburger Feldbrunnenstraße war der Kaiser mehrmals zu Gast. Durch die Einführung von reinen Vergnügungsfahrten meist ins Mittelmeer galt der Reeder zum einen als ein Begründer der Kreuzfahrt. Das Hauptaugenmerk legte Ballin allerdings auf das Auswanderergeschäft, das in diesem Zusammenhang den Namen »Geschäft« auch tatsächlich verdient hat. Denn mit der Abfertigung und Überführung der Auswandernden ließ sich in jenen Jahren reichlich Geld machen.

Seit dem frühen 20. Jahrhundert beförderte die HAPAG jährlich rund 100 000 Menschen von Hamburg nach New York. Ein Höhepunkt war 1913 erreicht, fast 200 000 Personen starteten ihre Reise nach Übersee in diesem Jahr von Hamburg aus. Meist diente die Stadt dabei als Transit auf dem Weg nach Nordamerika. Insbesondere osteuropäische Juden und Jüdinnen wählten diesen Weg auf der Flucht vor Pogromen. Die Beweggründe für die Auswanderung waren vielfältig, unter anderem politische Unzufriedenheit, soziale Nöte und der Wunsch nach wirtschaftlichem Erfolg trieben die Menschen an.

Die Überfahrt dauerte ein bis zwei Wochen. Mit einer Vergnügungsfahrt hatte sie indes wenig gemein, denn der Großteil der Menschen war in den Zwischendecks untergebracht, deren Einführung Ballin seinen finanziellen Erfolg verdankte. Auf diese Weise konnten nun sehr viele Menschen auf einen Schlag befördert werden. Trotzdem waren die Kosten sehr hoch und entsprachen in etwa dem Jahresgehalt eines Arbeiters. Nicht alle durften allerdings, in New York angekommen, auch in der ersehnten neuen Heimat bleiben. Die Einreisewilligen wurden einer medizinischen Untersuchung unterzogen. Wer als zu alt oder zu krank galt oder als »geisteskrank« gebrandmarkt wurde, musste den Weg zurück in die Heimat antreten. Andere hingegen kehrten freiwillig zurück, auch hier waren die Motive unterschiedlich. Der Ausbruch des Ersten Weltkriegs setzte dem Auswanderergeschäft schließlich ein Ende. Die Niederlage Deutschlands im Krieg und der Verlust der Flotte setzten Albert Ballin sehr zu. Am 9. November 1918 nahm er sich das Leben. Während des Zweiten Weltkriegs wurden die Auswandererhallen als Lager für Kriegsgefangene genutzt und in den 1960er Jahren weitestgehend abgerissen.

→ Herero und Nama

Im Gebiet des heutigen Namibia gibt es verschiedene Völker, die seit Jahrhunderten im Südwesten Afrikas siedeln. Zu diesen Völkern gehören die Herero und die Nama.
Die Herero kamen im 16. Jahrhundert aus Zentralafrika. Ihr Gebiet erstreckt sich in Teilen auch auf die Länder Angola und Botswana. Heute machen sie etwa fünf Prozent der Gesamtbevölkerung aus. Die Nama wanderten im 18. Jahrhundert von Süden in das heutige Namibia und gelten dort als größtes der indigenen Völker. Zum Zeitpunkt ihrer Wanderung hatten einige den christlichen Glauben angenommen. Denn in der Kapregion in Südafrika hatten sie seit dem 17. Jahrhundert Kontakt zu Buren – den europäischen Siedlern am Kap der Guten Hoffnung. Heute sind die Nama hauptsächlich in Namibia, aber auch in Südafrika beheimatet. Herero und Nama machten einst etwa die Hälfte der Gesamtbevölkerung in der Region aus. Seit dem von Deutschland verübten Völkermord sind sie eher kleine Minderheiten in Namibia.

Jenseits des Müggenburger Zollhafens, auf den wir in östlicher Richtung blicken, befindet sich auf der ebenfalls zur Veddel gehörenden **Peute** ein großes **Industriegebiet**. Wer neugierig ist, kann einen Abstecher auf die Peute machen. Dies empfiehlt sich insbesondere an Sonn- und Feiertagen, wenn der Verkehr ruht.

1884 war die Kolonie »Deutsch-Südwestafrika« auf dem Gebiet des heutigen Namibia durch die deutschen Kolonialmächte errichtet worden. Von Beginn der Inbesitznahme leistete die lokale Bevölkerung Widerstand. Im Januar 1904 starteten die **Herero,** die schon seit Jahrhunderten hier siedelten, eine gezielte Widerstandsbewegung gegen die deutschen Kolonialmächte. Wenige Monate später traten auch die ansässigen **Nama** in den Krieg gegen die Deutschen ein.

»Deutsch-Südwestafrika« war als Siedlungskolonie geplant, neben zahlreichen Handelsniederlassungen ließen sich hier entsprechend zunehmend *weiße* Siedler und Siedlerinnen nieder. Dem rassistischen Denken der Zeit entsprechend gerierten diese sich in immer größerem Maße als »Herren« über Menschen und Land, trugen ihr Gefühl der Überlegenheit zur Schau und reklamierten damit einhergehend einen Anspruch auf das Land der Herero. Insbesondere in der Otavi-Region gab es mit der Tsumeb-Mine erhebliche Vorkommen von **Kupfer**, die die Gier der Kolonialmächte weckten.

→ Kupfer

Der Name des Edelmetalls Kupfer, lateinisch »cuprum«, leitet sich von seinem ersten Fundort ab: Als »aes cyprium« – »Erz von der Insel Zypern« – war Kupfer bereits in der Antike bekannt. Bevor es im Zuge der Industrialisierung massenhaft zum Einsatz kam, nutzte man Kupfer zur Herstellung von Münzen und Glocken. Im 19. Jahrhundert fand es Verwendung in Industriegütern wie Kesseln, Blechen, Maschinen oder Rohren und wurde so ein unabdingbarer Rohstoff. In der Natur ist reines Kupfer in Form von Nuggets eher selten. Ein größeres Vorkommen gibt es an Kupfererzen, das heißt, das Kupfer ist mit Gestein vermischt und muss vor der Verwendung durch Erhitzen und Schmelzen vom Gestein getrennt werden. Häufig wird Kupfer als Teil einer Legierung eingesetzt, bei der Metalle gemischt werden. So ergibt sich aus der Mischung von Kupfer und Zinn Bronze, wird dem Kupfer Zink beigemischt, erhält man Messing. Auch heute ist Kupfer ein wichtiger Rohstoff, da es sehr gute wärme- und stromleitende Eigenschaften hat. Abgebaut wird das Metall unter anderem in Südamerika, den USA und China.

Hauptabnehmer des Kupfervorkommens in Tsumeb war die 1866 in Hamburg gegründete »Norddeutsche Affinerie«, auf deren Firmenareal mit mehreren **Schornsteinen** auf der Peute wir aus der Ferne blicken. Vielen Hamburgerinnen und Hamburgern ist der Kupferproduzent und -recycler noch als »Affi« bekannt. Seit 2009 trägt die »Affi« den Namen »Aurubis«. Dieser Name ist eine Wortschöpfung aus dem lateinischen »aurum« (Gold) und »rubrum« (rot), was deutlich machen soll, welcher Wert dem Kupfer als »rotes Gold« zugeschrieben wird. Hervorgegangen war die Affinerie aus dem Elbkupferwerk auf Steinwerder, das seinerseits durch die Handelshäuser Beit, Godeffroy und Robinow gegründet worden war. An ihrer Gründung beteiligte sich die Norddeutsche Bank mit einem Dreiviertel-Anteil, was sich vermutlich auf die große personelle Übereinstimmung in den beiden Aufsichtsräten zurückführen lässt. In Zeiten der Industrialisierung war Kupfer ein Rohstoff, dessen Bedeutung für die Industrieproduktion kaum zu überschätzen ist. Möglichst schnell und möglichst massenhaft sollte er in der Norddeutschen Affinerie für seine weitere Verwendung vorbereitet werden. Doch der Weg nach Hamburg war weit.

Um den Rohstoff von Swakopmund in Südwestafrika aus verschiffen zu können, musste das Kupfer zunächst vom Landesinneren zum Hafen transportiert werden. Der Bau einer **Eisenbahnanlage** wurde beschlossen und zu ihrem Bau die »Otavi Minen- und Eisenbahn Gesellschaft« (OMEG) ins Leben gerufen. Das Konsortium hatte den Status einer Kolonialgesellschaft, Anteilseigner war, genau wie bei der Norddeutschen Affinerie, die Norddeutsche Bank. Ziel war es, den für die massenweise Kupferproduktion nötigen Eisenbahnbau zügig voranzutreiben.

Die Gleisanlagen, die die OMEG bauen ließ, verliefen allerdings mitten durch das Land der Herero. Als Viehzüchtende waren diese dringend auf die Weideflächen angewiesen. Eine verheerende Rinderpest tötete 1896/97 einen Großteil ihres Viehbestands. Dieser Umstand in Zusammenhang mit dem Landraub durch die Deutschen bedrohte die Lebensgrundlage der Herero existenziell. Den Herero blieb nun keine andere Möglichkeit, als in Lohnarbeit bei den Kolonialisten zu treten und ihr Land zunehmend an diese zu verkaufen. 1904 beschloss das Volk, gegen die deutschen Kolonialisten mit ihrem rücksichtslosen Herrschaftsanspruch in den Krieg zu ziehen. Was als Krieg begann, endete schließlich im ersten Völkermord des 20. Jahrhunderts (⟶ **Station 10**).

Nach der gewaltvollen Niederschlagung der Herero war der Krieg nämlich noch nicht beendet. Zunächst wurden sie als Gefangene in Sammel- und Konzentrationslager gebracht und mussten Zwangsarbeit, unter anderem beim Bau der Bahnanlagen, leisten. So heißt es im »Bericht der Direktion« der OMEG von 1905/06: *»Das kaiserliche Gouvernement hat der Gesellschaft durch Überweisung kriegsgefangener Hereros aus den Sammellagern eine wesentliche Hülfe gewährt.«*

Gewiss waren die Gier der Kolonialisten nach Kupfer und der damit einhergehende Bau der Eisenbahnlinie nicht der einzige Grund für den Kriegsausbruch 1904. Doch darf dieser tiefe Einschnitt in das Land der Herero und Nama als entscheidender Auslöser für den Widerstand gewertet werden.

⟶ Eisenbahn und Kolonialismus

Der Bau von Eisenbahnanlagen war eng mit dem europäischen Kolonialismus verknüpft. So wurden in ausnahmslos allen deutschen Kolonien bis 1918 Eisenbahnanlagen gebaut. Zum Transport von Gütern und Rohstoffen vom Landesinneren an die Küste waren sie unerlässlich. Die Bandbreite reichte hier von kleinen Schmalspurbahnen wie auf Samoa bis hin zu großen, die Städte verbindenden Bahnen für Personen und Güter wie im heutigen Tansania oder Namibia. Ohne diese Anlagen wären Ausbeutung und Verschiffung der Rohstoffe nach Europa nicht in dem Maßstab möglich gewesen, in dem sie tatsächlich vollzogen wurden. Daneben bedeutete der Bau aber auch die Demonstration von Macht und Herrschaft der Kolonialisten gegenüber der einheimischen Bevölkerung. Neben die ökonomische trat in diesem Fall also auch eine symbolische Bedeutung.

⟶ Auf dem nun folgenden Weg fahren wir durch das Wohnquartier auf der Veddel. Wir kehren um, queren den **Wilhelmsburger Platz** und fahren rechts in die **Veddeler Brückenstraße**.

8

Slomanstieg

Vorbei geht es auf unserer Strecke am **»Goldenen Haus«** – dem nicht unumstrittenen Kunstprojekt des einstigen Quartierskünstlers Boran Burchhardt, der 2017 die Fassade des Hauses Veddeler Brückenstraße 152 mit Blattgold versah. Von der Veddeler Brückenstraße biegen wir kurz hinter dem »Goldenen Haus« links in die Slomanstraße. Der Kirchturm, den wir auf unserem Weg sehen, gehört zur **Immanuelkirche** auf der Veddel. Hier finden an Feiertagen zwar Gottesdienste statt, sie fungiert aber ebenso als Ort der Begegnung. Das Kircheninnere hat keine feste Möblierung, so dass viel Raum für unterschiedliche Aktivitäten und Bedürfnisse bleibt. Die **Slomanstraße** führt auf direktem Weg zur Schule auf der Veddel. Links geht es nun in den **Slomanstieg**.

Gleich zweimal ist der Name »Sloman« in diesem verhältnismäßig kleinen Stadtteil verewigt. Benannt sind Straße und Stieg nach Robert Miles Sloman dem Jüngeren (1812–1900). Dieser war ein Sprössling der 1793 in Hamburg gegründeten Reederei-Dynastie, die sich seit der ersten Hälfte des 19. Jahrhunderts auf das Auswanderergeschäft nach Amerika spezialisierte.

Hintergrund der Benennung der Straßen auf der Veddel ist die ehemalige Sloman-Siedlung, die sich bis in die 1920er Jahre hier befand. Als Vorsitzender

Veddeler Brückenstraße, 1900

der Gemeinnützigen Baugesellschaft initiierte Sloman ab 1878 den Bau von rund 190 Häusern für Arbeiterfamilien.

Für damalige Verhältnisse waren die Häuser mit Wohnzimmer, drei Schlafkammern und Küche enorm großzügig. Zudem waren sie unterkellert und verfügten über ansehnliche Gärten zur Selbstversorgung. Viele der Bewohner arbeiteten im Hafen. Einige waren infolge des Baus der Speicherstadt und des damit einhergehenden Abrisses des Kehrwiederviertels hierhergezogen. Andere kamen aus Steinwerder, das nunmehr als reines Hafen- und Industriegebiet ausgeschrieben war. Doch die Gartenstadt war nicht von langer Dauer. In den 1920er Jahren wurde die Wohnungsnot zu groß, und unter dem Oberbaudirektor Fritz Schumacher entstanden anstelle der Einfamilienhäuser Mietwohnblocks. Heute erinnert noch ein **Findling** auf dem Spielplatz vor der Schule an die einstige Siedlung.

So paradiesisch das Leben in der Gartenstadt auf der Veddel gewesen sein mag, so schlecht erging es jenen, die mit den Frachtern der Reederei Sloman in eine neue Heimat aufbrachen. Von »Slomans Totenschiffen« war die Rede, was sich insbesondere auf die Fahrt des Segelschiffs »Leibnitz« bezog, das 1867 von Hamburg in Richtung New York aufbrach. Extrem beengt waren hier über 500 Menschen bei schlechter Luft und mangelhafter Ernährung untergebracht. Die Enge und die unhygienischen Verhältnisse beförderten Krankheiten, eine ärztliche Versorgung gab es kaum. Als das Schiff nach rund siebzigtägiger Überfahrt in New York ankam, waren über hundert Menschen gestorben.

Um 1900 machte die Reederei, insbesondere Roberts Neffe Henry Sloman, dann einen weiteren Geschäftszweig aus: den Import von Salpeter (⟶ Tour 1).

Schülerinnen und Schüler der **Schule auf der Veddel** haben 2017 gemeinsam mit Lehrern im Rahmen eines kamerunisch-deutschen Lehreraustauschprogramms das Projekt »Kolonialisierung«/»Slomanstieg umbenennen« gestartet. Dabei erarbeiteten sie die Geschichte der Reederei und verfassten einen Brief an die Bezirksversammlung mit der Bitte um Umbenennung der Straße. Ein ambitioniertes Projekt, das leider bis heute nicht umgesetzt wurde.

⟶ Die Slomanstraße mündet nach wenigen Metern in die **Wilhelmsburger Straße**. Wir folgen dieser ein kurzes Stück, dann geht es linker Hand in die Straße **Sieldeich**, die nach einer Linkskurve in die **Tunnelstraße** mündet. Gegenüber ist mit der Zollanlage noch ein Zeugnis des ehemaligen Freihafens aus den 1950er Jahren erhalten. Wir folgen nun der Tunnelstraße geradeaus durch den namensgebenden Tunnel. Danach halten wir uns links und überqueren an der Ampel die Straße, der wir linker Hand in südlicher Richtung folgen. In der Straße **Am Moldauhafen** halten wir uns links, bis wir rechter Hand auf die **Sachsenbrücke** kommen.

9

Moldauhafen

Die **Sachsenbrücke** befindet sich zwischen zwei Hafenbecken: Südlich liegt der parallel zur Dessauer Straße verlaufende **Saalehafen**. Nördlich blickt man auf den **Moldauhafen**. Am Ende des Saalehafens sind noch historische Speicherbauten erhalten. Das südlichste Gebäude, **Lagerhaus G**, diente zwischen dem Sommer 1944 und Kriegsende als Außenlager des KZ Neuengamme der Unterbringung von Zwangsarbeitenden.

Seit Ende des Ersten Weltkriegs schreiben die beiden Hafenbecken ein Stück deutsch-tschechischer Geschichte.

Im Januar 1920 hielt der Rechtsprofessor Kurt Perels an der Universität Hamburg einen flammenden Vortrag gegen die Bestimmungen des **Versailler Friedensvertrags**. »*Auch in seinen, dem friedlichen Verkehr dienenden Häfen Hamburg und Stettin wird Deutschlands Gebietshoheit beschränkt*«, resümierte Perels, »*dem künstlichen Staatsgebilde, das den Namen Tschecho-Slowakei führt, hat Deutschland nach ostasiatischem Muster für einen Zeitraum von neunundneunzig Jahren Gebietsteile als Freihafenzone zu verpachten.*« Auch wenn gewiss viele Zeitgenossen den Ärger über den Versailler Vertrag teilten, konnte dies nichts an dessen Umsetzung ändern.

Der Professor bezog sich in seinem Vortrag auf die Artikel 363 und 364 des Versailler Vertrags. Die zu verpachtenden »Gebietsteile«, von denen darin die Rede war, befinden sich in Form eines rund 28000 Quadratmeter großen Areals hier am Moldau- und am Saalehafen, das als Binnenhafen für den Umschlag von aus der Tschechoslowakei kommenden oder dorthin verfrachteten Gütern diente. Noch bis ins

→ Friedensvertrag von Versailles

Der »Versailler Vertrag« wurde am 28. Juni 1919 im Schloss von Versailles bei Paris als Friedensvertrag zwischen den Siegermächten des Ersten Weltkriegs – Großbritannien, Frankreich, den Vereinigten Staaten und deren Verbündeten – und dem Deutschen Reich geschlossen. Er trat im Januar 1920 in Kraft. Vertreter des Deutschen Reichs waren von den vorangehenden Verhandlungen ausgeschlossen. Neben sämtlichen Kolonien hatte das Deutsche Reich etwa ein Siebtel seiner Fläche abzugeben und verlor dadurch rund zehn Prozent seiner Bevölkerung. Außerdem hatte es Reparationszahlungen zu leisten und die Schuld am Ausbruch des Ersten Weltkriegs anzuerkennen.
Im Deutschen Reich wurde der Vertrag von weiten Teilen der Bevölkerung abgelehnt und als »Schande« empfunden. Für die noch junge Demokratie der Weimarer Republik stellte die Ablehnung vor allem durch nationalistische und rechte Kreise eine große Gefahr da. Denn sie gaben den demokratischen Politikern und Politikerinnen die Schuld an der »Demütigung« des Deutschen Reichs durch den Versailler Vertrag.

Ehemaliges Überseezentrum, 2020

Jahr 2028 läuft der Vertrag. Hintergrund ist die verhältnismäßig späte Besiegelung des Pachtvertrags im Jahr 1929. Viele Diskussionen gingen seiner Umsetzung voran, die sich insbesondere um den rechtlichen Status des Gebiets drehten. Letztlich wurde entschieden, dass das Areal zwar nach Privatrecht dem tschechoslowakischen Staat gehörte, aber dennoch kein exterritoriales Gebiet innerhalb des Deutschen Reiches sein sollte.

Betrieben wurde der Binnenhafen samt Schiffsverkehr durch die eigens gegründete halbstaatliche »Elbe-Schifffahrt AG« (ČPSL). Über die Elbe und die Moldau kamen und gingen die unterschiedlichsten Güter. Seit den 1950er Jahren gab es hier mit der »Praha« ein Clubschiff für die Binnenschiffer aus Tschechien. An Bord war neben einer Poststelle und einem Kino auch ein Restaurant untergebracht, in dem heimische Kost und tschechisches Bier in Kronen gezahlt werden konnten.

Die »samtene Revolution« 1989 läutete dann das langsame Ende des Binnenhafens ein. Die ČPSL musste 2001 Insolvenz anmelden und wurde in drei Teilen verkauft. Einen letzten Besitzerwechsel gab es 2018, nun ist sie Teil des deutschen Logistikunternehmens Rhenus und firmiert unter dem Kürzel CSPL

A.S. Seit den 1990er Jahren ist die Binnenschifffahrt zunehmend obsolet geworden. Die meisten Unternehmen setzten nun auf den Transport per Bahn oder Lkw.

Der Moldauhafen wurde Ende des 19. Jahrhunderts als Binnenschiffhafen angelegt und war entsprechend perfekt geeignet für den Gütertransport Richtung Osten. Heute wünscht sich der tschechische Staat ein Areal mit unmittelbarem Zugang für Seeschiffe. Seit einigen Jahren wird in diesem Zusammenhang die Pacht eines – momentan weitgehend ungenutzten – Bereichs am Kuhwerder-Hafen diskutiert (⟶ **Station 3**). Das Gebiet, das wir von der Sachsenbrücke aus überblicken, wird sich in den kommenden Jahren deutlich verändern. Am Nordufer des Moldauhafens wurde 2021 das **Überseezentrum** abgerissen.

1967 eröffnet, galt es zum Zeitpunkt der Fertigstellung als größtes Güter-Verteilungszentrum der Welt. Gedacht war es als entscheidender Schritt zur Modernisierung der Hafenlogistik, doch bereits im Folgejahr legte das erste Containerschiff im Hamburger Hafen an, und die Revolutionierung der Hafenindustrie war nicht mehr aufzuhalten. Der Containerumschlag machte das Überseezentrum überflüssig. An dieser Stelle hat sich die Globalisierung quasi selbst überholt. Das nunmehr frei gewordene Areal wird von der HafenCity Hamburg GmbH entwickelt. Unter anderem soll hier in den kommenden Jahren ein Neubau für das Deutsche Hafenmuseum entstehen, und auch die »Peking« wird für diesen Umzug noch einmal »in See stechen«.

⟶ Um zu unserem letzten Halt zu gelangen, kehren wir zurück auf die Straße **Am Moldauhafen**, halten uns links und überqueren die **Freihafenelbbrücke**. Kurz vor der Brücke sind noch Relikte des historischen Vorgängerbaus zu sehen. Vorbei an der **U-Bahn-Station Elbbrücken** folgen wir der Straße und biegen bei nächster Gelegenheit links in die **Baakenwerder Straße** ein. Dieser folgen wir, bis rechter Hand der **Amerigo-Vespucci-Platz** abzweigt. Wir sind nun am östlichen Ende der Hafencity angelangt und blicken auf den **Baakenhafen**.

10

Baakenhafen

Der **Baakenhafen** entstand im Zuge der Hafenerweiterung in der zweiten Hälfte des 19. Jahrhunderts. 1887 konnte das Hafenbecken mit dem **Petersenkai** im Süden und dem **Versmannkai** im Norden eingeweiht werden. Nachdem die Hamburg-Amerika-Linie den Petersenkai einige Zeit genutzt hatte, lagen hier ab 1904 hauptsächlich Schiffe der Deutschen Ost-Afrika-Linie (DOAL) und der Woermann-Linie (⟶ Tour 1).

Heute ist diese Gegend als Teil der Hafencity von Wohn- und Geschäftsgebäuden gesäumt, und es existiert nicht der leiseste Hinweis darauf, dass dieser Ort eng mit kolonialer Gewalt und Völkermord in China und Afrika verbunden ist. Vom Baakenhafen aus wurden nämlich jene Soldaten der Kolonialtruppen verschifft, die den Widerstand in den deutschen Kolonien niederschlagen sollten. 1901 brachen von hier die ersten Schiffe nach China auf, die neben Waffen und Material Soldaten zur Niederschlagung der chinesischen Widerstandsbewegung der »Yihetuan«, der sogenannten »Boxer«, transportierten (⟶ Tour 1).

Ab 1904 gingen die Transporte der Woermann-Linie in die deutschen Kolonien in Afrika, insbesondere nach »Deutsch-Südwestafrika«, dem heutigen Namibia. Wie der Historiker Jan Kawlath festgestellt hat, wurden zwischen Januar 1904 und Mai 1907 rund 23000 Soldaten und über 11000 Pferde in 73 Transporten in beide Richtungen verschifft. Und das unter großem Aufsehen: Um die Soldaten zu verabschieden beziehungsweise zu empfangen, wurden regelrechte »Events« veranstaltet, welche die Hamburger Bevölkerung enthusiastisch miteinschlossen. Denn neben den Angehörigen der Soldaten konnten auch andere Hamburgerinnern und Hamburger mit einer Zutrittskarte an den Feierlichkeiten am Kai teilnehmen. Hier wurden die Soldaten durch einen Vertreter des Senats und die jubelnde Masse verabschiedet. Das Singen patriotischer Lieder gehörte ebenso zum Festakt wie kleine Geschenke an die Soldaten.

In Namibia führten die feierlich verabschiedeten Soldaten der »Schutztruppen« dann einen grausamen Krieg, der im ersten Völkermord des 20. Jahrhunderts enden sollte.

Petersen-kai mit Woermann-Dampfschiff um 1915

Nachdem die Herero unter ihrem Anführer **Samuel Maharero** im Januar 1904 den Kampf gegen die deutschen Kolonialisten eröffnet hatten, konnten sie zunächst erste Erfolge erzielen. Ein Großteil der deutschen Soldaten befand sich zu diesem Zeitpunkt im Süden des Landes und wurde durch den Angriff völlig überrascht. So gelang es den Herero in kurzer Zeit, weite Teile Zentralnamibias zu besetzen und Farmen *weißer* Siedler und Siedlerinnen einzunehmen und zu plündern. Schnell machten sich unter diesen Gerüchte über Frauen mordende und Kinder verstümmelnde Herero breit. Tatsächlich hingegen griffen die Herero Frauen, Kinder und Missionare bewusst nicht an. Die Gerüchte jedoch schaukelten den Krieg und die Gewalt weiter hoch. Nachdem die Kämpfe zu keinem eindeutigen Ausgang führten, sandte der Kaiser Generalleutnant Lothar von Trotha (1848–1920), der den Gouverneur Theodor Leutwein ersetzte.

Spätestens unter von Trotha begann ein Krieg genozidalen Ausmaßes. Als eine der ersten Amtshandlungen ordnete der neue Gouverneur den Schießbefehl gegen alle Herero an: »Innerhalb der deutschen Grenze wird jeder Herero mit oder ohne Gewehr, mit oder ohne Vieh erschossen. Ich nehme keine Weiber und Kinder mehr auf, treibe sie zu ihrem Volk zurück oder lasse auf sie schießen. Das sind meine Worte an das Volk der Herero. Der große General des mächtigen Deutschen Kaisers.« Im August 1904 gelang es dem General, die Herero – Männer, Frauen und Kinder – auf dem Waterberg zu versammeln. Vermutlich in der Annahme von bevorstehenden Friedensverhandlungen mit den Kolonialisten wurden die Herero nun von Soldaten eingekesselt. Vielen gelang jedoch die Flucht in die Omaheke-Halbwüste. Die nun folgenden Ereignisse zeigen die Grausamkeit und die Gleichgültigkeit der deutschen Truppen gegen die von ihnen unterdrückten Herero und ihr Schicksal besonders deutlich.

Die deutschen Soldaten trieben die Herero immer weiter in die Wüste und besetzten die vorhandenen Wasserstellen. Zu Tausenden starben die Getriebenen an Erschöpfung, Hunger und vor allem Durst. Dies geschah im Wissen und vor den Augen der deutschen Soldaten. Rückkehrer, so ordnete von Trotha an, sollten erschossen werden. Kaiser Wilhelm II. persönlich war es, der den Schießbefehl wieder aufhob. Aber nicht etwa aus humanitären Gründen, sondern vielmehr aus Angst vor schlechter Propaganda im Ausland. Hinzu kam, dass auch die deutschen Soldaten durch Krankheiten und Epidemien stark geschwächt waren. So wurde die Internierung der Überlebenden in Sammel- und Konzentrationslager beschlossen, wo sie Zwangsarbeit zu verrichten hatten.

Auch die Nama traten 1904 unter ihrem Kaptein **Hendrik Witbooi** in den Krieg gegen die Kolonialisten ein. Sie hatten gesehen, was den Herero geschehen war, und fürchteten eine gänzliche Unterwerfung ihres Volkes. Trotz einiger erfolgreicher Gefechte im Guerillakrieg gegen die Kolonialisten erlitten viele von ihnen das gleiche Schicksal wie ihre Landesgenossen. Sie wurden ermordet und die Überlebenden interniert. Das weitaus berüchtigtste Konzentrationslager befand sich auf der Haifischinsel in der Lüderitz-Bucht. Schon das raue Klima und die Bedingungen der Abgeschiedenheit schwächten die Internierten enorm. Hinzu kamen Krankheiten und Mangelernährung. Die deutschen Soldaten und Kolonialbeamten nahmen billigend in Kauf, dass unzählige Herero und Nama in den Lagern vor ihren Augen starben. Der Krieg war zwar offiziell bereits im Jahr 1907 beendet, das absichtsvoll-passive Töten aber ging in den Lagern bis 1908 weiter, weshalb erst dieses Jahr in der heutigen Forschung das Ende des Krieges markiert.

Insgesamt wurden in den Jahren 1904 bis 1908 rund 80000 Herero und etwa 10000 Nama durch die koloniale Besatzungsmacht in »Deutsch-Südwestafrika« getötet. Nama und Herero wurden enteignet, bis heute ist das Land in der Mehrzahl in den Händen *weißer* Farmer.

Auch bei der Rückkehr der Truppen gab es einen feierlichen Festakt zum Empfang der »glorreichen Soldaten«. Als Lothar von Trotha im Dezember 1905 nach Hamburg zurückkehrte, wurde er im

→ Hendrik Witbooi und Samuel Maharero

»Dass ihr euch der Regierung der weißen unterworfen habt und noch dazu glaubt, weise gehandelt zu haben, diese Sache wird für euch sein, als ob ihr die Sonne auf dem Rücken trüget.« Diese Worte schrieb Hendrik Witbooi 1890 in einem Brief an Samuel Maharero. Denn anders als der Nama-Führer Witbooi hatte sich Maharero, Oberhaupt der Herero, mit den deutschen Kolonialisten verbündet. Beide wählten eine unterschiedliche Taktik für ihr Volk, um sich der neuen Siedler und ihrer Besitzansprüche zu erwehren.
Die Kapteins waren beide im Umfeld von Missionaren aufgewachsen, gläubige Christen und vielfältig gebildet. Sie konnten im europäischen Schriftsystem lesen und schreiben und beherrschten neben den eigenen auch europäische Sprachen. So konnten sie problemlos mit den Europäern kommunizieren und verhandeln. Doch die Deutschen hielten sich nicht an die Abmachungen, Hendrik Witbooi sollte Recht behalten. Seine Tagebücher und Aufzeichnungen sind im Nationalarchiv in Windhoek erhalten. Wegen ihrer Weitsicht und Einsicht in das Wesen des europäischen Kolonialismus zählen sie heute zum Weltdokumentenerbe der UNESCO. 1905 starb Witbooi im Kampf gegen die Deutschen an einer Schussverletzung. Bis heute wird er als Nationalheld gefeiert. Seit der Unabhängigkeit Namibias 1990 ziert er einige Namibia-Dollar-Noten. Anders als seine Tagebücher wurden seine Ochsenpeitsche und seine Bibel geraubt und nach Deutschland gebracht. Erst nach über hundert Jahren wur-

den sie 2019 endlich vom Stuttgarter Linden-Museum restituiert und zurück nach Namibia gebracht.
Samuel Maharero gelang während des Krieges die Flucht nach Serowe im heutigen Botswana, wo er 1923 an einer Krebserkrankung starb. Sein Leichnam wurde in seine Heimat überführt. Sein Begräbnis war das erste größere Ereignis, zu dem die überlebenden Herero seit dem Krieg wieder zusammenkamen, und hatte dementsprechend höchsten symbolischen Wert. Bis heute wird in Gedenken daran in Namibia der Hererotag gefeiert.

Baakenhafen von den ersten Bürgermeistern Hamburgs und Altonas ehrenvoll empfangen. Leider hat die Stadt Hamburg es bisher versäumt, die Erinnerung an den Völkermord in Form eines Gedenkortes wachzuhalten. Die Gegend um den Baakenhafen wäre hierfür gewiss ein geeigneter Ort. Gedacht wird zum heutigen Zeitpunkt durch eine Gedenktafel im Hamburger Michel hingegen weiterhin jener Hamburger Soldaten, die sich am Völkermord beteiligten (→ Tour 3). Der **Amerigo-Vespucci-Platz** ist in seiner Größe vergleichbar mit dem Hamburger Rathausmarkt und somit der größte Platz im Stadtteil Hafencity. Mit der Namensgebung dieses Platzes wurde ein weiterer sogenannter »Entdecker« gewürdigt. Auch sein Handeln war durch Gewalt und Unterdrückung geprägt. Durch die Verbindung dieses Ortes mit dem von deutschen Soldaten verübten Völkermord erscheint diese Benennung besonders schmerzhaft.

Koloniale Denkmäler

An der Wilsonstraße im Hamburger Stadtteil Jenfeld nahe dem Eingang zur ehemaligen »Lettow-Vorbeck-Kaserne« befindet sich eine von Bäumen gerahmte Einfriedung, die nur bedingt einen Blick in ihr Inneres zulässt. Die kleine Grünanlage beherbergt neben dem »Schutztruppen-Ehrenmal« auch das »Deutsch-Ostafrika-Kriegerdenkmal«, in Hamburg besser bekannt unter dem Namen »Askari-Relief«. Letzteres gliedert sich in zwei Terrakotten: Ein Teil des Reliefs zeigt überlebensgroß einen deutschen Offizier, der sich vor vier »Askari« positioniert. Diese stehen mit geschulterten Waffen ganz in der Tradition der Kriegerdenkmäler der NS-Zeit in gleichförmiger militärischer Körperhaltung hinter ihm. Der andere Teil des Reliefs zeigt einen »Askari« an vorderster Stelle, hinter ihm vier Träger, die Ausstattungsmaterial für die Truppen auf ihren Köpfen transportieren. Eine Besonderheit der Reliefs stellt die Überzahl der Figuren dar, die Afrikaner imaginieren.

Als »Askari« wurden afrikanische Söldner bezeichnet, die in den deutschen Truppen in der Kolonie »Deutsch-Ostafrika« dienten. Der Begriff wurde dem Kiswahili entlehnt und bezeichnete einen Soldaten. Seinen Ursprung hatte der Einsatz afrikanischer Söldner in der sogenannten »Wissmanntruppe«, die ins Leben gerufen worden war, um die »Deutsch-Ostafrikanische Gesellschaft« (DOAG) gegen lokalen Widerstand zu unterstützen. Das Reich beauftragte Reichskommissar Hermann von Wissmann mit der Bildung einer Truppe, die aus deutschen und afrikanischen Soldaten bestehen sollte. Die afrikanischen Söldner wurden vorwiegend im angloägyptischen Sudan angeworben und stammten aus der osmanisch-ägyptischen Armee. Sie erhielten einen deutlich höheren Lohn, als sie ihn beispielsweise

Relief-Ausschnitt mit Trägern

»Askari-Relief«

bei der Plantagenarbeit hätten erwerben können. Die Dienstgrade des Unteroffiziers und des Offiziers blieben in dieser Armee allerdings den deutschen Soldaten vorbehalten. Bei der lokalen Bevölkerung hatten die »Askari« als Söldner an der Seite der deutschen Soldaten einen schlechten Ruf, standen sie doch für die Kollaboration, also Gewalt und Unterdrückung, was mitunter zur Entfremdung von ihrer eigentlichen Lebenswelt führte. Innerhalb der Armee waren sie ihrerseits dem Rassismus der weißen Soldaten ausgesetzt. Neben dem deutschen Kaiserreich machten auch andere europäische Kolonialmächte wie Großbritannien oder Frankreich afrikanische Träger und Trägerinnen und Soldaten zum Teil ihrer Truppen. Insgesamt waren rund zwei Millionen Afrikanerinnen und Afrikaner verpflichtet – freiwillig und unfreiwillig. Jene Männer die als Soldaten in den Kolonialtruppen kämpften, fehlten ihrerseits als Arbeitskräfte in der Landwirtschaft und im Alltag in ihren Ursprungsgesellschaften. Darüber hinaus ist aufgrund einer mangelhaften Quellenlage leider wenig über das Schicksal der afrikanischen Söldner bekannt. Das betrifft auch die Zeit vor bzw. während des Ersten Weltkriegs. Afrikanische Soldaten kämpften teils auch auf europäischem Boden. Dennoch fanden sie in die Geschichtsschreibung über den Ersten Weltkrieg bis heute nur wenig Eingang, was als Indiz für ein eurozentrisches Geschichtsbild gewertet werden darf.

In direkter Nachbarschaft des »Askari-Reliefs« befindet sich mit dem »Schutztruppen-Ehrenmal« eine durch einen Reichsadler bekrönte Stele, zu deren Fuß die Gedenktafeln für die Gefallenen in den deutschen Kolonien in Afrika platziert sind. Auf eine Individualisierung der Toten wurde verzichtet, indem neben den Zahlen lediglich eine Unterteilung in »Offiziere und Beamte«, »Unteroffiziere«, »Askari« und »Hilfskrieger und Träger« vorgenommen wurde. Angefertigt wurden die Denkmäler 1939 von dem Hamburger Bildhauer Walter von Ruckteschell, der an der Seite Paul von Lettow-Vorbecks (⟶ Thema: Ehemalige »Lettow-Vorbeck-Kaserne«) selbst als Adjutant gedient hatte. Während das »Schutztruppen-Ehrenmahl« auf dem Gelände der Estorff-Kaserne stand, hatten die »Askari-Reliefs« ihren ursprünglichen Standort zu beiden Seiten des Eingangs der Lettow-Vorbeck-Kaserne. Auch wenn die Nationalsozialisten ihr »Reich« nicht länger auf den afrikanischen Kontinent, sondern vielmehr gen Osten ausdehnen wollten, kommt hier einmal mehr der Kolonialgedanke der NS-Zeit in visualisierter Form zum Ausdruck.

Die Reliefs fristeten in Hamburg über Jahrzehnte ein von der breiten Öffentlichkeit unbeachtetes Dasein. Zwar wurde die Kolonialnostalgie durch Kranzniederlegungen an den Denkmälern am Volkstrauertag gepflegt. Da das Gelände der Öffentlichkeit nicht zugänglich war, blieben diese Rituale jedoch den Angehörigen der Bundeswehr und ihren Gästen vorbehalten. Erst nachdem die Kaserne in den 1990er Jahren geschlossen worden war, rückten die Reliefs nach der Jahrtausendwende wieder in den Fokus. Ein lokaler Kulturkreis in Jenfeld hatte den Plan gefasst, einen sogenannten »Tansania-Park« zu erschaffen, der die Partnerschaft zwischen Deutschland und Tansania stärken sollte. Statt eingelagert zu werden, sollten die Denkmäler hier einen neuen Platz in direkter Nachbarschaft zur ehemaligen Kaserne erhalten. Ausgerechnet in diesem Zusammenhang erschien eine öffentliche Aufstellung vielen Beobachter*innen der Pläne allerdings als kolonialrevisionistisch und schlichtweg falsch. Eine Debatte kam in Gang, an der sich Aktivist*innen wie Politiker*innen beteiligten. Insbesondere wurde bemängelt, dass eine kritische Auseinandersetzung mit den Denkmälern nicht stattfinde und diese entsprechend nicht ausreichend kontextualisiert würden.

Bestehen sollte der »Tansania-Park« neben den Denkmälern auch aus dem »Tansania-Pavillon« auf der EXPO 2000 in Hannover. Mitinitiator war der Kaufmann und Honorarkonsul Tansanias in Hamburg Jürgen Gotthardt. Unterstützt wurde der Kulturkreis zudem von dem damaligen Bau- und Verkehrssenator Mario Mettbach, Mitbegründer der Schill-Partei PRO und zeitweiliger Zweiter Bürgermeister der Stadt. Nachdem ein erster Eröffnungstermin abgesagt wurde und die kritischen Stimmen sich mehrten, wurde ein Kuratorium ins Leben gerufen, das den Umgang mit den Denkmälern diskutieren sollte. Ein Konsens wurde nicht gefunden und das Kuratorium nach Austritt dreier Mitglieder aufgelöst. Einen neuen Eröffnungstermin kündigte man dennoch für September 2003 an. Der Park sollte im Beisein des tansanischen Premierministers Frederick T. Sumaye eröffnet werden. Bevor es dazu kommen konnte, verhängten Aktivist*innen den Kaserneneingang mit dem Schriftzug »Mohammed Hussein Bayume Park«, womit sie an den im KZ Sachsenhausen ermordeten ehemaligen Kindersoldaten erinnerten (⟶ Tour 3). Auch diese Eröffnung wurde dann seitens der Stadt und des Senats offiziell abgesagt. Seitdem herrscht der heutige

Status quo. Eine befriedigende Lösung für den Verbleib der Denkmäler und ihre Einordnung in die Geschichte der Stadt ist bis heute ausgeblieben. Auch wurde bisher kein Kuratorium geschaffen, in das auch Mitglieder der Black Community Hamburg einbezogen worden wären.

Ein weiteres Denkmal von Walter von Ruckteschell aus den 1930er Jahren befindet sich in Aumühle, einer Gemeinde östlich von Hamburg. Von Hamburg aus bequem mit der S-Bahn erreichbar, ist Aumühle ein beliebtes Ziel für Wanderungen durch den Sachsenwald. Nördlich der S-Bahn-Station befindet sich das traditionsreiche Hotel und Restaurant »Waldesruh am See«, ein heller Fachwerkbau, der perfekt in die Region zu passen scheint. Im umgebenden Hotelgarten steht wie ein Fremdkörper das koloniale Denkmal Ruckteschells. Es zeigt einen in die Ferne blickenden Kolonialakteur, und wiederum ist es Paul von Lettow-Vorbeck, der hier in Szene gesetzt wird. Neben ihm steht die kleinere Figur eines Soldaten der ostafrikanischen Hilfstruppen, der auf einen Punkt in der Ferne zu deuten scheint. Am Boden sitzend befindet sich außerdem ein imaginierter tansanischer Träger.

Das Denkmal aus hellem Muschelkalk wirkt in dieser Umgebung, als hätte man es hier zufällig abgestellt und vergessen. Doch weit gefehlt. Das Gelände gehörte zum Besitz der Familie von Bismarck. Nur einen halbstündigen Spaziergang entfernt befinden sich ein Museum und die letzte Ruhestätte Otto von Bismarcks. Dieser nutzte sein Anwesen im Sachsenwald auch schon während seiner Zeit als Reichskanzler, vor allem im Alter verbrachte er viel Zeit in Friedrichsruh, einem Ortsteil von Aumühle. Es war der gleichnamige Enkelsohn des einstigen Kanzlers, Otto von Bismarck (1896–1975), der 1955 den Boden für die Aufstellung des kolonialrevisionistischen Denkmals bereitstellte. Hier steht es nun seit 1955 und verkörpert durch die Nähe zu Bismarcks einstigem Wohnsitz die koloniale Vergangenheit in einer postkolonialen Welt, die scheinbar noch immer keine Lösung für den Umgang mit den Relikten dieser Epoche gefunden hat.

5

Barmbek – Wandsbek

STARTPUNKT
Goldbekplatz [nahe U-Bahn Borgweg]

ENDPUNKT
Neumann-Reichardt-Straße [nahe U-Bahn Wandsbek Markt]

DAUER
etwa 3 Stunden [Fahrradtour]

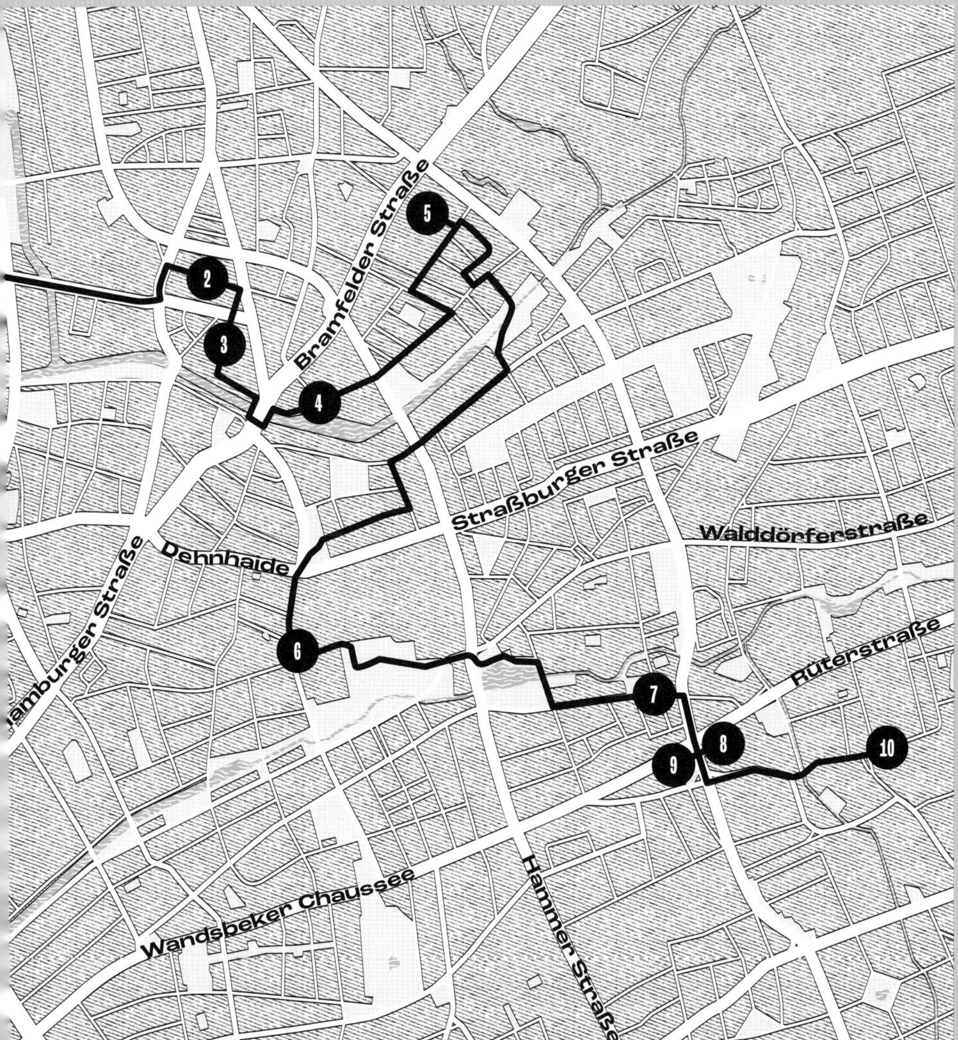

Bramfelder Straße
Straßburger Straße
Walddörferstraße
Dehnhaide
Hamburger Straße
Rüterstraße
Wandsbeker Chaussee
Hammer Straße
2
3
4
5
6
7
8
9
10

Die erste urkundliche Erwähnung des Dorfes Bernebeke geht auf das 13. Jahrhundert zurück. Damals war das heutige Barmbek kaum mehr als Vieh- und Weideland mit ein paar Höfen vor den Toren der Stadt. Seinen Namen verdankte das Dorf einem gleichnamigen Bach, der später in Osterbek umbenannt werden sollte. Seit Mitte des 14. Jahrhunderts gehörte Bernebeke zum Besitz des »Hospitals zum Heiligen Geist« in Hamburg. Aufgrund seiner Wohltätigkeit erhielt das Hospital immer wieder Stiftungen, so dass es über eine beträchtliche Anzahl von Ländereien verfügte. Neben Barmbek waren das beispielsweise auch Eppendorf, Ohlsdorf oder das gleichnamige Heiligengeistfeld, auf dem Getreide für das Hospital angebaut wurde. Mit der Reformation Anfang des 16. Jahrhunderts ging die Verwaltung an die Stadt Hamburg über.

Noch Ende des 18. Jahrhunderts hatte das heutige Barmbek gerade mal 700 Einwohner. Das sollte sich in den folgenden hundert Jahren erheblich ändern. Als 1860/61 die Aufhebung der Hamburger Torsperre ein Leben vor den Toren der Stadt möglich machte, zog es die Menschen zunehmend in die umliegenden Gebiete. Das machte sich auch die Barmbeker Bauernschaft zunutze. Sie begann, ihre Ländereien insbesondere im Süden rund um die heutige Hamburger Straße zu verkaufen und bebauen zu lassen. 1871 wurde das einstige Dorf zum dicht besiedelten Vorort der Stadt Hamburg. Zu dieser Zeit lebten bereits rund 7000 Bewohner und Bewohnerinnen vor allem in Barmbek-Süd. In Barmbek-Nord stand eine andere Art der Bebauung im Vordergrund. Bevor es hier Wohnhäuser gab, siedelte sich Industrie an. Hier gab es Platz für große Fabriken und mit der Osterbek auch einen wasserläufigen Transportweg für Güter. Ein regelrechter Industriegürtel entstand hier seit der zweiten Hälfte des 19. Jahrhunderts, an den dann sukzessive das Wohnviertel herangebaut wurde. Ein großer Teil der Wohnbauten entstand erst im Zuge des Massenwohnungsbaus der 1920er Jahre unter Fritz Schumacher.

1894 wurde Barmbek zum offiziellen Stadtteil von Hamburg erklärt. Nur wenige Jahre später zählte es rund 40 000 Einwohnende und hatte sich zu einem Arbeiterstadtteil entwickelt. Mit der Ringlinie der Hochbahn (heute Linie U3) war der Stadtteil außerdem seit 1912 gut mit dem Zentrum verbunden. Während des Zweiten Weltkriegs gehörte Barmbek zu den Stadtteilen mit der größten Zerstörung. Weite Teile sind heute architektonisch vom Wiederaufbau der 1950er Jahre geprägt. Auf diese Zeit geht auch die Teilung des Stadtteils in Barmbek-Süd, Barmbek-Nord und Dulsberg zurück. Fabriken und rauchende Schlote sucht man hier heute vergebens. Doch trotz der Kriegszerstörungen haben die einstigen Fabriken ihre Spuren hinterlassen.

Wie Barmbek transformierte sich auch Wandsbek vom kleinen Bauerndorf zu einem urbanen Stadtteil. Es gehörte zunächst zu Schleswig-Holstein und stand unter der Herrschaft der Schauenburger Grafen. Als im 15. Jahrhundert der dänische König die Landesherrschaft über die Region übernahm, stand auch Wandsbek unter dänischer Herrschaft. Nachdem das ursprünglich kleine Dorf im 16. Jahrhundert zu einem Adelsgut geworden war, wandelte es sich nach und nach zu einer größeren Ortschaft. Weiter reichende Veränderungen brachte das

18. Jahrhundert. Zunehmend siedelte sich hier Gewerbe entlang des Flüsschens Wandse an.

In Hamburg wurde es im Zuge der allgemeinen Verstädterung zunehmend eng und stickig. So machten die wohlhabenden Hamburger und Hamburgerinnen am Wochenende Ausflüge aufs Land und somit auch in das grüne Wandsbek. Die Ausflügler sorgten nun dafür, dass auch Gaststätten und Lokale aus dem Boden schossen, was wiederum die Attraktivität des Ortes steigerte. Als Wandsbek 1870 zur eigenständigen Stadt erklärt wurde, hatte es bereits über 10000 Einwohnende. Nur wenige Jahre zuvor war es nach der Niederlage Dänemarks im Krieg gegen Preußen/Österreich zur preußischen Provinz erklärt worden.

Erst mit dem Groß-Hamburg-Gesetz unter den Nationalsozialisten 1937/38 wurde Wandsbek nach Hamburg eingemeindet. Heute ist Wandsbek der einwohnerstärkste Bezirk der Hansestadt, bestehend aus mehreren Stadtteilen. Auch Wandsbek blieb vom Zweiten Weltkrieg alles andere als verschont. Ganze Straßenzüge sind geprägt von der Nachkriegsarchitektur des Wiederaufbaus. Doch auch hier gibt es noch historische Spuren.

Auf unserer Tour von Barmbek nach Wandsbek fahren wir teils durch ruhige Wohnstraßen, müssen aber an einigen wenigen Stellen auch an den verkehrsreichen Hauptstraßen entlang, die alle über einen Fahrradweg verfügen. Wer lieber nicht mit dem Fahrrad unterwegs ist, hat die Möglichkeit, die beiden Stadtteile jeweils für sich zu Fuß zu erlaufen und zwischendurch von der U-Bahn-Station Alter Teichweg aus bis zur U-Bahn-Haltestelle Wandsbek Markt zu fahren. Es empfiehlt sich in diesem Fall, die Reihenfolge der Stationen vor allem in Wandsbek etwas anzupassen.

Beginnen werden wir die Tour allerdings nicht in Barmbek, sondern in Winterhude. Von dort ist es nur eine kurze Fahrradfahrt bis zum Barmbeker Bahnhof. Alternativ fährt auf dieser Strecke die U-Bahn-Linie 3 von der Station Borgweg aus nach Barmbek. Diese ist ebenfalls ein guter Startpunkt für diese Tour.

1

Goldbekhaus

Wir starten am **Kulturzentrum »Goldbekhaus«** im Moorfurthweg 9. Einen guten Blick auf das Goldbekhaus bietet eine kleine Treppenanlage am **Goldbekplatz** südlich des Kanals.

»Es ist der grausamste Zynismus der Weltgeschichte, gerade dem Volke den Makel des Versagens anheften zu wollen, das wie kein zweites seine organisatorischen und wissenschaftlichen Fähigkeiten zu einer friedlichen Eroberung der Kolonien mobil gemacht hatte. Wenn irgendwo die Einsicht bestand, dass Kolonien nicht nur materiell in Besitz genommen, sondern auch geistig erobert sein wollen, dann bestand sie in erster Linie in Deutschland, das durch seine in der ganzen Welt bekannten Heilmittel den Grundstock für eine organische Erschließung der Kolonialgebiete legte. Namen wie Germanin, Yatren 105, Atebrin, Lysol werden daher mit der Kolonialgeschichte untrennbar verbunden bleiben.«

Diese so pathetischen wie kolonialrevisionistischen Worte wählte ihr Autor 1939 anlässlich des fünfzigjährigen Bestehens der Marke »Lysol« in seiner Publikation »Im Kampf gegen die Seuche«. Selbstverständlich kann von einer »friedlichen Eroberung« der deutschen Kolonien keine Rede sein. Womit der Autor jedoch recht hat, ist die enge Verknüpfung der Kolonialgeschichte mit den genannten Arzneimitteln.

Goldbekhaus vom Goldbekplatz aus gesehen

1889 kam mit »Lysol« das erste Marken-Desinfektionsmittel überhaupt auf den Markt. Hergestellt wurde es von der Firma Schülke & Mayr, die hier im heutigen Goldbekhaus ihren Sitz hatte. Nur ein gutes Jahrzehnt später schufen Rudolf Schülke und H. Julius Mayr mit »Sagrotan« eine weitere bis heute bekannte Marke.

Die Herstellung von »Lysol« basierte auf den Erkenntnissen des Apothekers Gustav Raupenstrauch. Das nur mäßig wasserlösliche Phenol, das schon seit einigen Jahren zur Wunddesinfektion eingesetzt worden war, ließ sich unter Zugabe von Kali-Seife emulgieren und damit als Desinfektionsmittel anwenden. Insbesondere in der Bekämpfung beziehungsweise zur Prophylaxe von Epidemien kam das Mittel zum Einsatz.

Schon kurz nach seiner Erfindung konnte die Firma Schülke & Mayr die Wirksamkeit von »Lysol« unter Beweis stellen. 1892 brach in Hamburg eine Cholera-Epidemie aus, die über 8000 Menschen das Leben kosten sollte. Um der Epidemie Herr zu werden, setzte eine Desinfektionskampagne ein. Werbung in lokalen Tageszeitungen pries »Lysol« als das »beste, wirksamste und billigste Desinfectionsmittel in den Zeiten der Choleragefahr«.

Doch die Firma Schülke & Mayr war keinesfalls nur im Deutschen Reich tätig. Desinfektionsmittel wurden in großer Menge in die deutschen Kolonien exportiert, denn Krankheiten und Epidemien wurden als eine stete Gefahr für das koloniale Unternehmen wahrgenommen. Sie bedrohten jene, die von Europa in die Kolonien reisten, und sorgten ebenso für eine höhere Sterblichkeit innerhalb der einheimischen Bevölkerung. Diese wiederum sollte durch Ausbeutung ihrer Arbeitskraft auf Plantagen und beim Abbau von Rohstoffen für einen reichen Ertrag sorgen. Der Einsatz von Desinfektionsmitteln als Teil der Epidemiologie in den Kolonien hatte entsprechend weniger humane Hintergründe, sondern ihm lag ein wirtschaftliches Kalkül zugrunde (⟶ **Tour 3**).

Mit der Entstehung der Tropenmedizin im 19. Jahrhundert entstand auch die Vorstellung eines erhöhten Aufkommens von Infektionskrankheiten auf dem afrikanischen Kontinent. Es ging dabei nicht nur um den Kontinent und etwaig krankheitsbegünstigende Faktoren wie das Klima, sondern auch um dessen Bewohnerschaft, die entsprechend als Träger dieser Krankheiten imaginiert wurde. Hieraus entwickelte sich wiederum ein rassistisches Bild der Schwarzen Menschen als Gefahr für die *weißen* Menschen, die als gesund galten und von denen man annahm, dass sie nur durch Ansteckung erkrankten. Das Bild des afrikanischen Kontinents als Gefahr für die Gesundheit und damit der Schluss von der Hautfarbe auf potenzielle Krankheiten hat sich mitunter bis in die jüngste Zeit gehalten. So war in vielen europäischen Ländern die Wahrnehmung der Ebola-Epidemie in Westafrika 2014/15 rassistisch grundiert. Schwarzen Personen wurde allein aufgrund ihres Äußeren unterstellt, dass sie mit Ebola infiziert und entsprechend eine Gefahr für ihre Mitmenschen sein könnten. Dies stellt nur ein Beispiel von vielen dar, in dem diese durchweg falsche Verknüpfung zum Tragen kommt. Rassistische Vorurteile, die mit der Angst vor Krankheiten verbunden werden, tauchen nicht nur in Ausnahmesituationen, sondern auch jenseits von Epidemien bzw. Pandemien auf.

In der Jubiläumsschrift »Im Kampf gegen die Seuche« heißt es über die globale Vermarktung des »Lysol«: »*Sein Wert als Mittel zur Hygiene in den Tropen, vor allem in den deutschen Kolonien, wurde sofort erkannt. Aber auch in der ganzen übrigen Welt fand Lysol rasch Anklang, und die Nachfrage war bald so groß, dass man ein Verteilungssystem schaffen musste, um den Anforderungen genügen zu können.*« Und tatsächlich führte die Firma Schülke & Mayr ein »Verteilungssystem« in Tansania (damals »Deutsch-Ostafrika«) ein. Von ihrer Niederlassung nahe dem Viktoriasee aus stellte ein »regelmäßiger Postdienst durch Trägerkolonnen« die Verbindung zur Küste her. 1892 schloss die Firma einen Vertrag mit dem Gouvernement der damaligen Kolonie, woraufhin die gesamte Post der Umgebung über den Postdienst der Firma lief. Dies erlaubte ihr gar die Einführung eigener Briefmarken in Werten zwischen fünf Cent und einem Dollar mit dem Aufdruck »Schülke & Mayr's Afrikanische Seen-Post«.

Auch nach dem Ende des deutschen Kolonialreichs konnte die Firma mit ihrer Produktion im Bereich der Seuchenhygiene erhebliche Gewinne erwirtschaften. Während des Zweiten Weltkriegs wurden in den zahlreichen Lazarette große Mengen an Desinfektionsmitteln benötigt. Das Firmengebäude blieb während der Luftangriffe auf Hamburg weitestgehend unzerstört. 1961 bezog die inzwischen in eine GmbH umgewandelte Firma ihr neues Quartier in Norderstedt. Seit 1994 gehört die Marke »Lysol« zur Produktpalette des Unternehmens Reckitt Benckiser.

Nach dem Umzug nach Norderstedt verkaufte die Firma Schülke & Mayr das Gelände. Seit 1981 befindet sich im ehemaligen Verwaltungsgebäude das Stadtteilkulturzentrum »Goldbekhaus«.

→ Vom **Goldbekplatz** aus folgen wir der **Semperstraße** in östlicher Richtung, bis sie auf die Straße **Wiesendamm** trifft. Hier halten wir uns rechts und biegen anschließend noch vor dem **Bahnhof Barmbek** links in die **Hufnerstraße** und bei nächster Gelegenheit rechts in die **Krüsistraße** ab, wo wir nach wenigen Metern unser nächstes Ziel erreichen.

Briefmarke »Afrikanische Seeen-Post«

2

Massaquoipassage

Auf der **Nordseite des Barmbeker Bahnhofs** gelangen wir zu einer Busanlage. Bereits seit 1912 verkehrt hier mit der »U3« die Ringlinie der Hochbahn und verbindet den Stadtteil mit der Innenstadt. Die Haltestelle ist ein echter Knotenpunkt, täglich passieren rund 60000 Menschen den Bahnhof. Dieser Umstand machte 2017 eine Sanierung des in die Jahre gekommenen Gebäudes nötig. Doch in dieser Gegend hat sich seit den 2010er Jahren noch mehr getan. Ein großer Büroneubau ist entstanden, ihm gegenüber ein Gewerbekomplex samt Hotel. Durch die Schlucht der hohen Gebäude verläuft inzwischen eine neue Straße, die **Massaquoipassage**.

Blick vom Bahnhof in die Massaquoipassage

Benannt ist sie nach dem Autor und Journalisten Hans-Jürgen Massaquoi (1926–2013), der hier in Barmbek einen Teil seiner Kindheit und Jugend verbrachte.

Weniger bekannt und doch ähnlich bedeutend war Hans-Jürgens Großvater Momulu Massaquoi. Denn dieser war der erste Diplomat eines afrikanischen Landes in Hamburg. 1922 war er von Liberia aus in die Hansestadt gekommen und lebte mit seiner

Familie in der Johnsallee im Stadtteil Rotherbaum. Namhafte Gäste aus Kunst, Politik und weiteren intellektuellen Kreisen gingen in der Konsulatsvilla ein und aus.

Bis 1929 war dies das Umfeld, in dem Hans-Jürgen als Sohn eines liberianischen Vaters und einer deutschen Mutter aufwuchs. Während der Großteil der Familie Massaquoi – darunter auch der Vater Al-Haj – nach Liberia zurückkehrte, blieb Hans-Jürgen mit seiner Mutter Berta Baetz in Hamburg. Bis in die 1930er Jahre lebte auch seine Tante Fatima Massaquoi in Hamburg. Hans-Jürgen und seine Mutter zogen in den damaligen Arbeiterstadtteil Barmbek. Berta Baetz arbeitete als Krankenschwester in St. Georg und konnte so als alleinerziehende Mutter den Lebensunterhalt der beiden sichern.

Als 1933 die Nationalsozialisten an die Macht kamen, wurde das Leben der kleinen Familie deutlich erschwert. Als Schwarzes Kind erfuhr Hans-Jürgen massive Ausgrenzung. Die Mutter verlor ihre Stelle im Krankenhaus und musste sich und ihren Sohn als Reinigungskraft durchbringen.

Eindrucksvoll hat Massaquoi 1999 seine Kindheitserinnerungen in seinem Buch »N., N., Schornsteinfeger« verarbeitet, das im gleichen Jahr unter dem Titel »Destined to Witness« in den USA erschien. Im Nachwort zu diesem Buch heißt es: »... so lernte ich Hans-Jürgen Massaquoi kennen, irgendwann 1932 in den Häuserschluchten Hamburg-Barmbeks bei einer ›Kloppe‹, brachialen Kämpfen zwischen verfeindeten Straßenhorden, mein Gegenüber damals sechs, ich neun Jahre alt.« Mit diesen Worten erinnerte sich Massaquois Kollege Ralph Giordano (1923–2014) an die gemeinsame Kindheit. Auch er verfasste mit den »Bertinis« ein autobiografisches Werk. Hierin schildert er, wie er sich als Sohn einer jüdischen Mutter vor den Nationalsozialisten verstecken musste. Giordano und Massaquoi wuchsen beide in Barmbek auf und standen in Kontakt zur damaligen Swing-Jugend, die von den Nationalsozialisten zur politischen Opposition erklärt und zunehmend verfolgt wurde. Einen Treffpunkt hatten die von Swing und Jazz begeisterten Jugendlichen im Café König in der Fuhlsbüttler Straße. Das Gebäude bestand noch bis in die 2000er Jahre, zuletzt beherbergte es eine Spielhalle. Heute steht an der Stelle gegenüber einem Outdoor-Kaufhaus ein Hotelkomplex.

Beide Autoren waren durch die Nationalsozialisten entrechtet und verfolgt und beiden gelang es, die NS-Zeit und die Luftangriffe auf Hamburg zu überleben. Bis ins hohe Alter blieben sie in Kontakt, auch wenn sie räumlich weit entfernt voneinander lebten. Hans-Jürgen Massaquoi verdingte sich in der Zeit des Zweiten Weltkriegs mit Gelegenheitsjobs, einer drohenden Inhaftierung konnte er entgehen. Nach Kriegsende zog er zunächst zu seinem Vater nach Liberia, bevor er in den USA eine neue Heimat fand. Nach dem Militärdienst wurde Massaquoi Journalist bei den Zeitschriften **»Ebony« und »Jet«**.

Während seiner Laufbahn interviewte Massaquoi so bedeutende Persönlichkeiten wie die Boxerlegende Muhammad Ali oder die Bürgerrechtler Martin

Luther King und Malcom X. 2004 veröffentlichte er mit »Hänschen klein, ging allein … Mein Weg in die Neue Welt« den zweiten Teil seiner Autobiografie. Die Bücher Massaquois gehören zu den wenigen Zeugnissen Schwarzer Deutscher in der NS-Zeit und sind deshalb von unschätzbarem Wert. Die Einweihung der nach ihm benannten Passage konnte der Autor leider nicht miterleben, er starb 2013 an seinem 87. Geburtstag in seiner Heimat Florida.

Auch Hans-Jürgen Massaquois Freund Ralph Giordano ist als Namensgeber einer »Piazzetta« in direkter Nachbarschaft hier in Barmbek verewigt. Wie sein Spielgefährte wurde er später Journalist und arbeitete seit den 1960er Jahren für das Fernsehen. 1966 wurde in der ARD seine zweiteilige Sendung »Heia Safari – die Legende von der deutschen Kolonialidylle in Afrika« ausgestrahlt. Für die Recherchen zu dieser Dokumentation war Giordano nach Kamerun und Tansania gereist und hatte vor Ort Interviews geführt. Veranlasst zu dieser Auseinandersetzung mit der Kolonialvergangenheit hatten den Journalisten nach eigener Aussage zwei Begebenheiten: eine Artikelserie in der Zeitschrift »Welt der Arbeit« des Deutschen Gewerkschaftsbunds von 1962, die aufgrund von Kritik wieder eingestellt wurde. Außerdem die Trauerrede des damaligen Bundesverteidigungsminister Kai-Uwe von Hassel bei der Beerdigung des einstigen Kommandeurs der kolonialen Besatzungstruppen Paul von Lettow-Vorbeck (→ **Thema: ehemalige Lettow-Vorbeck Kaserne**). Schönfärberisch positiv schien Giordano das Bild des deutschen Kolonialismus und seiner Protagonisten und zu ignorant gegenüber den tatsächlichen Kolonialverhältnissen die deutsche Bevölkerung. Eine heftige negative Resonanz auf Giordanos Werk ließ nicht auf sich warten. Heute gilt es als eine der ersten öffentlichen und kritischen Auseinandersetzungen mit dem deutschen Kolonialismus.

→ »Ebony« und »Jet«

Die Zeitschriften »Ebony« und »Jet« wurden seit 1945 bzw. 1951 von der Johnson Publishing Company mit Sitz in Chicago herausgegeben. In einer Zeit, in der Popkultur und Medien sich auf die Welt *weißer* Menschen fokussierten, wollten die Magazine die Schwarze Lebenswelt repräsentieren. Durch Interviews mit prominenten Schwarzen Persönlichkeiten und Werbefotos afroamerikanischer Models schufen »Jet« und »Ebony« einen Gegenpol zum *weißen* Mainstream. Heute sind insbesondere die Fotografien von historischem Wert, da hier auch die Schwarze Bürgerrechtsbewegung dokumentiert wurde. Nach verschiedenen Besitzerwechseln erscheinen beide Zeitschriften bis heute, allerdings nun im digitalen Format.

→ Wir begeben uns jetzt auf die Südseite des Bahnhofs, wechseln die Straßenseite und gelangen über den **Bert-Kaempfert-Platz** auf den Hof eines ehemaligen Fabrikareals.

3

Museum der Arbeit

Bis hin zum Osterbekkanal gruppieren sich mehrere historische Gebäude um den **ehemaligen Fabrikhof**. Sie sind inzwischen umgenutzt und beherbergen das Museum der Arbeit, das Kulturzentrum Zinnschmelze sowie Gastronomie und Büros. Auf dem Hof ist neben einem Seilbagger von 1937 auch das Schneidrad des Tunnelbohrers zu bestaunen, mit dem bis 2002 die vierte Röhre des Elbtunnels gegraben wurde.

Hier zwischen Maurienstraße, Poppenhusenstraße und Wiesendamm befand sich seit 1871 die New York Hamburger Gummi-Waaren Compagnie (NYH). Wie der Name verrät, wurden hier Produkte aus Hartgummi, dem sogenannten Ebonit, hergestellt. Dessen Name leitet sich von dem englischen Wort »ebony« für Ebenholz ab, ein Vergleich, den das Material seiner Farbe und seiner Festigkeit verdankt. Ebonit hat sehr gute Isolierfähigkeiten, außerdem ist es äußerst resistent gegenüber aggressiven Chemikalien. Erzeugt wird das Hartgummi aus Naturkautschuk unter Zugabe von Schwefel.

Museum der Arbeit in der »Neuen Fabrik«

Linker Hand passieren wir zunächst die **»Neue Fabrik«** von 1906/07, in der sich heute das Museum der Arbeit befindet. Daran schließen sich in Richtung Osterbekkanal das **»Torhaus«** (1884/85) und die **»Alte Fabrik«** von 1871/72 an. Auf der gegenüberliegenden Seite befindet sich die ehemalige **»Zinnschmelze«** (1884/85), in deren Gebäude heute ein Kulturzentrum und ein Restaurant untergebracht sind. Dahinter bildet das ehemalige **»Kesselhaus«** (1896/97) den Abschluss des historischen Industrieensembles. Ein beträchtlicher Teil der Fabrikgebäude ging durch die Bombardierungen des Zweiten Weltkriegs verloren. Die einstige Gummifabrik war also deutlich größer und verfügte neben weiteren Gebäuden auch über Stallungen und Remisen sowie über Höfe, die teils als Kautschuklager dienten.

→ Kautschuk

Es gibt verschiedene Pflanzen, aus denen sich Kautschuk gewinnen lässt, doch wie einst stammt er auch heute in erster Linie von dem Kautschukbaum »Hevea brasiliensis«. Dieser war in den Regenwäldern Südamerikas beheimatet, bevor er in verschiedenen Regionen auf Plantagen angebaut wurde. In natürlicher Umgebung kann die Pflanze bis zu dreißig Meter hoch werden. Der Name stammt aus der Quechua-Sprache: »kwachu« bedeutet so viel wie »weinendes Holz« – unter der Rinde des Kautschukbaums befinden sich Leitungsbahnen, in denen die Latexmilch fließt. Dies tut sie besonders gut bei kühleren Temperaturen, weshalb die Kautschukernte schon in den frühen Morgenstunden bei Dunkelheit beginnt. Die Rinde der Bäume wird mit einem Messer diagonal eingeritzt. In den folgenden Stunden fließt Latex in einen am Baum fixierten Behälter, dessen Inhalt anschließend von den Kautschuksammelnden zusammengetragen wird. Unter Zugabe von Ameisen- oder Essigsäure gerinnt die Latexmilch und kann blockweise zusammengefasst werden. Zum Teil wird die quarkartige Masse dann im Anschluss mittels Körperkraft und Walzen zu langen Bahnen gepresst und auf Leinen getrocknet.

Als die Fabrik gegründet wurde, befand sie sich mehr oder weniger allein auf weiter Flur. Noch war das Gebiet hauptsächlich durch Landwirtschaft geprägt und wurde von Bauern bewirtschaftet. Die NYH stellte also den Anfang der Industrialisierung in Barmbek-Nord dar. Hervorgegangen war sie aus der 1856 gegründeten Harburger Gummi-Kamm Compagnie, einer Tochterfirma des Unternehmens H.-C. Meyer, die von Meyers Enkel Heinrich Traun geführt wurde (→ **Tour 1 und Tour 6**). Mitarbeiter der »Gummi-Kamm« gründeten in Barmbek ihr eigenes Unternehmen. In den 1930er Jahren übernahm die NYH sogar die Traun'sche Firma und produzierte sowohl hier in Barmbek als auch am Standort Harburg.

Die Produktpalette der Gummifertigung war immens: In der Industrie kam Kautschuk als Material für Dichtungen, zum Beispiel an Dampfmaschinen, vor. Außerdem entstanden Transmissionsriemen für die industrielle Fertigung. Auch in der Telekommunikation kam Kautschuk zum Einsatz, etwa als Umhüllung von Telegrafenleitungen. Nicht wegzudenken war das Material auch im Transportwesen, denn aus Naturkautschuk wurden Auto- und Fahrradreifen gefertigt. Diese Beispiele bezeugen die enorme Bedeutung des Materials für die technischen Errungenschaften und die industrielle Massenfertigung des 19. Jahrhunderts. Daneben produzierte man auch Gebisse und Prothesen, Mundstücke für Pfeifen und Musikinstrumente, Gummistiefel, Regenmäntel und Griffe für Spazierstöcke aus Kautschuk. Aus Großbritannien kam die Erkenntnis, dass sich mit Kautschuk Bleistiftlinien

»wegrubbeln« ließen, so entstand die englische Bezeichnung »rubber«. Teils wurde er als Ersatzstoff für wertvolle Materialien wie Elfenbein genutzt – es wurden sogar Büsten und kleine Statuen aus Kautschuk gefertigt. In Barmbek waren es in erster Linie Kämme, die per Spritzgussverfahren aus Ebonit hergestellt wurden. Bis heute sind die »Herkules-Kämme« in Friseursalons zu finden. Ermöglicht wurde die Herstellung der Produkte, seit Charles Goodyear das Verfahren der Vulkanisation entdeckt hatte (→ Tour 6) und Kautschuk so zum massenindustriell eingesetzten Material geworden war.

Doch es waren keineswegs die Europäer, die die universellen Einsatzmöglichkeiten der Latexmilch entdeckt hatten. Indigene Bevölkerungen Süd- und Mittelamerikas nutzten Kautschuk bereits seit 1600 v. Chr. Die Maya fertigten aus Naturkautschuk Bälle für ein traditionelles Spiel oder zogen sich eine dünne Latexschicht über die nackten Füße, um sich auf unebenem oder glitschigem Boden besser fortbewegen zu können. Letztlich basierte die industrielle Produktion in Europa und den USA auf **indigenem Wissen**.

Doch es waren gerade die Indigenen, die unter der massenhaften Verwendung von Kautschuk zu leiden hatten. Die Vielfältigkeit seiner Verwendungsmöglichkeiten steigerte entsprechend die Begierde. In der zweiten Hälfte des 19. Jahrhunderts entstand so ein regelrechter »Kautschukboom«. Ein Beispiel hierfür ist die brasilianische Stadt Manaus, die sich im Zuge dieser Entwicklung vom kleinen Dorf zur Metropole wandelte. Um ihre Bedeutung als wichtigstes Handelszentrum für Kautschuk deutlich zu machen, weihte die Stadt 1896 ihr opulentes Opernhaus »Teatro Amazonas« ein. Dass der Reichtum auf dem Rücken der indigenen Bevölkerung entstand, die unter unmenschlichen Bedingungen zur Zwangsarbeit herangezogen wurde, lässt sich dem Gebäude dagegen nicht ablesen. Dies betraf insbesondere die Region rund um den Fluss Putumayo, in der es das größte Vorkommen von Kautschukbäumen gab.

Die Exklusivität dieser Zustände änderte sich erst durch einen Saatgutraub. Es war der Brite Henry Wickham, der 1876 heimlich die Samen des Kautschukbaums außer Landes schmuggelte. Im königlichen Botanischen Garten (Kew Gardens) in London wurden diese sodann gezüchtet. Die Setzlinge

→ Indigenes Wissen

Indigenes Wissen ist ein von Generation zu Generation tradiertes lokales Wissen, das sich häufig durch hohe Komplexität auszeichnet. Das beweist das Beispiel Kautschuk. Indigene wussten nicht nur, wo sich die Kautschuk-Bäume im Regenwald befinden und wie die Latexmilch zu ernten ist, sie wussten auch um die Eigenschaften von Kautschuk, wofür der Rohstoff eingesetzt werden konnte sowie um die Besonderheiten seiner Verarbeitung. Indigene hatten lange vor den Europäern ein Äquivalent zur Vulkanisation. Durch eine spezielle Art des Räucherns machten sie den Kautschuk hitzeresistent und widerstandsfähig. Während der Name Charles Goodyear für alle Zeiten mit Autoreifen und somit mit dem Kautschuk verbunden sein dürfte, wurde das indigene Wissen indes nie gewürdigt. Vielmehr wurden die Inhabenden dieses Wissens mit Einsetzen der Massenproduktion zur Zwangsarbeit verpflichtet. Nun hatten jene zu leiden, die das Wissen überhaupt erst hervorgebracht hatten, während jene, die es einfach übernommen hatten, das große Geld verdienten. Die Wissensaneignung rund um den Kautschuk von Indigenen ist alles andere als ein Einzelfall. Vielfach wurde und wird indigenes Wissen durch Länder des globalen Nordens übernommen und dann im eigenen Namen patentiert. Die kapitalistische Aneignung dieses Wissens und der damit verbundenen genetischen Ressourcen wird heute als Biopiraterie bezeichnet.

Fabrikhof vom Osterbekkanal aus gesehen

wiederum wurden in die damals britischen Kolonien Sri Lanka und Singapur gebracht und wuchsen hier zu Bäumen heran. So hatten die Briten dort eine Pflanze etabliert, die in diesen Ländern ursprünglich nicht heimisch war.

Der Kautschukbaum wurde durch europäische Kolonialmächte in unterschiedlichen Ländern und Kontinenten verbreitet. Auch das Deutsche Kaiserreich beförderte Samen und Setzlinge von einem Kontinent auf den anderen. So gab es Kautschuk-Versuchspflanzungen unter anderem in der Stadt Limbe (früher Victoria) in der deutschen Kolonie Kamerun. Allerdings blieben diese wenig ertragreich, die deutschen Kolonien deckten lediglich zwanzig Prozent des Kautschukbedarfs im Kaiserreich.

Während des Zweiten Weltkriegs wurde die Konsumgüterproduktion hier in Barmbek auf Fertigungen für die Rüstungsindustrie umgestellt. Zeitweise kamen dabei Zwangsarbeiterinnen zum Einsatz. An den Krieg erinnert heute ein Hochbunker vom Typ »Zombeck« auf dem Bert-Kaempfert-Platz. Nachdem während des Krieges weite Teile der Fabrikanlage zerstört worden waren, wurde die Produktion in der Nachkriegszeit komplett nach Harburg verlegt. Die Stadt Hamburg kaufte das frei gewordene Gelände und ließ Gebäude für das Bezirksamt und die Volkshochschule errichten. Die erhaltenen Fabrikgebäude hatten unterschiedliche Zwischennutzungen. In den 1990er Jahren entstand schließlich in der »Neuen Fabrik« das Museum der Arbeit.

2020/2021 zeigte das Museum die Sonderausstellung »Grenzenlos. Kolonialismus, Industrie und Widerstand«, eine von dem Kurator*innen-Duo Sandra

Schürmann und Christopher Nixon konzipierte Ausstellung, die sich mit den kolonialen wie postkolonialen Strukturen der Stadt Hamburg und dem Widerstand gegen die koloniale Unterdrückung befasste. In diesem Rahmen war eine Statue des Kolonialoffiziers Hans Dominik zu sehen, der als Leiter der Station Yaoundé für seinen brutalen Umgang mit der Bevölkerung in Kamerun bekannt wurde. Wie ein Schlussstein waren am Ende der Ausstellung verschiedene Bilder von Menschen zu sehen, die Widerstand gegen Rassismus und Kolonialismus geleistet haben. Zu ihren Füßen lag in voller Länge die Statue Hans Dominiks auf dem Boden. Ein eindrucksvolles Bild.

→ Weiter geht es auf den **Osterbekweg** am gleichnamigen Kanal, dem wir linker Hand Richtung Osten folgen, um dann die verkehrsreiche **Bramfelder Straße** zu überqueren. Auf der gegenüberliegenden Seite setzt sich der Weg am Osterbekkanal auf der Straße **Lämmersieth** fort. Nach wenigen Metern führt von hier aus rechter Hand der **Alte Löschplatz** direkt ans Wasser.

NYH-Fabrik in Barmbek um 1900

4

Alter Löschplatz

Auch wenn dieser Ort heute eher anmutet wie eine Hafencity im Miniaturformat, ist er ein Zeugnis der Industrialisierung Barmbeks seit der zweiten Hälfte des 19. Jahrhunderts. Die **Osterbek** entspringt in Farmsen und mäandert als kleiner Bach bis nach Barmbek-Nord. Auf Höhe der Adlerstraße ist das kleine Gewässer zum Osterbekkanal ausgebaut, der bis zu seiner Mündung in die Alster beim Langen Zug reicht. Der Kanal erstreckt sich über etwa vier Kilometer des insgesamt rund elf Kilometer langen Wasserlaufs, und entlang dieses Verlaufs wird die Veränderung des Stadtbilds im Zuge der Industrialisierung sichtbar. In vier Teilabschnitten wurde der Bach ab 1863 von der Alster ausgehend in Richtung Nordschleswiger Straße bis 1914 zum Kanal mit unterschiedlichen Funktionen ausgebaut.

Er sollte das Sielsystem entlasten, im Falle eines Großbrands Wasser liefern und natürlich als Transportweg für Personen, vor allem aber für Waren dienen. Neben Kohle zum Antrieb der Maschinen und Baumaterialien waren es auch Rohstoffe und in Barmbek gefertigte Produkte, die ihren Weg per **Schute** über das Wasser nahmen.

Osterbekkanal mit Blick Richtung Gaswerk, 1927

→ **Schute**

Eine Schute ist ein Lastschiff, das in der Regel keinen eigenen Antrieb hat. Sie wird durch andere Schiffe gezogen bzw. geschoben oder per »Peekhaken« von Hand fortbewegt. Schuten dienen im Allgemeinen dem Transport von Waren auf Wasserstraßen. Im kolonialen Hamburg kamen sie in großer Zahl in den Fleeten der Speicherstadt zum Einsatz, aber auch im übrigen Hafengebiet. Das Stückgut in Form von Säcken oder Kisten wurde von den großen Seeschiffen auf Schuten umgeladen und im Anschluss zu Schuppen oder Lagerhäusern transportiert. Auch heute noch kommen Schuten zum Einsatz, wenn auch in wesentlich geringerer Zahl. Meist laden sie Schüttgut wie Kohle, Sand oder Kies und werden von Schleppern oder Barkassen fortbewegt.

Neben einem Gaswerk an der Flotowstraße und einer Müllverbrennungsanlage am Alten Teichweg war es vor allem die NYH, die den Osterbekkanal als Transportweg nutzte.

Um die Waren zu löschen, also von der Schute auf Pferdefuhrwerke zu laden oder umgekehrt, richtete man an verschiedenen Stellen am Kanal **Löschplätze** ein. Unser Standort ist der letzte dieser Plätze und könnte theoretisch noch in dieser alten Funktion dienen. Bis zum Beitritt Hamburgs zum Deutschen Zollverein 1888 hatte die Lage am Osterbekkanal einen großen Vorteil zu bieten. Er bildete die Grenze zwischen dem Hamburger Zollgebiet einerseits und dem Gebiet des Deutschen Zollvereins. Der Vorteil bestand darin, dass die Waren der Firmen nördlich des Kanals im Deutschen Reich zollfrei verkauft werden konnten, während sich die Unternehmen zugleich die Nähe zum Hamburger Hafen zunutze machen und Rohstoffe bis zum Fabrikareal liefern lassen konnten. Seit dem 19. Jahrhundert entstand hier am Osterbekkanal ein regelrechter Industriegürtel. Eine letzte Spur davon wird mit Blick auf die gegenüberliegende Seite unseres Standorts sichtbar. In östlicher Richtung nahe der Bahnbrücke erhebt sich ein **roter Klinkerbau**. Bei genauer Betrachtung lässt sich unter der obersten Fensterreihe der Schriftzug »Triton Werk Ferdinand Müller« lesen.

Seit 1910 befand sich die 1851 gegründete Firma für Metallverarbeitung an dieser Stelle. Nach einer Fusion firmierte sie unter dem Namen »Triton Belco« (heute »Triton Water«). Das Unternehmen machte sich insbesondere mit der sanitären Ausstattung großer Ozeanriesen wie der »Cap Arcona« der Reederei Hamburg Süd einen Namen.

Das Beispiel Barmbek macht deutlich, wie sich die Stadt durch den Kolonialismus auch außerhalb des Zentrums veränderte. Bis ins 19. Jahrhundert befand sich insbesondere im heutigen Stadtteil Barmbek-Nord Vieh- und Weideland, und das Gebiet war durch Höfe und Felder geprägt. Der Straßenname

»Lämmersieth« verweist noch auf diese Zeit. Die Industrialisierung führte zu einer immensen Verstädterung binnen kurzer Zeit. Erst nach dem Zweiten Weltkrieg erfolgte die Aufteilung in die Stadtteile Barmbek-Süd, Barmbek-Nord und Dulsberg. Ein Blick auf die Einwohnerentwicklung zeigt die rasche Urbanisierung Barmbeks: Während es 1810 gerade mal 750 Einwohner zählte, waren es bis 1880 bereits 16000 und 1910 schon über 90000 Einwohner. Heute ist in Barmbek kaum mehr fertigende Industrie angesiedelt. Ehemalige Fabrikareale wurden inzwischen umgenutzt. So beherbergt der »Triton-Hof« heute Büros unterschiedlicher Unternehmen.

⟶ Wir kehren nun zurück auf die Straße **Lämmersieth** und folgen ihr noch über die **Krausestraße** hinüber, bis linker Hand die **Wachtelstraße** abzweigt. Von der **Wachtelstraße** geht es bei nächster Gelegenheit rechts in die **Meisenstraße**. Dieser folgen wir, bis wir mit dem **Amalie-Dietrich-Stieg** linker Hand unsere nächste Station erreicht haben.

Ehemalige Firma Triton am Osterbekkanal

Margarine-Fabrik Hinrich Voss

Wer die baulichen Überbleibsel einer architektonisch eindrucksvollen Margarine-Fabrik aus dem frühen 20. Jahrhundert sehen möchte, folgt der Meisenstraße bis zur Mündung in die verkehrsreiche Habichtstraße. Diese führt linker Hand bis zu einer Kreuzung an der Ecke Habichtstraße/Bramfelder Straße. Das auffällige Eckgebäude zeigt die historischen Reste der Margarine-Werke von Hinrich Voss. 1909 war die Fabrik von der Humboldtstraße an diese Stelle gezogen. Im Hintergrund sind Teile der Fabrikhalle zu sehen. Der Kopfbau mit Turm im Vordergrund wurde 1925/26 nachträglich erbaut. Die Plastik eines Kuhkopfes am Turm verweist auf die »künstliche Butter«, die mitunter mit Rindertalg versetzt wurde. Im Eingangsbereich finden sich die skulpturalen Bildnisse eines Arbeiters und eines Mannes, der vermutlich ein Geschäftsbuch in seinen Händen hält. Margarine entstand im 19. Jahrhundert u.a., um im Zuge der Industrialisierung die Fettversorgung der Arbeiterschaft zu gewährleisten (→ Tour 8). Heute befindet sich auf dem Gelände die Zentrale der Techniker Krankenkasse.

Ehemalige Margarine-Fabrik Hinrich Voss

5

Amalie-Dietrich-Stieg

»*Der Gedanke an Godeffroy ließ Amalie keine Ruhe; wenigstens die Straße und das Haus wollte sie sich ansehen, wenn auch nur von außen. Sie war in fieberhafter Aufregung. Welche Pracht würde den Fürsten der Südsee umgeben!*« Mit diesen Worten schildert Charitas Bischoff in ihrer Erzählung über das Leben ihrer Mutter Amalie Dietrich deren ersten Besuch im Museum Godeffroy. Ob ihre Gefühle tatsächlich den Schilderungen der Tochter entsprachen, lässt sich natürlich nicht sagen. Fest steht jedoch, dass es zu dieser Begegnung kam. Concordia Amalie Dietrich (1821–1891), geb. Nelle, galt als eine der wenigen weiblichen Naturforscherinnen des 19. Jahrhunderts. Geboren im sächsischen Siebenlehn, begann sie gemeinsam mit ihrem Ehemann, dem Apotheker Wilhelm Dietrich, **Herbarien** anzulegen.

Auf Wanderungen sammelte das Paar alles, was die Natur zu bieten hatte: Pflanzenteile, Moose, Algen und Insekten. Diese verkauften die beiden teils als Auftragsarbeit an Universitäten, Schulen oder Botanische Gärten. Auch nach der Geburt ihrer Tochter Charitas setzten die Dietrichs ihre Arbeit gemeinsam fort.

Als sich Wilhelm Dietrich aus dem gemeinsamen Geschäft zurückzog, unternahm Amalie die oft wochenlangen Reisen allein bzw. einzig in Begleitung eines Hundes, der den Handwagen zog, in dem sie ihr Sammlungsgut unterbrachte. Während dieser Reisen gewann die Naturforscherin zunehmend Kontakte zu

Sammlern und Forschern und erreichte so einige Reputation in der Wissenschaftswelt der Botanik. Nach der Scheidung von ihrem Ehemann war Amalie auf sich allein gestellt. Während eines Hamburg-Aufenthalts lernte sie den Großindustriellen und Hobby-Botaniker Heinrich Adolph Meyer kennen. Dieser empfahl ihr die Kontaktaufnahme zu Johan Cesar Godeffroy VI, der im Begriff war, ein Privatmuseum am Alten Wandrahm in der heutigen Speicherstadt einzurichten (→ **Tour 2**).

Wie Charitas Bischoff in ihren Aufzeichnungen berichtet, wies dieser ihr Angebot, für das Museum als Pflanzensammlerin oder **»Pflanzenjägerin«** tätig zu sein, zunächst harsch zurück. Mithilfe von Empfehlungsschreiben namhafter Sammler gelang es ihr jedoch, Godeffroy zu überzeugen. So weit die Anfänge der Geschichte. Denn nun begann gewissermaßen das zweite Leben der Amalie Dietrich als »Australien-Forscherin«. Auf Godeffroys Schiff »La Rochelle« erreichte sie am 17. Mai 1863 die australische Ostküste. Rund zehn Jahre bereiste sie insbesondere den Nordosten des Kontinents und sammelte, was das Zeug hielt.

Ausgestattet mit Insektenkästen, Packpapier, Gläsern und Dosen machte sich Amalie Dietrich ans Sammeln. Neben Pflanzen waren es auch Insekten, Amphibien und Reptilien, die sie zurück nach Hamburg sandte. Rund 600 Arten soll die Naturforscherin »neu entdeckt« haben. Die »Neuentdeckung« bezog sich dabei allerdings auf die europäische Sichtweise, der lokalen Bevölkerung waren die Arten vermutlich schon länger bekannt.

Im Buch ihrer Tochter Charitas finden sich verschiedene Briefe, die der Auftraggeber nach Australien gesendet haben soll. Auf April 1866 datiert ein Brief von Godeffroys Museums-Kustos Johannes Dietrich Eduard Schmeltz. Darin heißt es: »Wenden Sie Ihre Aufmerksamkeit auch auf Geräte und Waffen der Eingeborenen. Sammeln Sie davon, was Sie können.« Das Interesse der Hamburger richtete sich also nicht nur auf Flora und Fauna. Auch Gegenstände, die man für ethnografisch interessant befand, gelangten in ihren Besitz. Doch damit nicht genug. Wohl auf eine Bitte des Berliner Pathologen Rudolf Virchow beauftragte Godeffroy seine »Pflanzenjägerin« mit der Übersendung menschlicher Schädel und Skelette. Und diese kam dem

→ Herbarium

Ein Herbarium dient der Sammlung und Bestimmung von Pflanzen zu Studienzwecken. Das Wort stammt aus dem Lateinischen und leitet sich von »herba«, das Kraut, ab. Neben der Anfertigung botanischer Verzeichnisse für Bücher war das Anlegen von Herbarien im 19. Jahrhundert eine gängige Praxis, um Wissen über die Flora zusammenzutragen. Sammelnde zogen, ausgestattet mit Botanisiertrommeln, durch Wald und Wiesen, um Pflanzen oder Pflanzenteile zu finden. Diese wurden im Anschluss gepresst, getrocknet und auf sogenannten Herbar-Bögen befestigt. Der so entstandene Herbarbeleg wurde mit den wichtigsten Informationen zur Pflanze beschriftet. Professionell Tätige erhielten den Auftrag, mehrere Herbarbelege eines Exemplars zu erstellen. Heute dient das Anlegen eines Herbariums meist eher als Hobby. Im 19. Jahrhundert erfüllte es mitunter wissenschaftliche Zwecke.

→ »Pflanzenjäger«

Im 19. Jahrhundert war es keineswegs unüblich, sogenannte »Pflanzenjäger« auszusenden, um die Sammelleidenschaft wohlhabender Menschen in Europa zu befriedigen. Die Pflanzen wurden anschließend in Museen archiviert, in botanischen Gärten angepflanzt oder mit Stolz als Privatsammlung zelebriert. Letzteres tat in Hamburg der Kaufmann Martin Johann Jenisch, der auf seinem Anwesen im Flottbeker Park (heute Jenischpark) über 800 verschiedene Orchideenarten zusammentragen ließ.

Auftrag nach. Rund 13 Skelette sollen durch ihr Zutun nach Deutschland gelangt sein. Wie diese in Amalie Dietrichs Hände gerieten, ist nicht eindeutig zu belegen. Doch existierte damals bereits ein Handel mit Gebeinen und Schädeln vor Ort, so dass diese über europäische Kolonialakteure in Dietrichs Hände gelangt sein könnten. Da die Aborigines ihre Toten teils auf Bäumen bestatteten, liegen auch Fälle von leicht zu bewerkstelligendem Grabraub nahe. Nicht eindeutig belegen lässt sich die Annahme, Amalie Dietrich habe den Auftrag erteilt, Aborigines erschießen zu lassen, um anschließend ihre Skelette und Schädel zu verschiffen.

Die Aborigines gaben ihr Jahre später allerdings den Beinamen »Angel of Black Death«. Der Handel mit bzw. der Raub von »Human Remains« war in kolonialer Zeit traurige Routine. Außer dem Museum Godeffroy haben sich auch weitere Hamburger Einrichtungen an diesem Verbrechen bereichert (⟶ **Station 6**). Nach ihrer Rückkehr erhielt Amalie Dietrich in den letzten Jahren vor dessen Schließung eine Anstellung im Museum Godeffroy. Sie starb 1891 infolge einer Lungenentzündung. Nicht nur der **Amalie-Dietrich-Stieg** ist in Hamburg nach der »Australienforscherin« benannt, deren koloniale Praktiken bis heute nicht eindeutig geklärt sind. Neben einem Studentenwohnheim im Grindelviertel trug ursprünglich auch die **Schule Lämmersieth** ihren Namen. Zur Schule gelangen wir in wenigen Minuten, indem wir von hier aus dem **Marianne-Wolff-Weg** bis zur Straße **Rudolphiplatz** folgen. Hier halten wir uns links und kommen so zurück auf die Straße **Lämmersieth**. Linker Hand ist nun schon der Schulbau zu sehen, der sich zwischen **Lämmersieth**, **Elise-Lensing-Weg** und **Adlerstraße** erstreckt.

Die »Öffentliche Volksschule Amalie-Dietrich-Weg« entstand Ende der 1920er Jahre nach Plänen von Fritz Schumacher. Die Namensgebung verwundert wenig, da bereits 1909 die populäre Biografie ihrer Tochter Charitas Bischoff erschienen war. Mit Ausnahme dieser Quelle ist wenig über Amalie Dietrich bekannt, und auch an den Inhalten dieser Biografie wurden recht bald Zweifel angemeldet. Die Autorin scheint sich bei der Abfassung verschiedener weiterer Bücher bedient zu haben, so dass die Lebensbeschreibung mehr als fiktionaler Text denn als authentische Biografie zu bewerten ist. Das minderte allerdings nicht den Erfolg. Bis heute ist das Buch in mehreren Auflagen erschienen und wurde unter dem Titel »The Hard Road« bereits 1931 ins Englische übersetzt. In der NS-Zeit avancierte es gar zur Schullektüre. Auch in den Nachkriegsjahrzehnten blieb das Interesse an Amalie Dietrich bestehen. Gleich zwei Zeitschriften verarbeiteten in den 1960er bzw. 1970er Jahren die Lebensgeschichte in Form eines Comics.

Wie alle Sammelnden und Forschenden im Fach der Botanik, deren Interesse über die heimische Pflanzenwelt hinausging, war auch Amalie Dietrich durch ihre Tätigkeit eng mit dem Kolonialismus verbunden. Ein Wesensmerkmal des Kolonialismus, das sich darin zeigt, ist die Gleichzeitigkeit von Begehrlichkeit und der Zerstörung des Begehrten. So ging der Wunsch der europäischen Kolonialisten nach ernsthafter Erforschung ihnen unbekannter Pflanzen bruchlos in die Zerstörung der Natur über, etwa durch die Anlage von Plantagen und den Abbau von Rohstoffen.

→ Wir begeben uns über den **Elise-Lensing-Weg** auf die **Adlerstraße** und damit zurück an die **Osterbek**. Hier halten wir uns rechts und fahren über eine Brücke durch die umgebende Grünanlage bis zum **Alten Teichweg**. Diesem folgen wir nach rechts, bis linker Hand der **Pinelsweg** abzweigt. Von hier aus fahren wir bei zweiter Gelegenheit rechts in den **Kraepelinweg** und im Anschluss links auf die **Friedrichsberger Straße**.

214

Schule Lämmersieth

6

Staatskrankenanstalt Friedrichsberg

Wir machen Halt an der **Friedrichsberger Straße 66**, wo sich heute ein Café befindet. Das Gebäude ist eines der letzten Relikte der ehemaligen »Staatskrankenanstalt Friedrichsberg«, die bereits in den 1860er Jahren als »Heil- und Irrenanstalt Friedrichsberg« gegründet wurde. In dem **historischen Backsteinbau** befand sich einst die Pathologie des Krankenhauses. Verstorbene wurden von hier aus auf ihre letzte Reise zum Friedhof Ohlsdorf geschickt. Um einen Überblick über das damalige Krankenhausgelände zu gewinnen, folgen wir dem Weg südlich der ehemaligen Pathologie in den **Friedrichsberger Park**. Nördlich des Parkgeländes befindet sich heute die »Schön Klinik Eilbek«, ansonsten hat das Gelände seinen Nutzungszweck für ein Krankenhaus verloren.

Früher waren hier die einzelnen Abteilungen und Nebengebäude locker verteilt und von Grün umgeben. 1911 hatte Fritz Schumacher das Areal neu geplant und um weitere Bauten ergänzt. Mit der baulichen Erweiterung der »Krankenanstalt« wuchs auch ihr Ruf.In den 1920er Jahren galt Friedrichsberg im In- und Ausland als wichtiges Forschungszentrum der Psychiatrie.

Gebäude der ehemaligen Pathologie

Verantwortlich dafür war nicht zuletzt ihr Oberarzt und späterer Direktor Dr. Wilhelm Christian Jakob Karl Weygandt (1870–1939), der ab 1908 in Friedrichsberg tätig war. Weygandt hatte nach seinen Studien der Philosophie, Germanistik und Theologie ein Medizinstudium absolviert und war zunächst Professor an der Universität Würzburg, bevor er seine Stelle in Hamburg antrat. Sein Interesse galt nicht allein der Therapie und Heilung von psychisch Kranken, vielmehr wollte er die zugrunde liegenden Krankheiten erforschen. Dass für ihn dabei weniger der Mensch als der Forschungserfolg im Vordergrund stand, macht der Umstand deutlich, dass er Patienten und Patientinnen als »Material« bezeichnete und sie mitunter nach ihrer Relevanz für seine Forschungen auswählte.

Ein erstes »Forschungsfeld« ergab sich für ihn in der Gruppe der sogenannten »geisteskranken Rückwanderer«. Seit der Zeit um 1900 kam eine große Zahl auswanderungswilliger Menschen aus Ost- und Südosteuropa nach Hamburg, um von hier aus in die USA überzusetzen (⟶ Tour 4). Dort gab es rigorose Kontrollen, und manch Zugewanderte wurden aus völlig nichtigen Gründen als »geisteskrank« gebrandmarkt. Die Folge war die Ablehnung der Einwanderung durch die Behörden und die Rückführung auf Kosten der jeweiligen Reederei. In Hamburg war das insbesondere die Reederei HAPAG. Zurück in Hamburg, wurden die Abgewiesenen zunächst in Friedrichsberg untergebracht. Weygandt bewertete die »Rückwanderer« im Lichte seiner sozialdarwinistischen Hypothesen als »minderwertig« und fürchtete um den guten Ruf des »Staatskrankenhauses«. Viele mussten rund hundert Tage in Friedrichsberg bleiben, bevor sie auf die Rückreise in ihre Herkunftsländer geschickt wurden.

Wilhelm Weygandt baute auch eine »neuropathologische Sammlung« auf, die schließlich aus über tausend Objekten bestand. Diese Sammlung enthielt neben Tierpräparaten und Gegenständen von ethnografischem Interesse auch zahlreiche **Human Remains**.

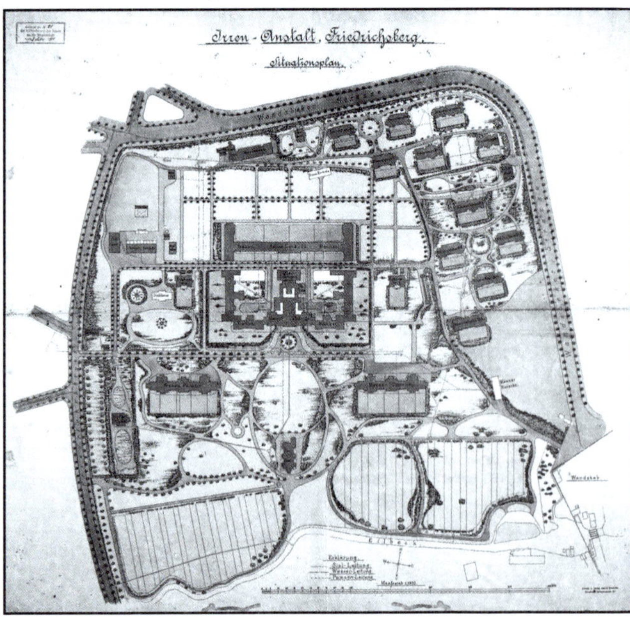

Lageplan der »Kranken-anstalt«

Krankenhaus-Gebäude, 1922

Diese stammten häufig von Menschen aus den deutschen Kolonien. Knochen und Schädel wurden vermessen, untersucht und vorgeführt, um »Rassentheorien« auf eine vermeintlich wissenschaftliche Grundlage zu stellen. Weygandt war dabei keineswegs der Einzige, der im Selbstverständnis, Wissenschaft zu betreiben, mithilfe menschlicher Gebeine **sozialdarwinistische** Theorien aufstellte. Viele europäische »Wissenschaftler« taten es ihm gleich und präsentierten ihre Konstrukte in Hörsälen und Publikationen der Öffentlichkeit. Den Blick auf und den Umgang mit Human Remains vieler Ärzte jener Zeit verdeutlicht eine Publikation Wilhelm Weygandts über die Staatskrankenanstalt Friedrichsberg von 1928. Dort beschreibt Weygandt auch die krankenhauseigenen Sammlungen und berichtet wie folgt: »Im ersten Saal findet sich eine Sammlung von pathologischen Menschenschädeln und künstlerisch ausgeführten Modellen von solchen, darunter Nachbildungen vieler Unica aus den verschiedensten auswärtigen, auch ausländischen Sammlungen, weiterhin von selteneren Hirnveränderungen, insbesondere auch Idiotengehirnen, sowie von Mißbildungen (gegen 300 Objekte).« »Saal 3«, so berichtet Weygandt weiter, »enthält eine Sammlung von menschlichen Rassegehirnen.«

→ Human Remains

Als »Human Remains«, zu Deutsch »menschliche Überreste«, werden Teile des menschlichen Körpers einer verstorbenen Person bezeichnet. Schädel und Skelette zählen ebenso dazu wie Gewebe oder konservierte Organe.
Europaweit wird die Zahl nicht bestatteter menschlicher Überreste auf rund drei Millionen geschätzt. Viele davon stammen aus kolonialen Zusammenhängen. Erst seit den 1990er Jahren wird in einer breiteren Öffentlichkeit über den weiteren Verbleib der Human Remains debattiert. Doch nicht immer ist nachvollziehbar, von wem die menschlichen Überreste stammen bzw. wie sie an ihren jeweiligen Aufbewahrungsort gelangt sind. Während Kunst und ethnografische Gegenstände digital erfasst und der Öffentlichkeit zugänglich gemacht werden können, wäre ein solches Vorgehen im Falle der Human Remains so menschenunwürdig, wie es ihre Sammlung selbst ist. So besteht der Gedanke zur Gründung eines Ethikrates, der sich mit einem würdigen Umgang auseinandersetzen soll. In diesem Rahmen soll auch darüber diskutiert werden, wie auch jene Human Remains eine würdevolle Ruhestätte finden können, die sich heute geografisch nicht mehr zuordnen lassen.

Im Jahr 2017 gab das Universitätsklinikum Eppendorf (UKE) in Hamburg bekannt, dass sich in seinem Medizinhistorischen Museum rund 75 Schädel befinden. Diese Human Remains gehören zur Sammlung Wilhelm Weygandts und stammen teilweise aus den ehemaligen deutschen Kolonialgebieten in Papua-Neuguinea, Qingdao, Kamerun und Namibia. Mindestens ein Schädel stammte von einem Herero. Ziel ist nun die Rückführung der sterblichen Überreste in die Herkunftsländer der Verstorbenen. Gerade im Falle der Human Remains ist die Restitution allerdings besonders sensibel und schwierig. Denn nicht immer lässt sich nachvollziehen, aus welchen kolonialen Kontexten sie stammen. Völlig undenkbar wäre es indes, sie an ihren gegenwärtigen Verwahrorten – häufig lagern menschliche Überreste in Sammlungen von Universitäten oder Museen – zu belassen. Für die Nachkommen ist es von großer Bedeutung, dass ihre Vorfahren eine angemessene Ruhestätte in ihrem Heimatland erhalten. Die Rückführung menschlicher Überreste ist jenseits von Fragen der Form ihrer Restitution deshalb unabdingbar.

→ Sozialdarwinismus

Ausgehend von Charles Darwins Evolutionstheorien entstand seit Mitte des 19. Jahrhunderts der Sozialdarwinismus, der aus Darwins Theorien von der natürlichen Selektion auf den ungleichen Wert von Menschen schloss und zum emsigen Vergleich zwischen Mensch und Mensch sowie Mensch und Affe führte. Meist männliche Naturwissenschaftler und Ärzte begannen mit der Vermessung und Dokumentation menschlicher Überreste, doch auch lebende Menschen blieben nicht verschont. Gipsabdrücke einzelner Körperteile und des Gesichts waren genauso an der Tagesordnung wie das Ausmessen ihrer Körper und Schädel. Ganze Sammlungen menschlicher Überreste entstanden so in Museen, an Universitäten und in Krankenhäusern in Europa. Diese pseudowissenschaftlichen Dokumentationen und Vergleiche hatten die fatale Erfindung von »Menschenrassen« zur Folge. Angebliche Merkmale bestimmter »Rassen« wurden festgelegt, und es wurde eine Hierarchie von »Naturvölkern« am unteren Ende und vermeintlich überlegenen westlichen »Kulturvölkern« im oberen Teil des imaginierten Spektrums geschaffen.

Mit Gründung der Universität Hamburg 1919 wurde die Anstalt Friedrichsberg als Lehrkrankenhaus Teil der Universität. Auch Wilhelm Weygandt hielt Vorlesungen zur Psychiatrie und stellte in den 1920er Jahren zunehmend die Forschung bzw. das, was er dafür hielt, in den Vordergrund. Als 1933 die Nationalsozialisten an die Macht kamen, begrüßte Weygandt diesen Umstand. Als Vertreter der Eugenik und Befürworter des »Gesetzes zur Verhütung erbkranken Nachwuchses« vom Juli 1933 bewegte er sich ganz im Rahmen der nationalsozialistischen Weltanschauung. Zweimal stellte er Anträge auf Aufnahme in die NSDAP, zweimal wurden diese abgelehnt. Vermutlich war es Weygandts vormalige Mitgliedschaft in einer Freimaurerloge, deretwegen man ihm die Aufnahme verwehrte und ihn seines Postens enthob.

Ohnehin hatten die Nazis mit dem Krankenhausgelände andere Pläne. Auf dem Areal in Friedrichsberg sollte mit dem »Biologischen Krankenhaus Eilbecktal – Gerhard-Wagner-Krankenhaus« eine Klinik entstehen, die sich mit Naturheilverfahren befassen sollte. Doch dieser Plan wurde bereits kurz nach Ausbruch des Zweiten Weltkriegs verworfen. Im Vordergrund stand nun die Nutzung als Lazarett. Die psychiatrische Abteilung wurde schon zuvor an das

Krankenhaus in Eppendorf (heute UKE) verlegt. Ein Teil der Patienten wurde in die Staatskrankenanstalt Langenhorn (ab 1938 »Heil- und Pflegeanstalt Langenhorn«) überführt. Im Rahmen der »Aktion T4«, auch bekannt als »Euthanasie-Programm«, wurden rund 300 Menschen, die einige Zeit in Friedrichsberg verbracht hatten, in den Tötungsanstalten ermordet. Die Nationalsozialisten bestimmten über »wertes« und »unwertes« Leben. Menschen mit tatsächlichen oder vermeintlichen psychischen Krankheiten wurden gemäß ihrer Eugenik als »unwertes Leben« klassifiziert und ermordet. An diese Opfer des Nationalsozialismus erinnert hier im Park stellvertretend das Schicksal der Künstlerin Elfriede Lohse-Wächtler. Im Gedenken an ihr Leben wurde der Rosengarten auf dem Gelände geschaffen und ein Weg nach ihr benannt.

Nach dem Zweiten Weltkrieg wurde das stark zerstörte Krankenhaus bis Mitte der 1950er Jahre wiederaufgebaut. Um seinen Namen von dem des Allgemeinen Krankenhauses Barmbek abzugrenzen, hieß es nun »Allgemeines Krankenhaus Eilbek«, obgleich es auf Barmbeker Gebiet lag. Anfang der 2000er Jahre vollzogen sich dann weitreichende Veränderungen. Entgegen einem Bürgervotum beschloss der Hamburger CDU-Senat die Privatisierung des »Landesbetriebs Krankenhäuser Hamburg« (LKB) – die städtischen Krankenhäuser wurden an das Unternehmen Asklepios Kliniken verkauft. Von diesem Verkauf war auch das Eilbeker Krankenhaus betroffen. Die Asklepios Kliniken veräußerten das Areal dann weiter an die Klinikgruppe »Schön Klinik«. Die alten Gebäude wurden abgerissen, und auf knapp der Hälfte des Geländes entstand ein neues Krankenhaus. Der restliche Teil dient heute dem »Wohnen im Park«.

Wir folgen dem Weg durch den Park und gelangen an seinen östlichen Ausgang bei der Straße **Eilbektal**. Hier gibt es nun zwei Möglichkeiten: Wer den Verkehrslärm meiden möchte, dabei aber ein kurzes Absteigen vom Fahrrad nicht scheut, kann den Weg unter den Gleisen der S-Bahn-Linie hindurch

Wandsbeker Mühlenteich mit Blick zum Bahnhof Friedrichsberg, 1916

nehmen. Jenseits der Straße **Eilbektal** führt in südöstlicher Richtung neben einem betonlastigen Spielplatz ein kleiner Weg die Wandse entlang bis zum **Mühlenteich**.

Wer den einfachen Weg bevorzugt, folgt der Straße **Eilbektal** vorbei an der S-Bahn-Station Friedrichsberg über die Kreuzung, wo sie in die **Stormaner Straße** mündet. Von hier aus führt rechter Hand ein Weg direkt in den Park rund um den Mühlenteich.

⟶ Wer möchte, kann sich für die nächste Station hier im Park niederlassen. Alternativ halten wir uns beim Verlassen des Parks am östlichen Ende des **Mühlenteichs** rechts und folgen der **Wandsbeker Königstraße** bis zur Einfahrt links in die **Königsreihe**, die uns automatisch in die **Kattunbleiche** führt. Wer lieber noch ein wenig am Wasser sein möchte, folgt dem **Wandsezug** (Vorsicht ein kurzes Stück Einbahnstraße in der Von-Hein-Straße) bis in die **Litzowstraße**, die rechter Hand auf die **Kattunbleiche** führt.

Rosengarten zum Gedenken an Elfriede Lohse-Wächtler

7

Wandse und Kattunbleiche

Kattun ist ein Baumwollgewebe, das durch seine Leinwandbindung, bei der die Fäden schachbrettartig abwechselnd oben und unten liegen, recht widerstandsfähig ist. Das dünne Kattun hat auf beiden Seiten dieselbe Oberflächenstruktur. Heute wird Kattun für Tischdecken oder Vorhänge eingesetzt, in früheren Jahren vielfach als Innenfutter für Jacken oder Kleider, aber auch um Bücher zu beziehen. Das Gewebe hat seinen Ursprung vermutlich schon im alten Ägypten. Sein Name geht auf das arabische »qutun« – »Baumwolle« – zurück, das im Niederländischen als »katoen« und im Englischen als »cotton« vorkommt. Lange bevor man in Europa Stoffe aus Baumwolle kannte, wurde Kattun bereits in Indien und China hergestellt.

Der Rohkattun ist weiß und wurde in der Sonne gebleicht, damit er anschließend bedruckt werden konnte. Um die Tücher auszubreiten, brauchte es Platz, und dieser fand sich auf den **Wiesen an der Wandse**. Seit dem 18. Jahrhundert siedelten sich hier Kattundruckereien an, was auf die Initiative des Kaufmanns Heinrich Carl von Schimmelmann (1724–1782) zurückgeht. Dieser hatte erkannt, dass in Hamburg zu wenig Platz war für die Kattundruckerei. Und er hatte außerdem erkannt, auf welche Weise er mit dem Kattun am meisten Geld verdienen konnte.

Baumwolle ist als Nutzpflanze untrennbar mit dem Kolonialismus verbunden. Sie wurde auf Plantagen angebaut, die von Versklavten bewirtschaftet wurden. Daneben war sie eines der Produkte, die beim transatlantischen Menschenhandel, an dem Schimmelmann ein Vermögen verdiente, zum Einsatz kam.

Bevor die Baumwolle nach Europa kam, trugen die Menschen Kleidungsstücke aus Leinen oder Wolle. Das änderte sich zunehmend mit der industriellen Revolution. 1793 erfand der Amerikaner Eli Whitney die Egreniermaschine, eine Entkörnungsmaschine, die Baumwollfasern und Samen trennte. Die »Cotton Engine«, kurz »Cotton Gin« genannt, setzte einen Arbeitsschritt maschinell um, der zuvor von Hand getätigt worden war. Rund dreißig Jahre zuvor war in Großbritannien mit der »Spinning Jenny« die erste Spinnmaschine auf den Markt gekommen. Der industriellen Massenverarbeitung von Baumwolle stand nun nichts mehr im Wege. Mit den expandierenden Märkten stieg auch der Bedarf an Arbeitskräften, die zu großen Teilen versklavt wurden. Immer mehr Versklavte wurden auf den Plantagen zur Arbeit bei der Baumwollgewinnung gezwungen, und die »Cotton Gin« hatte dazu geführt, dass noch einmal mehr Menschen zum Pflücken der Baumwolle gezwungen wurden. Mitte des 19. Jahrhunderts existierten in den USA Zehntausende Baumwollplantagen, die von gut zwei Millionen Versklavten bewirtschaftet wurden. Doch es wäre falsch, hier den Fokus allein auf die USA zu legen. Denn es waren die europäischen Märkte, die expandierten, und die europäischen Gesellschaften, die nicht weniger von der Versklavung profitierten.

→ Baumwolle

Die Baumwollpflanze gehört zur Familie der Malvengewächse und erreicht eine Höhe von ein bis zwei Metern. Tatsächlich gibt es nicht die eine Baumwolle, sondern dreißig unterschiedliche Sorten. Solange sie bei Sonne und Wärme gedeihen kann, ist die Baumwollpflanze recht anspruchslos und lässt sich mehrmals im Jahr ernten. Diese Ernte wurde über Jahrhunderte von Hand durchgeführt, inzwischen existieren Pflückmaschinen. Die eigentliche Wolle, die dabei geerntet wird, ist das Samenhaar der Pflanze, das sichtbar wird, wenn die reifen Früchte aufspringen. Ein wichtiger Arbeitsschritt ist die Trennung von Wolle und Samen mittels Entkörnungsanlage. Im Anschluss wird die Baumwolle zu Ballen gepresst und kann nun in einer Weberei oder Spinnerei weiterverarbeitet werden. Auch die Samen werden mitunter weiterverarbeitet. In den USA beispielsweise ist Baumwollsamenöl eines der am meisten verwendeten Speiseöle. Es wird aus den Samen der Baumwollpflanze hergestellt, die nach der Trennung von den Fasern in eine Ölmühle gegeben werden. Heute sind China und Indien die größten Baumwollproduzenten, gefolgt von den USA. Europa spielt als Anbaugebiet eine eher geringe Rolle, Baumwollzucht wird unter anderem in Griechenland und Spanien betrieben.

Mit dem transatlantischen Menschenhandel erreichte ein auf Rassismus und Kapitalismus gegründetes Unrechtssystem seinen grausamen Höhepunkt. Rohstoffe wie Baumwolle und Zuckerrohr, Gewürze und Elfenbein wurden dabei nach Europa verschifft und verarbeitet. Ein Beispiel hierfür ist das Kattun in Wandsbek. Im Anschluss wurden die Produkte nach Afrika verschifft und dort gegen Menschen eingetauscht, die man wiederum nach Amerika verschleppte, versklavte und zur Arbeit zwang. Das System wird häufig auch etwas euphemistisch als »Dreieckshandel« bezeichnet, weil es sich zwischen drei Kontinenten abspielte. Vom frühen 16. Jahrhundert bis ins späte 19. Jahrhundert wurden auf diese Weise nahezu zwölf Millionen Menschen verschleppt. Rund die Hälfte dieser Menschen lebte im 18. Jahrhundert, als der transatlantische Menschenhandel seinen traurigen Höhepunkt erreichte. Auch im deutschsprachigen Raum beteiligten sich Handelshäuser lange vor den politischen Bestrebungen des deutschen Kolonialismus am **Versklavungshandel**.

Für diese Beteiligung steht exemplarisch der Name Heinrich Carl Schimmelmanns, dem wir uns auf den nächsten beiden Stationen genauer widmen. Im 19. Jahrhundert setzte die Bewegung des Abolitionismus ein. Noch zuvor hatte sich **Haiti** als erstes Land von der Versklavung und der kolonialen Unterdrückung befreit.

1807/1808 wurde der transatlantische Menschenhandel in den USA und Großbritannien untersagt. Es sollte jedoch noch dreißig Jahre dauern, bis auch die Sklaverei in diesen Nationen selbst verboten wurde. Das Schlusslicht bildete Brasilien, wo die Sklaverei offiziell erst 1888 abgeschafft wurde. Auch nach dem Ende der Sklaverei blieb der Baumwollanbau aber mit gewaltsamer Ausbeutung, Unterdrückung und Entrechtung verbunden. Ein Beispiel hierfür ist die ehemalige Kolonie »Deutsch-Ostafrika« (heute Tansania, Ruanda und Burundi). Schon seit der Besetzung ihres Landes 1884 leistete die lokale Bevölkerung immer wieder kriegerischen Widerstand, um sich gegen die deutsche Kolonialmacht zu wehren. Die Niederschlagung der Kämpfe kostete das Kaiserreich viel Geld, also erhob die Kolonialbehörde vor Ort eine »Hüttensteuer«. Wer diese nicht aufbringen konnte, war gezwungen, Zwangsarbeit auf den Plantagen zu leisten und entsprechend die Bewirtschaftung der eigenen Felder zu vernachlässigen. Mit dem Bedarf an Baumwolle auf dem deutschen Markt stieg auch der Bedarf an Arbeitskräften, und so wandelte Gustav Adolf Graf von Götzen, der seit 1901 Gouverneur war, die »Hüttensteuer« kurzerhand in eine »Kopfsteuer« um. Die Einheimischen hatten nun noch höhere Steuersummen aufzubringen, was für noch mehr Menschen den Weg in die Zwangsarbeit bedeutete. Im Juli 1905 setzten diese sich zur Wehr und zerstörten ein Baumwollfeld, auf dem Zwangsarbeit geleistet wurde. Dies war der Beginn des »Maji-Maji-Krieges«. Das Besondere an diesem Krieg war, dass die Kämpfenden aus verschiedenen ethnischen Gruppen stammten und sich unter dem Schlachtruf »Maji-Maji« gegen die deutschen Kolonialisten vereinigt hatten. Sie bezogen sich damit auf ein Versprechen des Heilers Kinjikitile Ngwale, der verkündet hatte, er könne den überlegenen Kolonialtruppen mittels »Maji-Magie« eine Niederlage beibringen. Zunächst waren die Kampferfolge gegen die überraschten Deutschen groß, und der Widerstand breitete sich rasch aus. Als die »Maji-Maji«-Truppen versuchten, die deutsche Militärstation Mahenge einzunehmen, mussten sie aber eine Niederlage hinnehmen. In den nun folgenden Monaten brannten die »Schutz-

→ Beteiligung am Versklavungshandel

Ein frühes Beispiel für die Beteiligung am Versklavungshandel im deutschsprachigen Raum sind die Augsburger Handelshäuser der Welser und Fugger im 16. Jahrhundert. Während die Fugger den portugiesischen Menschenhandel mittels Finanzinvestitionen beförderten, beteiligten sich die Welser ganz direkt. Karl V. hatte ihnen zur Tilgung seiner Schulden mit »Klein-Venedig« Land im heutigen Venezuela überschrieben. Hier ließen sie Versklavte für sich arbeiten. Im 17. Jahrhundert ließ Kurfürst Friedrich Wilhelm I. von Brandenburg (1620–1688) für die »Brandenburgisch-Afrikanische Compagnie« (BAC), die sich am transatlantischen Versklavungshandel beteiligte, die »Groß Friedrichsburg« an der Küste Ghanas errichten. Die Festung diente dem Kurfürsten als »Umschlagplatz« für den Versklavungshandel. Einen weiteren Handelsstützpunkt etablierte Friedrich Wilhelm auf der dänisch-karibischen Insel St. Thomas 1685.

truppen« Siedlungen nieder und zerstörten Felder und Brunnen. Damit raubten sie der lokalen Bevölkerung die Lebensgrundlage. Aufseiten der Afrikaner starben 250 000 bis 300 000 Menschen durch diesen Krieg und seine Folgen, das machte etwa ein Drittel der Bevölkerung aus. Die brachiale Gewalt, die von den Deutschen ausging, stieß selbst im Reichstag auf Kritik, unter anderem seitens der Sozialdemokraten. Im Februar 1907 wurde offiziell das Kriegsende verkündet, vereinzelte Kämpfe flammten aber noch bis ins Folgejahr immer wieder auf.

Der Rohstoff Baumwolle ist durch Plantagenwirtschaft, Sklaverei, Krieg und Gewalt untrennbar mit dem US-amerikanischen und europäischen Kolonialismus verknüpft. Der Straßenname **Kattunbleiche** umfasst deshalb auch diesen Teil der Geschichte.

→ Wir folgen der Straße nun, bis sie auf die **Wandsbeker Allee** stößt, und passieren dabei das Staatsarchiv Hamburg. An der **Wandsbeker Allee**, die einen Teil des Ring 2 bildet, halten wir uns rechts und gelangen nach wenigen Metern zum historischen Friedhof direkt neben der Christuskirche nahe dem **Wandsbeker Markt**. Für die nächsten beiden Stationen lohnt es sich, das Rad einen Moment abzustellen.

→ **Haitianische Revolution**

Während in Frankreich im Zuge der Französischen Revolution 1789 Freiheit, Gleichheit und Brüderlichkeit propagiert wurden, machen die Verhältnisse zu dieser Zeit im heutigen Haiti deutlich, dass diese Ideale nicht für alle Menschen galten. Bereits im 17. Jahrhundert hatte Frankreich auf diesem Gebiet die Kolonie Saint-Domingue gegründet. Hier bestand eine Vier-Klassen-Gesellschaft. Ganz oben in der Hierarchie standen *weiße* Menschen, die Plantagen besaßen, auf denen sie Versklavte zur Arbeit zwangen. Ihnen folgten ihre teils mit versklavten Frauen gezeugten Nachkommen. Es ist davon auszugehen, dass diese versklavten Frauen häufig Opfer sexueller Gewalt wurden, ein Umstand, der sich auch auf nachfolgende Generationen auswirkte und womöglich noch auswirkt. An dritter Stelle stand die Schicht der einfachen *weißen* Arbeiterschaft und am untersten Ende die zahlreichen versklavten Frauen und Männer, die auf Baumwoll- und Zuckerplantagen zur Arbeit gezwungen wurden. Diese letzte Gruppe machte zeitweise rund eine halbe Million Personen aus und stellte damit den Großteil der Bevölkerung. Mit der Französischen Revolution hätten die vier Klassen eigentlich verschwinden müssen, das war aber mitnichten der Fall. Als 1791 der Widerstand begann, hängten die Franzosen unter General Jean-Pierre Boyer versklavte Menschen demonstrativ auf öffentlichen Plätzen. Die Versklavten erkannten, dass der einzige Weg in die Freiheit die Selbstbefreiung sein konnte, und starteten die Revolution. Nach Abschaffung der Versklavung 1794 erreichten sie 1804 unter ihrem Anführer François-Dominique Toussaint Louverture (1743–1803) die Unabhängigkeit Haitis.

8

Historischer Friedhof Wandsbek

Der kleine **historische Friedhof** im Zentrum des Stadtteils existierte bereits im 17. Jahrhundert. Ursprünglich war das Areal deutlich größer. Aufgrund von Baumaßnahmen und Veränderungen der Straßenführung mussten mehrfach Gräber umgebettet werden. Die letzte Bestattung fand hier Mitte des 19. Jahrhunderts statt. Danach wurden die Toten auf dem nahe gelegenen Alten Friedhof Wandsbek beerdigt. Hier neben der **Christus-Kirche** sind einige interessante historische Gräber erhalten. Zudem dient der Friedhof inzwischen auch als Gedenkort. So findet sich an dieser Stelle eine Gedenktafel für den NS-Widerstandskämpfer Helmuth James Graf von Moltke. Am deutlichsten jedoch tritt ein quadratischer weißer Bau mit einer grünen Kuppel hervor. Selbst von der gegenüberliegenden Straßenseite aus ist das **Mausoleum** von Heinrich Carl Graf von Schimmelmann und seiner Ehefrau Caroline Tugendreich von Friedeborn (1730–1795) deutlich zu sehen.

Schimmelmann-Mausoleum

Der klassizistische Bau wurde zwischen 1787 und 1791 von dem Architekten Carl Gottlob Horn unter Einbeziehung seines italienischen Kollegen Giovanni Antonio Antolini erbaut. Damit war die letzte Ruhestätte erst neun Jahre nach Schimmelmanns Tod fertiggestellt. Das Mausoleum war nicht der erste Bau, den Horn im Auftrag Schimmelmanns entwarf. Er hatte für ihn bereits die Pläne für das Wandsbeker sowie den Umbau des Ahrensburger Schlosses angefertigt.

Geboren im vorpommerschen Demmin, verdingte sich Schimmelmann zunächst als Kaufmann in Dresden. Durch die Hochzeit mit Caroline, der Pflegetochter eines geadelten kursächsischen Geheimrats, verschaffte er sich Kontakte zum sächsischen Hof und brachte es schließlich zum Heereslieferanten Friedrichs des Großen im Siebenjährigen Krieg. Als Gegenleistung für das gelieferte Getreide übergab dieser ihm günstig eine Sammlung konfiszierten Meissener Porzellans. Dieses wiederum brachte Schimmelmann beim Verkauf ein wahres Vermögen ein.

Als nunmehr reicher Mann kam Schimmelmann auch in Kontakt zum dänischen König. Der finanziell angekratzte Monarch nahm Schimmelmanns Unterstützung dankbar an, verschaffte ihm eine Stelle als Schatzmeister am dänischen Hof und verlieh ihm die dänische Staatsbürgerschaft.

Nachdem Schimmelmann 1757 nach Hamburg gekommen war, begann er mit einer Anhäufung von Immobilien und Unternehmen sondergleichen. In Ahrensburg erwarb er ein Schloss, das bis heute vor den Toren Hamburgs steht. Hier in Wandsbek ließ er sich das Wandsbeker Schloss in neuer Form erbauen. Außerdem siedelte er Industrie an wie beispielsweise die Kattundruckereien und eine Brauerei. Zudem zählten eine Branntweinbrennerei und Baumwollwebereien zu seinem Besitz. Nahe der Kirche St. Michaelis besaß er mit dem Gottorper Palais außerdem eine städtische Residenz. In Dänemark kaufte er eine große Zuckerraffinerie und eine Waffenfabrik. Sicherlich hätte sich Schimmelmann all das nicht leisten können, wäre er nicht in den grausamsten Handel seiner Zeit eingestiegen: den transatlantischen Menschenhandel (→ **Station 7**). Über seine Kontakte zum dänischen König und seine Beteiligung an der dänischen »Westindien-Guinea-Kompanie« erlangte er Plantagen auf den **dänisch-karibischen Jungferninseln**.

Hier ernteten rund eintausend versklavte Menschen Zuckerrohr und Baumwolle, die in Wandsbek und Ahrensburg zu Produkten verarbeitet wurden, welche in Afrika wiederum gegen Menschen eingetauscht wurden – die man dann auf die karibischen Inseln verschleppte. Auch wenn Schimmelmann zeitlebens niemals dorthin gereist ist, wurde er einer der größten Menschenhändler der Region. Gelegentlich ließ er Versklavte zur Ausbildung im Handwerk nach Wandsbek kommen. Diese wurden danach zurück auf die Plantagen geschickt, um ihre neu erworbenen Kenntnisse weiterhin als Versklavte anzuwenden.

→ **Dänisch-karibische Jungferninseln**

Ausgehend von Christopher Kolumbus hatten die Europäer bereits seit dem 15. Jahrhundert ein Auge auf die karibische Inselgruppe der Jungferninseln geworfen, die bereits seit 300 n.Chr. durch das Volk der Taino besiedelt war. Im 17. Jahrhundert wurden die Inseln als »Dänisch-Westindien« zu dänischen Kolonien und somit Schauplatz des

Versklavungshandels. Auf der Insel St. Thomas kamen die versklavten Menschen von der westafrikanischen Küste an, zumindest jene, die die Überfahrt überlebt hatten. Denn die »Unfreien« wurden an Bord je zu zweit gefesselt und mussten die wochenlange qualvolle Überfahrt auf engstem Raum überstehen. Durch Krankheiten und Entkräftung war die Sterblichkeit hoch. Am Zielort angekommen, wurden die Überlebenden auf den Zucker- und Baumwollplantagen zur Arbeit gezwungen, eine Arbeit, für die es statt bewältigbaren Arbeitszeiten und Entlohnung nur Gewalt und Entrechtung gab. Immer wieder übten die Versklavten Widerstand, der mit brutalen Strafen belegt wurde. Die damalige Lebenserwartung der Menschen auf den Plantagen betrug gerade einmal 25 Jahre. Auf der Insel St. Croix erinnert bis heute das Fort Frederik in der Gemeinde Frederiksted an die Herrschaft der Dänen. Unter König Friedrich V. wurde es Mitte des 18. Jahrhunderts durch versklavte Menschen erbaut. Diese waren es auch, die 1848 revoltierten. Das Fort wurde von 8000 Personen umzingelt, die damit drohten, es niederzubrennen, und ihre sofortige Freiheit forderten. Und diese erlangten sie durch ihren ungebrochenen Widerstand auch. Ohne Zwangsarbeit war die Bewirtschaftung der Plantagen für die Dänen nun unrentabel geworden und sie verloren zunehmend das Interesse an den Jungferninseln. 1917 verkauften sie das Territorium für 25 Millionen US-Dollar an die USA. Bis heute haben die Inseln den Status eines nicht-inkorporierten Teils der USA. Das bedeutet, ihre Bevölkerung hat nicht die gleichen Rechte wie andere Menschen in den USA, darf beispielweise nicht an den Präsidentschaftswahlen teilnehmen. Auf der anderen Seite sind die Jungferninseln auch nicht politisch unabhängig von den USA. Ganz ähnlich eben einer Kolonie.

Aus dem Jahr 1773 datiert ein Gemälde von Lorens Lönberg. Zu sehen ist darauf Schimmelmann sitzend an einem Tisch im edlen Zwirn, neben ihm ein Porträt der dänischen Königin, im Hintergrund eine Büste des dänischen Königs. Stehend neben dem Tisch blickt ein Schwarzer Diener dem Betrachter in die Augen. Tatsächlich war es in dieser Zeit üblich, ja sogar »schick«, Schwarze Diener zu beschäftigen. Zwar ist heute wenig über ihre Lebens- und Arbeitsumstände bekannt, aber es ist davon auszugehen, dass es sich hierbei um ein starkes Abhängigkeitsverhältnis handelte. Auch die Bediensteten wurden wie Ware behandelt und für die Arbeit bei Adligen oder besonders reichen Europäern aus ihrer Heimat verschleppt. Und auch hier mischte Schimmelmann mit und vermittelte versklavte Afrikaner nach Wandsbek, Kopenhagen und Schleswig-Holstein.

Schimmelmann starb 1782 in Kopenhagen und wurde zunächst vor Ort bestattet, bevor sein Leichnam nach Wandsbek überführt wurde. Er hinterließ seinen Nachkommen ein großes Vermögen. Sein Sohn Ernst Heinrich von Schimmelmann (1747–1831) wird häufig mit der Abschaffung der Sklaverei in Verbindung gebracht. Und tatsächlich sorgte er für ein Ende des strengen Bestrafungssystems auf den Jungferninseln. Aus heutiger Sicht muss allerdings ungeklärt bleiben, ob Ernst Heinrich aus moralischen Gründen handelte oder sein Handeln eher als taktische Reaktion auf den zunehmenden Widerstand der versklavten Menschen – in Haiti hatte dieser zur Unabhängigkeit geführt – zu werten ist. Im **Inneren des Mausoleums** wird das familiäre Vermögen einmal mehr sichtbar. Dorische Säulen tragen die reich verzierte Kuppel, an den Wänden befinden sich allegorische Figuren, unter denen auf einem Marmorboden zwei große Sarkophage aus Carrara-Marmor stehen. Diese allerdings sind leer. Tatsächlich wurden sowohl Heinrich Carl Schimmelmann als auch seine Ehefrau unter dem Boden des Mausoleums bestattet.

An der Wand prangt außerdem ein **Vers des Dichters Matthias Claudius** (1740–1815):

»Wohltaten – still und rein gegeben
sind Tode – die im Grabe leben
sind Blumen – die im Sturm bestehen
sind Sternlein – die nicht untergehen«

So lieblich diese Zeilen klingen, so zynisch wirken sie heute mit Blick auf das Leben Schimmelmanns. Dass ausgerechnet ein Gedicht von Claudius in der letzten Ruhestätte verewigt ist, kommt nicht von ungefähr. Schimmelmann hatte den Dichter als Redakteur für den Wandsbecker Bothen nach Hamburg geholt, und Caroline war die Taufpatin von Claudius' Tochter Caroline Rebecca. Hier auf dem Friedhof steht seit 2015 eine **Bronzeskulptur** des Bildhauers Waldemar Otto im Gedenken an den Dichter des »Abendlieds«, das die meisten wohl unter dem Namen seiner ersten Zeile »Der Mond ist aufgegangen« kennen. 1773 erschien im »Wandsbecker Bothen« Claudius' Gedicht »Der Schwarze in der Zuckerplantage«.

Dass Claudius hier direkten Bezug auf seinen Freund Schimmelmann nimmt, lässt sich heute nicht mehr beweisen, gilt aber als sehr wahrscheinlich. Das Gedicht ist durchaus als Kritik an der Sklaverei zu verstehen. Dass Claudius' Protagonist die »weißen Männer« als »klug und schön« beschreibt, ist wohl eher der Imagination des Dichters bzw. einem Stereotyp geschuldet als der Realität. Die Gegenüberstellung des von Claudius erdichteten »armen Schwarzen Mann[s]« und der vermeintlich positiven Konnotation des *weiß*-seins ist ein Element, das sich bis in unsere Zeit in anti-Schwarzen Rassismen zeigt.

Auch der Dichter Matthias Claudius und seine Frau Anna Rebekka, geb. Behn, sind auf dem historischen Friedhof unweit des Mausoleums bestattet.

Das Mausoleum ist im Rahmen von Führungen für die Öffentlichkeit zugänglich. Wer auch das Innere mit eigenen Augen sehen möchte, wendet sich an die Christusgemeinde und vereinbart einen Termin.

→ Wandsbecker Bothe

Der »Wandsbecker Bothe« – damals hatte Wandsbek noch ein »c« im Namen – war eine mehrmals wöchentlich erscheinende Zeitung. Sie bestand zwischen 1771 und 1775 und konnte in dieser kurzen Zeit einen Ruf weit über die Tore Wandsbeks hinaus erlangen. Ihr Redakteur war Matthias Claudius. Neben Nachrichten aus aller Welt beinhaltete die Zeitung auch Gastbeiträge. Claudius gelang es, namhafte Größen der Literaturszene seiner Zeit für Beiträge zu gewinnen. Zu ihnen zählen u.a. Klopstock, Goethe, Lessing und Herder. Gegründet wurde der »Bothe« als Nachfolgeblatt des »Wandsbeckischen Mercurs«. Nach dessen Einstellung war es Schimmelmann, der die Gründung einer neuen Zeitung initiierte. Eine Verbindung Schimmelmanns zu Claudius bestand also direkt nach dem Umzug des Dichters nach Wandsbek. Wegen einer zu geringen Auflage aufgrund von Lesermangel musste die Zeitung 1775 eingestellt werden. Den Namen »Wandsbecker Bothe« oder »Wandsbeker Bote« trugen auch in folgenden Jahrzehnten verschiedene Publikationen. Die Symbole des »Wandsbecker Bothen« – ein Hut, eine Tasche und ein Wanderstock – zieren auch das Wandsbeker Wappen.

Bevor wir nun den Friedhof verlassen, widmen wir uns noch einem weiteren Grab auf dem historischen Friedhof. Ein grau-silberner Stein mit floraler Bekrönung markiert ein **Grab von Mitgliedern der Familie Helbing**.

Bemerkenswert ist, dass der Stein im unteren Bereich durch eine Palme geschmückt ist, möglicherweise ein Verweis darauf, dass das Unternehmen im 19. Jahrhundert auch in den Kolonien sein Geld machte. Mal wieder war es Schimmelmann, von dem die Initiative ausging, Samuel Ernst Helbing von Dresden nach Wandsbek zu holen. Er übertrug diesem die Brauerei auf seinem Gut und sorgte so für die wirtschaftlichen Anfänge der Familie Helbing in Wandsbek.

1836 gründete Johann Peter Hinrich Helbing auf einem Gelände an der Wandsbeker Zollstraße die »Helbingsche Dampf-Kornbrennerei und Presshefe-Fabriken AG«, die ab 1861 von seinem Sohn Christoph Heinrich Helbing geleitet wurde. Hier entstand, was heute weit über Hamburg hinaus als Helbing-Kümmel bekannt ist. Die Firma Helbing war eine von vielen Spirituosenfabriken jener Zeit, allerdings eine der größten. Häufig wurden in dieser Industrie auch die aus der Destillation entstandenen Abfallprodukte verarbcitet wie zum Beispiel Hefe.

Ab 1884 hatten die Produzenten von Rum und Genever eine extrem lukrative Zeit, denn Branntwein war eines der hauptsächlichen Exportprodukte in die deutschen Kolonien. In Hamburg, Wandsbek und Umgebung entstand hieraus eine ganze Industrie. Über die Hälfte der Produktion wurde nach Afrika verschickt. Die Firma Helbing wurde so von einem überschaubaren Familienbetrieb zu einem Arbeitgeber mit 400 Beschäftigten im Jahr 1900. In den Kolonien wurde der Alkohol gegen Rohstoffe wie Elfenbein oder Palmöl eingetauscht. Handelshäuser, insbesondere die Unternehmen Adolph Woermanns (⟶ **Tour 1**), bezahlten gar »Löhne« in Form von Branntwein. Der Alkoholexport aus dem Kaierreich hatte extrem negative Folgen für die lokale Bevölkerung in den kolonisierten Gebieten, denn neben Gewalt und Entrechtung stellte auch der Alkohol ein Herrschaftsinstrument dar. Die Folgen des Konsums wurden zwar auch an die

Grabstein der Familie Helbing

Reichsregierung übermittelt, zum Beispiel vonseiten der christlichen Mission, und das Thema des Spirituosenexports schaffte es sogar in den Reichstag. Während die Sozialdemokraten diese Praxis aber kritisierten, war Woermann ein großer Befürworter und sprach 1885 in einer Rede gar von »einem scharfen Reizmittel«, dessen es bedürfe, »da wo man Zivilisation schaffen möchte«. Letztlich wurden also die wirtschaftlichen Interessen des Deutschen Reichs wie üblich über das Wohlergehen der Bevölkerung insbesondere in den westafrikanischen Kolonien gestellt. Neben der Schnapsindustrie profitierten auch Handelshäuser und Reedereien vom Export. Alkohol eignete sich hervorragend als Zuladung auf Schiffen, deren Laderäume nicht vollständig gefüllt waren oder die erst auf der Rückfahrt wertvolle Fracht an Bord hatten. Entsprechend mussten die Spirituosen nicht nur günstig zu haben, sondern auch jederzeit verfügbar sein. Insbesondere jene Reedereien, die einen regelmäßigen Liniendienst eingeführt hatten wie beispielsweise die Reederei Woermann, wurden zu Hauptabnehmern der Schnapsbrennereien. Diese agitierten nicht zwingend für die Schaffung von Kolonien, aber sie gehörten zu den großen Profiteuren des Kolonialismus. Erfreulicherweise scheint dieser Umstand auch der heutigen »Heinrich Helbing GmbH« bewusst zu sein. Auf der Homepage des Unternehmens heißt es: »Zur Weiterentwicklung von Helbing gehört auch die kritische Auseinandersetzung mit dem deutschen Kolonialismus – eine Zeit, in der Helbing bereits als großes Unternehmen Handel betrieb.« Nach eigener Aussage hat die Firma unabhängige Historiker mit der Aufarbeitung kolonialer Verstrickungen beauftragt.

An der Stelle der ehemaligen »Dampfkornbrennerei« an der Wandsbeker Zollstraße befindet sich heute die »Deutsche Hefewerke GmbH«, die in mehreren Etappen und nach einigen Besitzerwechseln aus dem Helbing'schen Unternehmen hervorging. 1974 wurde die Firma Helbing von dem Spirituosenunternehmen Borco übernommen. Der Kümmel wird nach wie vor unter dem Namen »Helbing« in Hamburg produziert.

⟶ Wir überqueren nun die **Wandsbeker Allee** in Richtung **Wandsbek Markt** und machen Halt in der kleinen Parkanlage direkt gegenüber der Kirche.

9

Puvogel-Garten

Das Wort »Garten« erscheint für diesen verkehrsreichen Ort etwas unpassend, handelt es sich doch eher um eine bescheidene Grünanlage. Im Zentrum steht der Puvogel-Brunnen. Er ist, ebenso wie der Garten selbst, benannt nach Friedrich Puvogel (1836–1907), einem ehemaligen zweiten Bürgermeister Wandsbeks. Im Zuge der Umgestaltung im Jahr 2006 wurden hier die **Skulpturen** aufgestellt, die zwischen den Bäumen zu sehen sind. Es handelt sich bei ihnen um Heinrich Rantzau (1526–1598), Statthalter des dänischen Königs, und seines Freundes Tycho Brahe (1546–1601), eines bedeutenden Astronoms am dänischen Hof. Unter König Christian IV. waren beide in Ungnade gefallen. Rantzau stand dem Astronom zur Seite und nahm ihn für rund elf Monate auf seinem Gut, der heute nicht mehr existierenden »Wandseburg«, auf. Und hier kommt nun eine dritte Person ins Spiel, derer ebenfalls mit einer Büste gedacht wurde und die ihren Platz in einer Reihe mit Rantzau und Brahe hatte: Heinrich Carl Schimmelmann. Mit dem Wissen über Schimmelmann als Menschenhändler erschien die neuerliche Aufstellung einer Büste zu seinen Ehren allerdings skandalös und führte entsprechend auch zu großen Protesten.

Der neu gestaltete **Puvogel-Garten** wurde im September 2006 im Beisein des damaligen Bezirksamtsleiters Gerhard Fuchs und der ehemaligen Kultursenatorin Karin von Welck eingeweiht. Dem vorausgegangen war die Initiative zur Schaffung der drei neuen Büsten, die allerdings bei einem anderen Skulpturenpaar ihren Ausgang genommen hatte. Am westlichen Eingang zum Wandsbeker Markt stehen die **Repliken zweier Löwenfiguren**, die einst das 1861 abgerissene Wandsbeker Schloss schmückten. Ihre Originale waren über die Jahre stark der Witterung ausgesetzt und sollten eine wetterfeste Behausung erhalten. Da traf es sich gut, dass die Firma Imtech in Wandsbek gerade einen Firmenneubau errichtet hatte, in dem die Löwen einen neuen Platz fanden. Die Firma hatte insofern eine Verbindung zu Wandsbek, als sie zuvor die Firma Rudolf Otto Meyer übernommen hatte, die ihren Sitz seit vielen Jahren im Stadtteil hatte. Im Gegenzug für die Leihgabe der Löwen finanzierte das Bauunternehmen die Repliken und darüber hinaus die Schaffung der neuen Büsten für den Puvogel-Garten. Insgesamt stellte die Firma 15000 Euro zur Verfügung.

Die Kosten waren gedeckt, und auch die Kunstschaffenden fanden sich. Der Bezirksamtsleiter wendete sich an den Bildhauer Bernd Stöcker, der 2001 bereits die Skulptur »Der Freudensprung« am Wandsbeker Markt geschaffen hatte. Als Lehrender an der Akademie der Bildenden Künste in Nürnberg vermittelte er die Aufträge für die Büsten an drei seiner Studierenden. Die Künstlerin Antje Jakob erhielt dabei den Auftrag für die Schaffung der Schimmelmannbüste. Die nunmehr im Park aufgestellten Büsten erhielten sodann Informationstafeln, um ihren Bezug zu Wandsbek zu verdeutlichen. Zur Schimmelmannbüste hatte der Wandsbeker Heimatforscher Michael Pommerening einen **Gedenktext** verfasst, der dann aber ebenso wie die Büste selbst auf erheblichen Gegenwind stieß.

→ Gedenktext zur Schimmelmann-Büste in Wandsbek

»Heinrich Carl Schimmelmann wurde 1724 in Demmin/Vorpommern geboren. Er schuf als einfacher Bürgersohn früh die Grundlagen für eine beachtliche Karriere. Der Handel mit Zucker, Kaffee und Tabak, Heereslieferungen an Friedrich den Großen im Siebenjährigen Krieg und der Erwerb der Lagerbestände der Königlich-Sächsischen- Porzellan-Manufaktur Meissen waren die Basis für seinen Reichtum. 1762 erwarb er das Gut Wandsbek. Schimmelmann ist nicht nur der Erbauer des Wandsbeker Schlosses (1778 eingeweiht, abgerissen 1861), sondern gilt auch als Begründer der wirtschaftlichen Stärke Wandsbeks. Unter seiner Gutsherrschaft blühte der Ort auf. Auch durch den sogenannten Dreieckshandel (Kattun und Gewehre, Sklaven, Zuckerrohr und Baumwolle) zwischen Europa, Afrika und Amerika galt er als reichster Mann Europas. Er gab aber auch viel Geld für wohltätige Zwecke und sanierte als ›Schatzmeister‹ erfolgreich die dänischen Staatsfinanzen. Bei seinem frühen Tod 1782 hinterließ er seinen fünf Kindern ein Millionenvermögen. Sein Mausoleum – das bedeutendste klassizistische Bauwerk Nordeuropas – befindet sich gegenüber auf dem historischen Friedhof.«

Bemängelt wurde, dass der Handel mit versklavten Menschen im Text fast nebensächlich und diese mit den von Schimmelmann gehandelten Waren in einer Reihe gelistet wurden. Von seiner Funktion als Besitzer von Plantagen, auf denen Versklavte Zwangsarbeit leisten mussten, war indessen gar keine Rede. Auch wurde der nicht näher erläuterte »Dreieckshandel« im Text sogleich dadurch relativiert, dass Schimmelmann »auch viel Geld für wohltätige Zwecke« ausgegeben habe. Ein ähnliches rhetorisches Manöver findet sich in einer weiteren Publikation des Heimatforschers. Da heißt es: »Schimmelmann hatte – wie jeder Mensch – auch seine Schattenseiten, insbesondere ist natürlich die Sklavenhaltung auf seinen Plantagen zu nennen. Er war ein hochintelligenter, überragender Mann des 18. Jahrhunderts mit zahlreichen außerordentlichen Talenten.« Auch hier wird der »Schattenseite« umgehend eine positive Eigenschaft Schimmelmanns gegenübergestellt. Diese Strategie lässt erkennen, wie es überhaupt zur Aufstellung der Büste kommen konnte. Schimmelmann galt vielen als ein Wohltäter Wandsbeks, der den Ort durch sein kaufmännisches Geschick und seine »Cleverness« aufbaute. Dass große Teile seines Vermögens aus dem Menschenhandel und der Sklaverei stammten, wurde indessen als mehr oder minder »normaler« Nebenumstand der Geschichte gewertet.

Bald nach der Aufstellung der Schimmelmann-Büste kam es zu den ersten Protesten durch Mitglieder der Black Community in Hamburg, die die Ehrung eines Menschenhändlers und Rassisten anprangerten. Verschiedene Initiativen und Personen schlossen sich den Protesten an. Projekte wie »wandsbektransformance« wurden ins Leben gerufen, die auf die kolonialen Spuren im Stadtraum aufmerksam machten. Im November 2006 wurde die Büste ein erstes Mal mit roter Farbe übergossen.

Dies wiederholte sich im Sommer 2007, nachdem die Farbe entfernt worden war. Auch in der Politik wurden die Vorgänge sehr kontrovers diskutiert. So plädierte die GAL-Fraktion kurz nach Beginn der Proteste für einen Abbau der Büste, während sich insbesondere die CDU-Fraktion für einen Verbleib am Standort einsetzte. Nach zwei Jahren Protest und Diskussion wurde die Büste im August 2008 schließlich abgebaut, um die monatelangen Debatten endlich zu beenden.

Das Beispiel der Schimmelmann-Büste zeigt, welche Kraft von Gemeinschaften, Privatleuten und gesellschaftlichen Initiativen ausgehen kann, wenn diese energisch gegen einen Missstand kämpfen. Letztlich führten die andauernden öffentlichen Proteste zum Abbau der Büste. Die Ereignisse rund um den Puvogel-Garten haben erheblich dazu beigetragen, die Präsenz der kolonialen Spuren in Hamburg einer breiteren Öffentlichkeit vor Augen zu führen. Auch mussten Personen aus städtischen Gremien und Verwaltung sich des Themas annehmen.

Und dennoch fällt es angesichts der Tatsache, dass die Büste zunächst überhaupt aufgestellt wurde, schwer, der Angelegenheit etwas Positives abzugewinnen, wenngleich dies im Nachgang einzelne Stimmen propagierten. Es ist ein erheblicher Unterschied, ob eine Gesellschaft sich an historischen Denkmälern wie dem Bismarck-Denkmal von 1906 reibt oder ob in unserer Gesellschaft hundert Jahre später die Büste eines Mannes aufgestellt wird, der beispielhaft für den transatlantischen Versklavungshandel steht.

→ Wir folgen der **Wandsbeker Allee**, die in die **Robert-Schuman-Brücke** übergeht, ein kleines Stück in Richtung Süden und biegen bei nächster Gelegenheit links in die **Schloßstraße**. Diese mündet in die **Neumann-Reichardt-Straße**.

Schimmelmann-Büste, mit roter Farbe übergossen

10

Neumann-Reichardt-Straße 29–33

Noch heute wird die Größe des Geländes deutlich, auf dem sich die ehemalige »Kakao-Compagnie Theodor Reichardt« befand. Einige der **historischen Fabrikgebäude** sind noch erhalten und inzwischen umgenutzt. Es lohnt sich, mit dem Fahrrad eine Runde um das gesamte Areal zu drehen, auf das wir über eine Hofeinfahrt gelangen, um einen Eindruck der Dimension zu erhalten. In den Höchstzeiten seines wirtschaftlichen Erfolgs umfasste der Betrieb 60 000 Quadratmeter und war in den 1920er Jahren mit rund 4000 Angestellten der größte Arbeitgeber in Wandsbek.

Gegründet worden war die Kakao-Compagnie 1892 in Halle. Sechs Jahre später zog das Unternehmen nach Wandsbek in die Nähe von Hamburg – und das nicht ohne Grund. Hamburg wurde Ende des 19. Jahrhunderts zu einem der wichtigsten Umschlagsplätze von Rohkakao weltweit. Säckeweise kamen die Bohnen in der Hansestadt an und wurden in Fabriken von Altona bis Wandsbek weiterverarbeitet. Der Clou der Wandsbeker Firma war es, als eine der ersten Schokolade nicht lose, wie bisher üblich, sondern bereits verpackt zu verkaufen. Das sollte für Frische sorgen, und nebenbei ließ sie sich so portionsweise an die im Deutschen Reich verteilten Verkaufsstellen verschicken.

»Hand in Hand mit der Betriebsorganisation gingen die jahrelangen, auf wissenschaftliche Grundlagen gestützten Bemühungen Neumann-Reichardts, die

Schokoladen-Fabrik um 1913

→ **Kakao**

Der Kakaobaum, »Theobroma cacao«, stammt ursprünglich aus Süd- und Mittelamerika. Im tropischen Regenwald wächst er im Schatten anderer Bäume. Da er das ganze Jahr über blüht und entsprechend Früchte treibt, bedarf die Pflanze stets einer genauen Beobachtung. Die Früchte werden zu unterschiedlichen Zeiten reif, was den Anbau sehr arbeitsintensiv macht. Kakaobäume werden höchstens 15 Meter hoch und können bis zu vierzig Jahre alt werden. Sie tragen die Kakaoschoten, die bei entsprechendem Reifegrad per Hand abgetragen werden. In den Schoten befinden sich zwischen zwanzig und dreißig Samen, die Kakaobohnen. Die Bohne an sich hat einen bitteren Geschmack, süß hingegen schmeckt das sie umgebende weiße Fruchtfleisch. Bevor die Bohnen weiterverarbeitet werden können, werden sie fermentiert und anschließend getrocknet. Dann erst können die Bohnen von der Hülle befreit werden. Anschließend werden sie zerkleinert, geröstet und gemahlen. Aus der so entstandenen Kakaomasse kann Schokolade, Kakaopulver oder Kakaobutter hergestellt werden.
Da ein Großteil der Ernte in der Regel nicht in den Anbauländern verarbeitet wird, werden die Bohnen in Säcke gefüllt und über Zwischenhandel und Export-Firmen an ihr Ziel gebracht. Die Lieferkette des Kakaos ist entsprechend lang und häufig undurchsichtig. Ein Großteil der weltweiten Kakaoernte kommt heute aus Westafrika, insbesondere aus Ghana und Elfenbeinküste, wo er vor allem von Kleinbauern und -bäuerinnen angebaut wird. Fünf bis sechs Millionen Menschen leben heute vom Kakaoanbau. Noch immer kommt ein großer Teil der Einfuhr nach Europa über den Hamburger Hafen. Während die Deutschen jährlich pro Kopf neun Kilogramm der vom Luxusprodukt zum Massenkonsumgut gewordenen Schokolade verzehren, ist das Leben der Kakaobauern und -bäuerinnen häufig von großer Armut und prekären Arbeitsbedingungen bis hin zur Kinderarbeit geprägt.

nervenschädlichen Reizmittel Kaffee und Tee von dem deutschen Frühstückstisch, wo sie bis dahin die erste Stelle eingenommen hatten, mehr und mehr zu verdrängen und im Interesse der Gesunderhaltung des deutschen Volkskörpers dem Kakao den gebührenden Platz zu erobern.« So schreibt der Chronist zum 25-jährigen Bestehen der Firma 1917. Das Zitat macht nicht nur deutlich, mit welchen Argumenten zu dieser Zeit für das Produkt geworben wurde, sondern auch, wie gängig die Heißgetränke zu diesem Zeitpunkt schon waren. Kaffee, Tee und Kakao waren über Jahrhunderte Luxuswaren, die nur einem sehr kleinen Teil der europäischen Bevölkerung zugänglich gewesen waren. Nun gehörten sie zum »deutschen Volkskörper«. Tatsächlich hatte Kakao eine Jahrtausende alte Geschichte, bevor er nach Europa kam. Ursprünglich stammt der Kakaobaum aus Süd- und Mittelamerika, wo ihn schon die Maya und die Azteken kannten. Das Wort »Kakao« leitet sich vom aztekischen Wort »cacahuatl« ab, als »Xocólatl« bezeichneten sie ein Getränk, das aus Wasser, Kakao und Gewürzen bestand. Europäer haben daraus das Wort »Schokolade« abgeleitet.

Es waren dann die spanischen Kolonisatoren, die den **Kakao** im 16. Jahrhundert nach Europa brachten. Den Anbau und die Ernte bewältigten zunächst zwangsrekrutierte amerikanische Indigene, im Anschluss waren es Versklavte aus Afrika, die nach Süd- und Mittelamerika verschleppt wurden. Im 19. Jahrhundert entdeckten die Kolonialmächte auf dem afrikanischen Kontinent ein neues Anbaugebiet für Kakao. Das Klima war günstig, und auch in den deutschen Kolonien wurde ausgehend von Kamerun Kakao angebaut. Für die Plantagenwirtschaft in Kamerun stehen insbesondere die Namen der Hamburger Handelshäuser Woermann und Jantzen & Thormählen, die in der Nähe des Kamerunbergs die ersten Plantagen anlegen ließen.

»*Muster thy sons in union close around thee, / Mighty as the Buea Mountain be their team*«. Diese Zeilen aus dem »Rallying Song« (französisch »Chant de Ralliement«), seit 1957 Nationalhymne von Kamerun, verewigen den »Buea Mountain«, den höchsten Berg in Westafrika. Der Fako oder Kamerunberg ist ein Vulkan, in dessen unmittelbarer Nähe in etwa eintausend Metern Höhe die Stadt Buea liegt. Hier am »Buea Mountain« sind die Böden enorm fruchtbar, weshalb die Region schon seit dem 18. Jahrhundert intensiv bewirtschaftet wurde. Hier siedelten die Bakweri (auch Kpe). Ihr Land bestand aus mehreren Dörfern, von denen Buea das größte war. Seit den 1880er Jahren hatten sie mit dem Export von Kakao begonnen, der hier besonders gut gedieh.

Genau dieses fruchtbare Land begehrten auch die deutschen Kolonialisten und griffen deshalb immer tiefer in das Leben und die Wirtschaft der Bakweri ein. 1891 schritten die Bakweri unter ihrem Anführer **Kuv'a Likenye** zur Gegenwehr. Bei einem weiteren Angriff 1894 wurde das Dorf Buea zerstört. Ungeachtet der tatsächlichen Besitzverhältnisse verkaufte nun das Kaiserreich das Land der Bakweri an unterschiedliche Aktiengesellschaften.

So entstanden unter anderen die »Kamerun Land- und Plantagengesellschaft« und die »Westafrikanische Pflanzungs-Gesellschaft Victoria«, und mit den Plantagen wuchs der Bedarf an Arbeitskräften. Doch der Widerstand der Bakweri gegen die Ausbeutung ihres Landes und ihrer Arbeit blieb auch nach der Niederlage bestehen, er veränderte lediglich seine Form. Viele Familien verließen das Land, siedelten an anderer Stelle und leisteten so passiven Widerstand. Auf diese Weise entstand für die deutschen Kaufleute ein eklatanter Mangel an Arbeitskraft, den sie mit Menschen aus weiter entfernten Gebieten auszugleichen suchten. Doch die Anwerbung war mühsam und zeitaufwendig, während der Bedarf an Kakao und anderen Rohstoffen im Kaiserreich stieg.

→ Kuv'a Likenye

Kuv'a Likenye (1815–1895) führte seine aus rund 400 Bakweri bestehende Truppe in den Widerstand gegen die deutsche Kolonialherrschaft. 1891 wurde der bereits zuvor im von Deutschen besetzten Ostafrika eingesetzte Offizier Freiherr Karl von Gravenreuth von der Reichsregierung beauftragt, gegen die ansässigen Bakweri vorzugehen. Dank ihres energischen Freiheitskampfs gelang es ihnen jedoch, den Ort Buea gegen von Gravenreuth zu verteidigen, der während des Angriffs starb. 1894 kam es zu erneuten Kampfhandlungen, in deren Verlauf Buea unter dem deutschen Offizier Hans Dominik weitgehend zerstört wurde. Der Anführer Kuv'a Likenye verlor sein Leben auf der Flucht vor den Angreifern. Sein Widerstand gegen die Kolonialmacht ist in Kamerun bis heute unvergessen, er wird als Held im Kampf um Buea gefeiert.

Weil sie die erforderliche Arbeitskraft nicht rekrutieren konnten, sahen sich Kaufleute wie Adolph Woermann, Wilhelm Jantzen und Johann Thormählen berechtigt, die verbliebenen Bakweri auf dem ihnen gestohlenen Land zur Arbeit zu zwingen. Dabei schreckten sie auch vor Folter nicht zurück, das brutale Vorgehen traf Männer, Frauen und Kinder gleichermaßen. Dörfer der Bakweri wurden zerstört und Felder verbrannt, um ihnen ihre Lebensgrundlage zu nehmen und sie auf diese Weise zur Arbeit auf den deutschen Plantagen zu zwingen.

Unterdessen nahm in Hamburg die Verarbeitung des Kakaos zu Schokolade als Massenprodukt unermüdlich zu. Von der billigen Arbeitskraft der Bakweri, deren Löhne zum Leben kaum reichten, profitierte auch die Firma in Wandsbek, die ihren Kakao aus der deutschen Kolonie bezog. Im Jahr 1913 verarbeitete das Reichardt-Werk laut Chronik rund 7000 Tonnen, was etwa drei Prozent der Weltkakaoernte ausmachte!

Auf dem Firmengelände wurde gar eine werkseigene Zollabfertigungsstelle errichtet. Der Einbruch kam erst mit dem Ersten Weltkrieg, als der Kakao-Import ins Stocken geriet. Dies führte 1928 zum Verkauf der Reichardt'schen Kompagnie an das Kölner Unternehmen Stollwerck. Die Produktion auf diesem Gelände war damit besiegelt, doch die Zeit der Schokoladenindustrie in Wandsbek keineswegs beendet: Auf einem benachbarten Grundstück werden heute Produkte der Firma Nestlé hergestellt, die ihren Kakao aus Ghana und Elfenbeinküste bezieht.

In Kamerun wurde nach dem Zweiten Weltkrieg durch die britische Kolonialmacht die »Cameroons Development Corporation (CDC)« gegründet, die bis heute besteht. Ihr Land haben die Nachfahren der Bakweri nie zurückbekommen.

⟶ Hier endet diese Tour per Fahrrad. Wer nun eine Bahn nehmen möchte, fährt zurück zum nahe gelegenen **Wandsbeker Markt**, wo die Linie U1 verkehrt.

Kakaobohnen-Lager um 1913

Ehemalige »Lettow-Vorbeck Kaserne« in Jenfeld

Es ist ein sonderbarer Ort. Um einen ehemaligen Exerzierpatz gruppieren sich gleichförmige Häuser, die ihre vormalige Nutzung als Kaserne erkennen lassen und jeweils eigene Namen tragen, wie die Schriftzüge auf den Fassaden zeigen. Sowohl ein »Wissmann-Haus« als auch ein »Trotha-Haus« steht auf dem weitläufigen Gelände. Neben diesen beiden berüchtigten Kolonialakteuren sind noch weitere Kommandeure deutscher Kolonialtruppen namentlich verewigt. Doch damit nicht genug: An den Häusern finden sich runde Reliefs, die Porträts und Namen von Protagonisten des deutschen Kolonialismus zeigen, welche wie von Trotha durch ihre große Brutalität berüchtigt wurden.

Der Ort lässt die Betrachtenden mit dem Gefühl zurück, sich an einem architektonischen Schnittpunkt der dunkelsten Epochen der deutschen Geschichte zu befinden. Und tatsächlich wurden die ehemalige Kaserne und mit ihr der Bauschmuck sowie die Schriftzüge in der Zeit des Nationalsozialismus geschaffen. Die angeblichen »Kolonialhelden« aus der Zeit vor und während des Ersten Weltkriegs sollten wohl die militärischen Vorbilder für den Zweiten Weltkrieg abgeben. Und mehr noch stehen die Epochen und ihre Repräsentan-

Hof und Gebäude der ehemaligen Kaserne

ten, die an diesem Ort architektonisch miteinander verbunden werden, für die beiden von Deutschen begangenen Völkermorde. Mit diesem Wissen wird aus diesem schon auf den ersten Anschein sehr sonderbaren Ort auch ein sehr düsterer Ort.

Erbaut wurden die Kasernengebäude in Hamburg-Jenfeld ab 1934 im Zuge der Aufrüstung der Wehrmacht. Genau genommen handelte es sich um zwei benachbarte Kasernen: die Estorff-Kaserne, benannt nach Ludwig von Estorff, einst Truppen-Kommandeur in Namibia, der damaligen Kolonie »Deutsch-Südwestafrika«, und die Lettow-Vorbeck-Kaserne. Nach einer Umbenennung durch die Briten nach dem Zweiten Weltkrieg in »St Patricks Barracks« beziehungsweise »St Andrews Barracks« machte die Bundeswehr nach der Zusammenlegung der Kaserne 1973/74 Paul von Lettow-Vorbeck (1870–1964) zum alleinigen Namensgeber für das gesamte Kasernengelände.

Kaum ein Kolonialakteur wurde in Deutschland nach dem Ersten Weltkrieg und weit darüber hinaus so glorifziert wie Lettow-Vorbeck. Sein militärisches Handeln wurde in politischen Reden, Vorträgen und in der Literatur derart häufig verklärt, dass sein Leben die Gestalt eines Mythos annahm. Paul von Lettow-Vorbeck wurde in eine adlige Offiziersfamilie hineingeboren und absolvierte eine entsprechende militärische Laufbahn. Sowohl in China während der Niederschlagung der Widerstandsbewegung der sogenannten »Boxer« 1900 als auch im Krieg gegen die Herero und Nama im heutigen Namibia ab 1904 diente Lettow-Vorbeck an der Seite Lothar von Trothas (⟶ Tour 4). Die Teilnahme an diesen gewaltvollen Kriegen brachte seine militärische Karriere gar in Fahrt. 1914 wurde er Kommandeur der Kolonialtruppen in der damaligen deutschen Kolonie »Deutsch-Ostafrika« (heute Ruanda, Burundi, Tansania).

Der Mythos um seine Person gründete sich auf die Tatsache, dass Lettow-Vorbeck und seine Soldaten ihre Waffen erst niederlegten, nachdem in Europa die deutsche Kapitulation im Ersten Weltkrieg ausgerufen worden war. Während die deutschen Kolonien Togo (1914), »Deutsch-Südwestafrika« (1915) und Kamerun (1916) bereits verloren waren, wurde in Ostafrika noch gekämpft. Es war genau dieses lange Durchhalten, das Lettow-Vorbeck und seinen Soldaten den Ruf als »im Felde unbesiegt« einbrachte und zur Mystifizierung seiner Person beitrug. Der Kommandeur diente nun in weiten Kreisen als lebender Beweis für die »Dolchstoßlegende« – das Bild eines Dolches, der dem deutschen Heer heimtückisch in den Rücken gestoßen worden sei, wurde nach der Niederlage im Ersten Weltkrieg von rechten und nationalistischen Politikern immer wieder heraufbeschworen. Im November 1919 sagte der ehemalige Generalfeldmarschall Paul von Hindenburg vor der Nationalversammlung aus, es sei eben jener Dolchstoß aus den eigenen Reihen gewesen, der zur Niederlage Deutschlands geführt habe. Beschuldigt wurden insbesondere Mitglieder der SPD und der USPD, aber auch Spartakisten. Im Laufe der 1920er Jahre kam zunehmend ein antisemitisches Element hinzu, indem man dem angeblich profitorientierten

Hauseingang zu einem ehemaligen Kasernengebäude

»Weltjudentum« eine Mitschuld an der »Zersetzung der Heimatfront« gab. Tatsächlich war die Dolchstoßlegende ein Versuch, die Verantwortung der Obersten Heeresleitung an der Niederlage Deutschlands auf einen Sündenbock abzuwälzen und zugleich die noch junge Weimarer Republik propagandistisch zu schwächen.

Lettow-Vorbeck ließ sich recht einfach zum ungeschlagenen Helden und Abenteurer in Ostafrika stilisieren, ein Umstand, den auch die Propagandamaschinerie der Nationalsozialisten für sich zu nutzen wusste. Die Auflage seines Buchs »Heia Safari« (⟶ Tour 4) steigerte sich immens, auch hielt der ehemalige Kommandeur bereitwillig Vorträge und gab Interviews. NS-Deutschland dankte es ihm, indem bis 1939 zahlreiche Straßen seinen Namen bekamen und Kasernen – neben Hamburg auch in Leer und Bremen – nach ihm benannt wurden. Dass die Verklärung auch nach dem Zweiten Weltkrieg noch kein Ende hatte, sondern Lettow-Vorbeck bestenfalls in Vergessenheit geriet, verwundert im Hinblick auf die Katastrophe, die seine Kriegführung in der ehemaligen Kolonie anrichtete, umso mehr. Durch seine Kriegstaktik wurden weite Teile des Landes besetzt, Felder zerstört und Lebensmittel für seine Soldaten geraubt. Zudem fanden Zwangsrekrutierungen innerhalb der lokalen Zivilbevölkerung in die Kolonialtruppen statt, die Rekrutierten waren für den Transport von Verpflegung, Waffen und Munition zuständig. Die Taktik der »verbrannten Erde«, die buchstäblich im Abbrennen von Feldern und dem Raub von Lebensmitteln bestand, hatte das Ziel, alles auszulöschen, was dem Gegner von Nutzen hätte sein können. Dies führte zu zahlreichen Hungertoten innerhalb der lokalen Bevölkerung. Die Folgen dieser Taktik waren immens und währten lange. Insgesamt starben nach Schätzungen in Ostafrika rund eine halbe Million Menschen durch den Krieg und seine Auswirkungen. Im Anschluss kostete die Spanische Grippe Zehntausende das Leben.

Auch nach dem Zweiten Weltkrieg wurde die Rolle Paul von Lettow-Vorbecks vielerorts nicht kritisch hinterfragt. Man hatte ihm neben der kolonialen Kriegführung offenbar auch seine Teilnahme am Kapp-Putsch im März 1920 verziehen, durch den die demokratische Regierung gestürzt werden sollte. Das beweist neben der Namensgebung der Kaserne in den 1970er Jahren und der Verleihung der Ehrenbürgerschaft durch seine Geburtsstadt Saarlouis in den 1950er Jahren auch eine Rede zu seinem Begräbnis 1964. Der damalige Verteidigungsminister Kai-Uwe von Hassel bezeichnete Lettow-Vorbeck als »eine der großen Gestalten, die das Recht beanspruchen dürfen, Leitbild genannt zu werden«.

Und noch ein zweiter Mythos blühte nach dem Ersten Weltkrieg rund um die Person Lettow-Vorbeck auf, nämlich der von der »Treue der Askari«. Die deutsche Truppe bestand keinesfalls nur aus deutschen Soldaten, sondern in ihrer Mehrheit aus afrikanischen Söldnern. Die Behauptung, dass diese »bis zum Letzten« an der Seite der deutschen Kommandeure gekämpft hätten, wurde als Beleg für die »Kolonialschuldlüge« herangezogen. Im Vertrag von Versailles wurden die Deutschen beschieden, unfähig zur Kolonisation zu sein, wie sich

Kasernengelände mit »Schutztruppen«-Ehrenmal um 1940

unter anderem im brutalen Vorgehen gegen die lokale Bevölkerung gezeigt haben sollte. Mit dem Mythos von der »Treue der Askari« versuchte man diese Schmähung durch die europäischen Siegermächte zu widerlegen. Wie die Kommandeure hielten auch die »Askari« und die ostafrikanischen Trägerkolonnen Einzug in das Bildprogramm der Kaserne (→ Theme: Koloniale Denkmäler). Der Mythos der »Treue« wird schon allein dadurch entlarvt, dass es zahlreiche Desertationen unter den afrikanischen Soldaten gab. Nach der Niederlage Deutschlands gerieten viele von ihnen in alliierte Kriegsgefangenschaft.

Während Lettow-Vorbeck nach Ende des Ersten Weltkriegs glorifiziert wurde, hatten jene afrikanischen Söldner, die auf unterschiedlichen Wegen nach Deutschland gekommen waren, ein schweres Los. Nur die wenigsten erhielten die deutsche Staatsbürgerschaft, und der deutsche Staat fühlte sich entsprechend nicht für sie verantwortlich. Ihr Aufenthaltsstatus war stets in der Schwebe.

Die Besetzung des Rheinlands durch die Franzosen brachte auch Soldaten aus den französischen Kolonien in diese Region. Am Umgang mit diesen Soldaten wird der Rassismus, der Schwarzen Menschen in jener Zeit entgegenschlug, besonders deutlich. Schnell wurden sie zum Sündenbock in der propagandistischen Kampagne der »Schwarzen Schmach«. Bilder und Texte kursierten, in denen den Soldaten brutale Gewalt und Vergewaltigung *weißer* Frauen vorgeworfen wurde. Für diese angeblichen Taten gab es in der Realität keinerlei Beweise, allerdings gehörten dadurch extreme Anfeindungen und Gewalt zum Alltag vieler Schwarzer Menschen in Deutschland. So veröffentlichte die »Berliner Zeitung« 1921 einen Brief des Afrikanischen Hilfsvereins (→ Tour 3), in dem es heißt: »Ein Landsmann von uns, der vor ungefähr 14 Tagen ruhig auf der Straße ging, wurde plötzlich von Passanten überfallen

Relief mit Porträt Wissmanns

und furchtbar beschimpft und geschlagen, da die Leute annahmen, dass es sich um einen Schwarzen aus dem besetzten Gebiet handelte.« Mit Verweis darauf, »dass Lettow-Vorbeck den Krieg in Afrika nicht allein geführt hat«, heißt es außerdem: »Wir bitten deshalb die Deutschen, Rücksicht zu nehmen und nicht fortwährend durch Berichte über die Schwarze Schmach gegen sie zu hetzen.« Ob diese in klaren Worten vorgebrachte Bitte, die in Anbetracht der Umstände fast bescheiden anmutet, erhört wurde, ist fraglich. Sicher hingegen ist, dass die Lebensumstände Schwarzer Menschen in Deutschland in den Folgejahren im Zuge des Erstarkens nationalsozialistischer Kreise zunehmend schwerer wurden.

Die ehemaligen Kasernengebäude werden heute teils von der Bundespolizei genutzt. Mit der »Jenfelder Au« ist auf einem weiteren Teil des Geländes ein Wohngebiet mit Neubauten entstanden.

Es ist ein wirklich sonderbarer Ort. Ein Ort, der eine für alle Besucher*innen und Nutzer*innen leicht zugängliche Kontextualisierung in der Kolonialzeit wie in der NS-Zeit zwingend nötig macht.

Eingangstor mit Reliefs um 1940

6

Harburg

STARTPUNKT
Bahnhof Hamburg-Harburg, Hannoversche Straße 85

ENDPUNKT
S-Bahn Harburg Rathaus

DAUER
etwa 2 Stunden

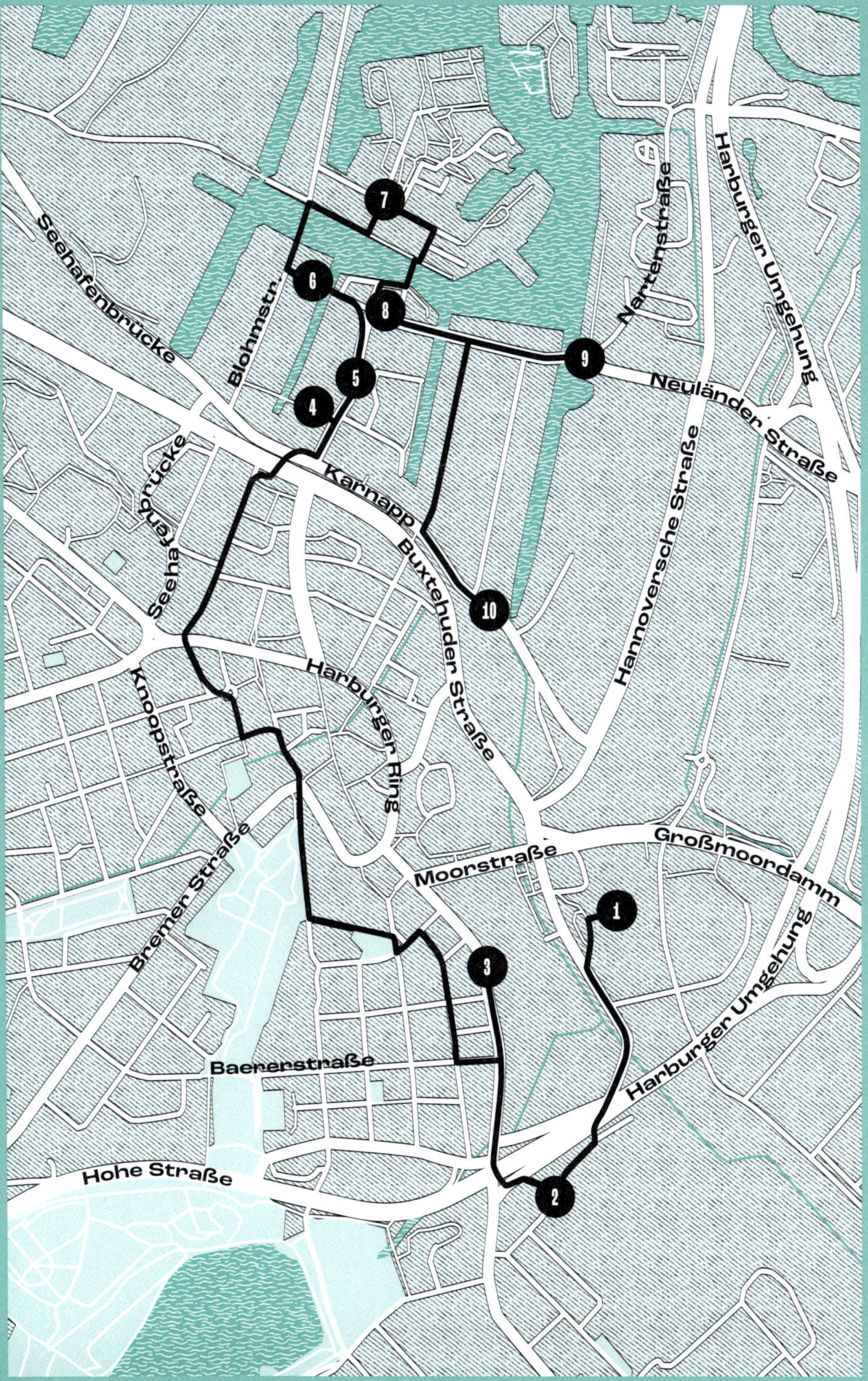

Seehafenbrücke
Blohmstr.
Seehafenbrücke
Karnapp
Buxtehuder Straße
Harburger Ring
Knoopstraße
Bremer Straße
Baererstraße
Hohe Straße
Moorstraße
Großmoordamm
Harburger Umgehung
Hannoversche Straße
Nartenstraße
Neuländer Straße
Harburger Umgehung
1
2
3
4
5
6
7
8
9
10

Harburg ist heute einer von sieben Bezirken der Hansestadt Hamburg. Gleich 17 Stadtteile sind in diesem Bezirk vereint. Dieser Rundgang konzentriert sich im Wesentlichen auf den Stadtteil Harburg. Als seine Keimzelle gilt die vermutlich um das Jahr 1000 entstandene »Horeburg«, gegründet durch die Grafen von Stade. In den heutigen Sprachgebrauch ließe sich die »Horeburg« mit »Sumpfburg« übersetzen, ein Name, den sie dem feuchten Gebiet verdankte, auf dem sie gebaut wurde. Um die Burg herum entstand eine Siedlung, die im Süden mit einem Damm auf dem Areal der heutigen Harburger Schloßstraße verbunden war. Herzog Otto von Braunschweig-Lüneburg verlieh ihr im Jahr 1297 das Stadtrecht. Insbesondere im 16. und 17. Jahrhundert wurde die Burg zur Schlossanlage ausgebaut, die schrittweise neue Erweiterungen erfuhr. Bis ins 17. Jahrhundert hinein war Harburg ein eigenständiges Herzogtum, das in der Mitte des Jahrhunderts schließlich Teil des Fürstentums Celle-Lüneburg wurde. Ab 1644 wurde die Schlossanlage zur Festung ausgebaut, und Harburg wurde Garnisonsstadt. Im Zuge dessen wurden Gebäude nördlich des Schlosses abgerissen, im Süden hingegen wurde zunehmend gebaut. Rund um die heutige Straße Sand wuchs die Stadt, ein Marktplatz und eine Kirche entstanden. Zu Beginn des 18. Jahrhunderts war Harburg Teil des Kurfürstentums Braunschweig-Lüneburg, das ab 1814 zum Königreich Hannover gehörte.

Das 19. Jahrhundert brachte weitreichende Veränderungen, die sich im Stadtteil wie im Bevölkerungswachstum zeigten. Neben neuen Wohnvierteln entstanden Bauten wie das Harburger Rathaus und

Bankhäuser. Daneben siedelten sich zunehmend Fabriken an, die die Industrialisierung schnell vorantrieben. Maßgeblich hierfür war der Anschluss an den Deutschen Zollverein 1854. Das inzwischen – seit 1866 – preußische Harburg entwickelte sich zur Industriestadt an der Elbe, und die ehemalige Altstadt wurde zum Hafengebiet. Zwischen südlichem Binnenland und Hamburg gelegen, stellte es einen wichtigen Umschlagplatz dar.

Seit 1872 war Harburg durch eine Eisenbahnbrücke über die Elbe mit dem nördlichen Gebiet verbunden, 1899 folgte eine Brücke für den Straßenverkehr. Harburg um 1900 darf man sich als Stadt voller qualmender Schlote vorstellen. Durch die Eingemeindung verschiedener umgebender Orte durch die preußische Regierung wurde Harburg stetig größer. 1927 kam es zur Vereinigung von Harburg und Wilhelmsburg, wodurch eine nunmehr rund 100000 Einwohner zählende Großstadt entstand. Doch die Eigenständigkeit dieser Stadt war nicht von langer Dauer. Als die Nationalsozialisten 1937/38 das Groß-Hamburg-Gesetz verabschiedeten, war Harburg ein Teil der Nachbarstadt Hamburg geworden.

Der Zweite Weltkrieg veränderte das Stadtbild erneut. Durch Zerstörung und Wiederaufbau ist der Stadtteil heute teils von Nachkriegsarchitektur geprägt. Weitreichende Veränderungen brachte auch der in den 1970er Jahren einsetzende Strukturwandel des Hafens. Die Anlagen waren zu klein geworden für neue Schiffe und den stetig zunehmenden Verkehr. Immer mehr Fabriken und Firmen wanderten aus dem Gebiet rund um den Binnenhafen ab und hinterließen an zahlreichen Stellen im nunmehr obsolet gewordenen Hafengebiet Brachlandschaften. Erst mit der Internationalen Bauausstellung in Hamburg 2006–2013 veränderte sich das Gebiet rund um den Harburger Binnenhafen erneut und wurde zum Wohn- und Bürostandort.

Unser Rundgang führt zunächst durch den Süden des Stadtteils und im Anschluss durch den Harburger Binnenhafen.

1

Phoenix-Werke

Wir beginnen unsere Tour vor dem **Bahnhof Hamburg-Harburg** in der **Hannoverschen Straße 85**. Das historische Backsteingebäude entstand 1895/96, als man unterschiedliche Bahnhöfe und Streckenabschnitte an einem zentralen Ort bündelte.

Eine ähnliche Entwicklung sollte bis 1906 auch in der Nachbarstadt Hamburg einsetzen, als dort die vier Bahnhöfe der Innenstadt durch den Hauptbahnhof ersetzt wurden. Vom Bahnhofsgebäude aus sind auf der gegenüberliegenden Straßenseite die **Gebäude der Phoenix AG** sichtbar. Kein Unternehmen ist im Stadtteil Harburg derart präsent wie dieses. Das liegt nicht nur an dem großen Gebäudekomplex und einem weithin sichtbaren Schornstein, sondern auch an der Namensgebung des Einkaufszentrums »Phoenix-Center« und des benachbarten »Phoenix-Viertels«. Die Firma hat ihre ursprüngliche Größe inzwischen allerdings eingebüßt. Das Firmengelände zwischen Hannoverscher Straße und Wilstorfer Straße reichte einst bis an die Moorstraße, wo heute das Einkaufszentrum steht. Trotz der erheblichen Verkleinerung ist die ursprüngliche Größe aber noch immer erlebbar.

1856 gründeten die Brüder Albert und Louis Cohen in der Hannoverschen Straße die »Gummi-Fabrik Albert und Louis Cohen«. Nahezu zur gleichen Zeit

Bahnhof Harburg, 1914

eröffnete in Harburg ein weiteres Gummi-Unternehmen. Diese Firmengründungen markieren die Anfänge der Industrialisierung in Harburg, die von diesem Zeitpunkt an rasant fortschritt. Die Gebrüder Cohen stellten Produkte aus Weichgummi her, das sich durch einen geringen Schwefelgehalt auszeichnet. Allem voran wurden damit Gummischuhe produziert. Doch fehlte es den Brüdern an ausreichend Kapital, so dass die Firma mit einem französischen Unternehmen fusionierte. Der Hauptsitz lag nun in Paris, das Harburger Gelände wurde indes weiter ausgebaut. Nach Ausscheiden der Gebrüder Cohen in den 1860er Jahren blieb das Unternehmen in französischer Teilhaberschaft. Mehrfach wurde der Name geändert, unter den Franzosen zuletzt 1870 in »Gummi- und Guttapercha-Waaren-Fabrik Ménier, vormals Aubert, Gérard & Cie.«.

Infolge des Deutsch-Französischen Krieges 1870/71 wurde die Kooperation mit den Franzosen gänzlich gelöst, aber nicht ohne den Phoenix als Briefkopf zu hinterlassen. Eine neue Firma wurde gegründet, die wiederum auf einer Fusion beruhte. Im österreichischen Wimpassing betrieb der aus Wien stammende Johann Nepomuk Reithoffer bereits seit 1828 die bis dato älteste Gummifabrik Österreichs. Die beiden Gummi-Magnaten fusionierten zur »Vereinigten Gummiwaaren-Fabrik Harburg-Wien, vormals Ménier – J. N. Reithoffer A.G.«, kurz »Harburg-Wien«. Bis 1922 sollte diese Verbindung bestehen. In dieser Zeit wuchs die »Harburg-Wien« zu einer der bedeutendsten Gummifabriken in Europa heran und beschäftigte bis zu 4000 Personen. Die Produktpalette umfasste seit Ende des 19. Jahrhunderts Fahrradreifen und seit der Jahrhundertwende im Zuge der zunehmenden motorisierten Mobilisierung außerdem Autoreifen. Wie groß der »Run« auf Kautschuk zur Herstellung von Autoreifen auch im frühen 20. Jahrhundert noch war, zeigt das Beispiel des US-Unternehmers Henry Ford, der mit Fordlandia im Amazonasgebiet einen neuen Ort zur Kautschukgewinnung für die Reifenindustrie schaffen wollte.

Die stetige Expansion des Harburger Unternehmens zeigte sich auch an der Gründung einer Tochterfirma,

→ Guttapercha

Guttapercha ist ein dem Naturkautschuk ähnlicher Stoff, der aus dem Milchsaft des Guttaperchabaums gewonnen wird. Dieser ist vor allem in Indonesien und Malaysia heimisch. »Getha« ist das malaiische Wort für »Gummi«, das Wort »percha« lässt sich mit »Baum« übersetzen. Guttapercha war insbesondere aufgrund seiner Isolierfähigkeit begehrt. Aus dem Material wurden Umhüllungen für Kabel gemacht, zum Beispiel für Telegraphenleitungen. Daneben wurde es auch zur Herstellung von Eimern und Golfbällen verwendet. Noch heute begegnet uns Guttapercha beim Zahnarzt. Insbesondere für die Füllung von Wurzelkanälen werden kleine Stifte aus Guttapercha genutzt, aber auch für provisorische Füllungen.

→ Fordlândia

Fordlândia ist ein Ort am Rio Tapajós im zweitgrößten brasilianischen Bundesstaat Pará. Der flächenmäßig große Ort wird heute oft als »aufgegebene Stadt« inmitten des Amazonas bezeichnet. In den 1930er Jahren jedoch lebten hier rund 5000 Menschen. Erbaut wurde Fordlândia binnen zwei Jahren als Industriestandort nebst Wohnsiedlung für die Belegschaft mitten im Regenwald. Es war der US-amerikanische Autohersteller Henry Ford, der dafür in den 1920er Jahren ein etwa 10 000 Quadratkilometer großes Stück Land erwarb und roden ließ. Seit das Fließband in der Automobilindustrie zum Einsatz kam, waren der Massenproduktion keine Grenzen mehr gesetzt.

der »Internationalen Galalith-Gesellschaft Hoff & Co.«. Bis 1908 erhielt diese ein neues Werk am Seehafen 2 im Harburger Binnenhafen. Galalith, auch »Kunsthorn« genannt, ist ein auf Milch basierender Kunststoff, der unter anderem zur Herstellung von Knöpfen, Schmuck oder Schirmgriffen verwendet wurde. Das aufwendig hergestellte Material konnte den Naturkautschuk allerdings nicht ersetzen, so dass es neben dem Import von Kautschuk aus Brasilien auch Versuche gab, Kautschuk liefernde Pflanzen in den deutschen Kolonien anzubauen (⟶ **Station 9**).

Mit Ausbruch des Ersten Weltkriegs erweiterte die »Harburg-Wien« ihre Produktpalette um Ballons, die – mit Gas gefüllt – als Beobachtungs- oder Spähballons genutzt wurden. Während des Kriegs kamen die Einfuhr des dafür benötigten Rohstoffs und damit die Produktion in Harburg allerdings zunehmend zum Erliegen, ein Umstand, der nach Ende des Ersten Weltkriegs zu einer Krise im Unternehmen führte, das schließlich 1922 als »Harburg-Wien« aufgegeben wurde. Das war aber keinesfalls das Ende. Im gleichen Jahr eröffnete mit der »Harburger Gummiwaren-Fabrik Phoenix A.G.« (seit 1978 »Phoenix AG«) die Nachfolgerin. Für wirtschaftliche Stabilität sorgte inzwischen die Herstellung von Reifen für die Luftfahrtindustrie, und seit der NS-Zeit profitierte die AG auch von der zunehmenden Aufrüstung. Im Harburger Werk wurden Gummipolster für die Gleisketten von Panzern hergestellt.

Trotz Teilzerstörung des Betriebsgeländes während des Zweiten Weltkriegs kam schon in den ersten Nachkriegsjahren ein rascher Aufschwung. Seit 1951 boomte die Reifenherstellung durch eine Kooperation mit dem US-Produzenten Firestone. 1965 beschäftige Phoenix rund 9000 Personen. Nach Ende

Lediglich die Rohstoffe mussten allzeit verfügbar sein. Ford wollte nun eigene Kautschukplantagen und daran angeschlossen Lager- und Produktionshallen. Teils stehen diese noch heute marode und verlassen in Fordlândia. Denn das Projekt ging nicht auf. Weder lieferten die Kautschukplantagen den erhofften Ertrag, noch fühlte sich die angeworbene Arbeiterschaft unter den herrschenden Bedingungen wohl. Zwar war die Bezahlung verhältnismäßig gut, dafür wurde aber auch die Unterwerfung unter den US-amerikanischen Lebens- und Arbeitsstil erwartet. In den Abendstunden durften die Bewohner und Bewohnerinnen ab einer gewissen Uhrzeit das Haus nicht mehr verlassen, Alkohol war verboten, und die wenigen Vergnügungen bestanden aus Tanzveranstaltungen mit US-Musik. Auch das Essen entsprach den Ernährungsgewohnheiten in den USA. Der Lebensstil war ebenfalls in der Architektur sichtbar. Quasi am Reißbrett geplant, entstand ein Ort, der nordamerikanischen Kleinstädten zum Verwechseln glich. Der sprichwörtliche »American way of live« wurde so an den Amazonas exportiert und der brasilianischen Bevölkerung einfach übergestülpt. Gleichzeitig lebten US-amerikanische Personen, die in der Regel die höheren Posten bekleideten, abgesondert in einem eigenen Stadtviertel, der »Vila americana«. Diese Umstände führten zu großer Unzufriedenheit unter den brasilianischen Arbeiterfamilien, die stets neuen Widerstand gegen ihren Arbeitgeber leisteten. Als besonders nachteilig erwies sich die Tatsache, dass Ford sich keinen Berater zur Seite geholt hatte, der sich mit der Amazonas-Region ausgekannt hätte. Die Kautschuk-Bäume litten unter Pilzbefall, immer wieder kam es zu Insektenplagen und Tierbissen. Außerdem machten Krankheiten wie Malaria oder Gelbfieber der Bevölkerung von Fordlândia das Leben schwer und führten mitunter zum Tod. Noch 1944 erschien der Film »The Amazon awakens« von Walt Disney, in dem Fordlândia regelrecht beworben wurde. Tatsächlich stand das Projekt zu diesem Zeitpunkt aber schon kurz vor dem Aus.
Als der Enkel Henry Fords den Ort 1945 endgültig aufgab und an den brasilianischen Staat verkaufte, machte er ein Verlustgeschäft von rund 25 Millionen Dollar. Noch heute leben Nachfahren der ehemaligen Ford-Angestellten in Fordlândia.

der Kooperation zu Beginn der 1970er Jahre verkleinerte sich der Betrieb stetig. Teile des Geländes wurden umgenutzt oder verkauft und abgebrochen. 2004 begann die stückweise Übernahme durch die Continental AG, zu der die Reste der Firma Phoenix in Harburg bis heute gehören. Neben Kautschukmischungen werden hier beispielsweise Luftfedersysteme für die Hamburger Hochbahn hergestellt.

⟶ Wir folgen der **Hannoverschen Straße** linker Hand in südliche Richtung, unterqueren dann die **Bundesstraße 75** ebenfalls linker Hand und gelangen so in die **Nöldekestraße**, der wir nach rechts folgen.

Ehemaliges Hauptgebäude der Phoenix AG an der Hannoverschen Straße

2

Jute-Spinnerei und Weberei Hamburg-Harburg

In der Nöldekestraße passieren wir rechter Hand zunächst ein Fachwerkhaus, den ehemaligen **»Margarethenhort«** von 1907. Direkt daran anschließend befindet sich ein Eckgebäude aus rotem Backstein, das sich bis in die Jutestraße erstreckt. Hierbei handelt es sich um die ehemalige **»Heimstätte«**.

Beide Gebäude sowie der Straßenname »Jutestraße« stehen in Zusammenhang mit dem gegenüberliegenden **Fabrikareal**. Die historischen Backsteinbauten dienten als Lagerhallen der 1883 gegründeten »Jute-Spinnerei und Weberei Hamburg-Harburg AG«. Hier wurden Verpackungsmaterialen, allen voran Säcke, aber auch Schnüre und Packleinen hergestellt. Da die »Jute«, wie sie von der Harburger Bevölkerung genannt wurde, der einzige Textilien-Produzent dieser Art in Harburg war, stieg die Zahl der Beschäftigten binnen zwei Jahrzehnten auf rund 1500 Personen an. Der größere Teil der Belegschaft waren Frauen. Kinder konnten während ihrer Arbeitszeit im »Margarethenhort« und der »Heimstätte« untergebracht werden. Die Belegschaft stammte in großer Zahl aus Österreich-Ungarn, von wo die Arbeitskräfte im Zuge der schnellen Industrialisierung durch das Unternehmen angeworben wurden. Einen Hinweis darauf liefert unweit von unserem Standort die katholische **Kirche St. Franz Josef** mit ihrem gelben neobarocken Turm. Weil sich der österreichische Kaiser mit einer recht bescheidenen Summe am Bau beteiligte, trägt sie bis heute seinen Namen.

»Heimstätte der Jute-Spinnerei«, 1917

Die historischen Reste der Jute-Spinnerei und Weberei bilden nur einen kleinen Teil des ehemaligen Fabrikareals ab. Einst reihten sich hier Hallen mit Sheddächern aneinander, in denen die verschiedenen Schritte der Juteverarbeitung vollzogen wurden. Die zu Ballen gefassten Jute-Fasern mussten zunächst voneinander gelöst werden. Mithilfe von Öl wurde der pflanzliche Rohstoff in Pressen geschmeidig gemacht, ein Vorgang der als »Quetschen« oder »Batschen« bezeichnet wurde. Dann erst ging die **Jute** in die Spinnerei zur Herstellung von Garnen beziehungsweise in die Weberei zur Stoffproduktion. Jutesäcke waren in jener Zeit von enormer Bedeutung. Kaffee, Reis, Getreide, Salpeter, Zucker, Kartoffeln oder Saatgut, alles wurde in Säcken transportiert. Zudem kam das Material in der Linoleumindustrie als Trägergewebe und in der Kabelindustrie als Isoliermaterial zum Einsatz. Auch Teppiche wurden aus Jute gefertigt, ja mitunter sogar Zündschnüre. Außerdem eignete sich das Material zum Polstern von Sofas, Stühlen und Matratzen. Bis heute kommt Jute in den unterschiedlichsten Nutzungen vor, so beispielsweise als Isoliermaterial oder zur Stärkung von Flächen und Böden beim Hausbau oder in der Automobilindustrie in Türen, Sitzen und Armaturenbrettern. Jute ist heute wie damals die zweitwichtigste Naturfaser nach der Baumwolle.

Die im Kaiserreich verarbeitete Jute kam aus den britischen Kolonien Indien und insbesondere Bengalen, wo sie als Gemüse-, Tee- und Arzneipflanze genutzt wurde. Auch Stoffe für Kleidung oder Säcke wurden in Heimarbeit in kleinerem Maße hergestellt. Bemerkenswerterweise lag der Beginn der indischen Jute-Großindustrie jedoch in Schottland. In der schottischen Stadt Dundee wurden 1830 Jutefasern erstmalig mechanisch verarbeitet, und zwar mithilfe von Maschinen, die ursprünglich für die Leinen- oder Flachsverarbeitung eingesetzt wurden. Der hier seit Jahren praktizierte Walfang, der das Öl für die Juteverarbeitung lieferte, begünstigte, dass immer mehr Betriebe die Produktion auf Jute umstellten. In Dundee lebten auf dem Höhepunkt der Juteverarbeitung an die 40000 Menschen von der Naturfaser, so dass die Stadt den Beinamen »Juteopolis« bekam. Doch die Verarbeitung in Schottland währte nicht lange. Immer mehr Produzenten erkannten die Vorteile einer Produktion in den britischen Kolonien. Insbesondere in der Gegend rund um die indische Stadt Kolkata gab es seit Mitte der 1850er Jahre zahlreiche Neugründungen in der Tex-

→ Jute

Jute ist an sich keine eigene Pflanze, sondern vielmehr die Faser der Corchorus-Pflanzen. Von jeher in Indien genutzt werden sowohl »Corchorus capsilaris« als auch »Corchorus olitorius«, der auch als Gemüse angebaut wird. Corchorus ist eine einjährige Pflanze, wächst dafür allerdings sehr schnell. Binnen vier Monaten kann sie eine Höhe von bis zu vier Metern erreichen. Aus den Stängeln der krautigen Pflanzen wird die Jute gewonnen. Die Felder werden in den Hauptanbaugebieten Bangladesch, Indien und Pakistan regelmäßig überschwemmt, so beispielsweise in der Gegend des Ganges-Deltas. Das sorgt für ein gutes Wachstum der Pflanzen und erklärt, weshalb Corchorus nur in bestimmten Regionen der Welt gedeiht. Wenn sich das Wetter im Zuge des Klimawandels verändert, dürfte das auch den Jutehandel beeinträchtigen; insbesondere für die rund 12 000 Kleinbauern und -bäuerinnen, die heute vor allem in Bangladesch und Ostindien vom Juteanbau leben. Noch immer bedeutet das Einbringen der Jute reine Handarbeit. Die Stängel werden geerntet und im Anschluss geröstet. Das Rösten meint hier allerdings das Lösen der Fasern von den festeren Pflanzenteilen. Hierfür werden die Stängel über zwei

bis drei Wochen in Wasser gelegt. Im Anschluss werden sie mit einem Holz geschlagen, um die Fasern endgültig vom holzigen Bereich zu trennen. Diese Arbeit führen die Arbeiter und Arbeiterinnen aus, während sie im Wasser stehen. Die Fasern werden nun gewaschen und anschließend getrocknet. Bevor sie in Fabriken zu Garn und Stoffen verarbeitet werden können, werden sie unter Zugabe von Öl behandelt.
Jute ist vollständig biologisch abbaubar. Grund genug für die Umweltbewegung der 1970er und 1980er Jahre, die Verwendung von »Jute statt Plastik« zu propagieren. Doch ob man sich auch bewusst war, wie viel Arbeit hinter dem Jute-Beutel steckt?

tilbranche. Hier war nicht nur die Nähe zum Rohstoff gesichert, sondern man bereicherte sich auch an der billigen Arbeitskraft der lokalen Bevölkerung. Diese Umstände machten Jute zu einem extrem günstigen Textilmaterial. Und das obgleich insbesondere die Juteernte enorm aufwendig war (und bis heute ist).

Auch in Kontinentaleuropa wurden nun die ersten Jute verarbeitenden Betriebe gegründet, so auch im Deutschen Reich. Die Eröffnung des Suezkanals 1869 begünstigte die Jute-Industrie in Europa. Rohjute konnte nun wesentlich schneller und damit günstiger nach Europa gelangen. Was den Handel mit Jute betraf, nahm Großbritannien eine eindeutige Vormachtstellung ein, weil der Anbau nahezu vollständig in den britischen Kolonien stattfand. Versuche, Jute auch in deutschen Kolonien anzubauen, scheiterten angesichts der dortigen klimatischen Verhältnisse. So kam die Rohjute in Harburg in erster Linie über britische Häfen.

1922 fusionierte der Harburger Betrieb mit der »Norddeutschen Jute Spinnerei und Weberei AG« in Billstedt und weiteren Betrieben etwa in Leipzig und Mannheim zur »Vereinigten Jute-Spinnereien und Webereien AG«. In den 1960er Jahren wurde sein Ende eingeläutet. Das Gelände wurde zunächst vom Nachbarunternehmen Phoenix übernommen und ging danach an die Dynamit Nobel AG, die hier Bodenbeläge produzierte. Heute hat an dieser Stelle die IAC Group ihren Sitz, die sich auf Autoteile und -zubehör spezialisiert hat.

Bevor wir die »Jute« verlassen, wenden wir uns noch mal der »Heimstätte« zu. Das Gebäude wurde 1912 geschaffen und beherbergte eine sogenannte Warteschule, die eine Art Vorläufer des Kindergartens war. Anfang der 1930er Jahre zog hier ein Polizeipräsidium ein. Unter nationalsozialistischer Herrschaft wurde der Bau zum Schauplatz eines grausamen Verbrechens. Am 16. Mai 1940 wurden von diesem Gebäude aus die in Harburg lebenden Sinti und Roma zunächst in den Fruchtschuppen C in der heutigen Hafencity verschleppt und anschließend ins polnische Lager Belzec deportiert. Viele von ihnen haben den Zweiten Weltkrieg nicht überlebt. 1986 wurde in Erinnerung an sie am Gebäude im Beisein des Überlebenden Gottfried Weiß eine Gedenktafel eingeweiht.

→ Wir folgen nun der **Jutestraße** und unterqueren nach einer leichten Linksbiegung an einer Ampel erneut die **Bundesstraße 75**, um in die **Wilstorfer Straße** zu gelangen.

3

Phoenix-Viertel

In der **Wilstorfer Straße** lohnt sich ein Abstecher bis zur **Hausnummer 71**. Bei diesem denkmalgeschützten Gebäuderiegel handelt es sich um die ehemaligen Fabrikhallen der Phoenix AG.

Der Backsteinbau mit den gleichförmigen Fensterreihen ist ein typisches Beispiel für die Fabrikarchitektur um 1900. Im Jahr 2008 eröffnete hier die **Sammlung Falckenberg** des unlängst gestorbenen Juristen und Kunstsammlers Harald Falckenberg. Auf 6000 Quadratmetern, die sich über vier Etagen erstrecken, kann hier eine der wichtigsten privaten Sammlungen zeitgenössischer Kunst besucht werden. Zudem erlaubt dieser Abstecher einen Blick in den Innenhof des einstigen Fabrikareals. Im Anschluss machen wir kehrt und begeben uns zurück in südliche Richtung, bis uns rechter Hand die **Baererstraße** ins Phoenix-Viertel führt.

Dort angelangt wird umgehend deutlich, dass es sich um ein Wohnviertel aus dem 19. Jahrhundert handelt. Anders jedoch als sein Name vermuten lässt, wurde das Quartier nicht durch die Phoenix AG in Auftrag gegeben, sondern ist vielmehr ein Zeugnis des spekulativen Wohnungsbaus. Verschiedene Unternehmer machten sich die Tatsache zunutze, dass der Bedarf an Wohnraum seit der zweiten Hälfte des 19. Jahrhunderts in Harburg enorm gestiegen war. Zurückzuführen war dies auf die Fabriken in der Umgebung wie beispielsweise die Gummifabrik der Gebrüder Cohen. Ein geeigneter

Ehemaliges Fabrikgebäude in der Wilstorfer Straße

Maretstraße um 1905

Platz für das dicht bebaute Arbeiterquartier fand sich auf dem Krummholzberg. In den 1870er Jahren begann man mit der Flächenvorbereitung und planierte die ersten Teile des Gebiets.

Nun wurde der Wohnungsbau in Höchstgeschwindigkeit betrieben. Bis Mitte der 1890er Jahre war das Viertel nahezu komplett bebaut. Hier lebten jene Arbeiterfamilien, die im Zuge der Industrialisierung Harburgs in die Stadt gezogen waren und in den umliegenden Fabriken Arbeit fanden. Die Baererstraße steigt leicht an. Um dennoch ein einheitliches Bild zu schaffen, wurden die Gebäude im unteren Teil der Straße viergeschossig erbaut, daran schließen sich dreigeschossige Gebäude im oberen Teil der Straße an. An den Wohnbauten lassen sich während eines Rundgangs durch das Viertel die verschiedenen Stufen der **Industrialisierung** ablesen.

→ **Industrialisierung Harburgs**

Seit den 1850er Jahren schritt die Industrialisierung Harburgs voran und wurde dabei von unterschiedlichen Faktoren begünstigt. 1847 erfolgte der Ausbau des Schienennetzes, womit der Weg für den Handel im deutschen Binnenland geebnet war. Zu diesem Zeitpunkt verfügte die Nachbarstadt Hamburg noch nicht über einen Bahnanschluss in das Gebiet südlich der Elbe. Zunehmend wurde der Hafen ausgebaut, der seit 1848 als Freihafen galt. Harburg lag obendrein im Königreich Hannover, das 1854 dem Deutschen Zollverein beitrat. Hiermit stand das gesamte Deutsche Reich als Absatzgebiet für die vor Ort produzierten Waren zur Verfügung. Hinzu kam, dass die Stadt seit 1850 von Zollzahlungen in Stade befreit war, die der Elbschifffahrt üblicherweise auferlegt wurden. Nicht nur Harburger eröffneten vor Ort neue Fabriken, auch Unternehmer aus Hamburg gründeten wegen der günstigen Gegebenheiten im 19. Jahrhundert Niederlassungen in Harburg.

Wir folgen der Baererstraße, bis rechter Hand die **Lassallestraße** abzweigt, und machen Halt vor der **Hausnummer 29**. Das Gebäude stammt wie auch die benachbarten Häuser aus der dritten Phase der Industrialisierung und wurde zwischen 1886 und 1888 erbaut. Vergleichsweise schmuckvoll präsentieren sich die Mietshäuser dank Rautenfries und Fensterverdachung im ersten Obergeschoss. Das Äußere darf allerdings nicht über die einfachen Verhältnisse im Inneren hinwegtäuschen. Wir zählen an dieser Stelle vier Geschosse. Die Häuser auf der gegenüberliegenden Straßenseite mit den

Hausnummern 20–26 verfügen lediglich über drei Geschosse. Sie sind einige Jahre früher entstanden. Als der Zuzug an Arbeitskräften stetig wuchs, ging man dazu über, den Raum durch ein zusätzliches Stockwerk optimal auszunutzen. Unterschiedliche Geschosshöhen innerhalb einer Straße sind in vielen ehemaligen Arbeitervierteln zu entdecken, so beispielsweise auch im Hamburger Stadtteil Sternschanze. Dieser Zuwachs ist auf eine simple Verkettung von Umständen zurückzuführen: Der Bau von Fabriken im Zuge der Industrialisierung sorgte für mehr Arbeitsplätze in der Stadt und entsprechenden Zuzug vom Land. Der massenhafte Import von Rohstoffen, der mitunter aus den kolonisierten Ländern erfolgte, führte wiederum zu einer noch größeren Produktion in den wachsenden Fabriken, die nochmals mehr Arbeitskräfte benötigten und den Zuzug weiter steigerten. Mehr Arbeitskräfte bedeuteten auch mehr Wohnraumbedarf. Um diesen auf dem gleichen Raum zu schaffen, wurden die Mietshäuser nach oben hin erweitert. Mit Blick auf die dreigeschossigen Gebäude fällt auf, dass sie im Vergleich zu ihren Nachfolgern sehr viel schmuckloser sind. Diese Schlichtheit und Reduktion auf das Nötigste ist typisch für die Architektur der Arbeiterhäuser. Im **Hinterhof des Hauses Lassallestraße 20** an der Ecke Reinholdstraße sind schmale nachträgliche Anbauten zu sehen, die der Bewohnerschaft hauseigene Toiletten verschafften. Wir folgen der Lassallestraße weiter, bis sie in die **Kalischerstraße** mündet. Zeitlich führt uns der Weg in der Architektur noch einen Schritt weiter in die Vergangenheit. Das Haus **Kalischerstraße 4** wurde 1878 erbaut und verfügt über nur zwei Geschosse. Sein Bau fällt in die Anfangszeit der Erschließung des Viertels. Allerdings lebten Mitte der 1870er Jahre bereits rund 18 000 Menschen in Harburg. Die weitere Bebauung war entsprechend abzusehen.

Blick vom Schwarzenberg auf das Phoenix-Viertel um 1910

Wir halten uns zunächst links und gelangen bald rechter Hand an einem Spiel- und Sportplatz vorbei in die **Bunatwiete**. Die Straße erhielt ihren Namen erst 1950. Man könnte fast meinen, sie bildet den namentlichen Abschluss einer Entwicklung in dieser Gegend, die mit der Gummifarbik der Gebrüder Cohen begann.

Bei Buna handelt es sich nämlich um einen synthetischen Kautschuk, der von der I.G. Farben hergestellt wurde. Der Markenname ist eine Wortschöpfung aus den beiden Ausgangsstoffen Butadien und Natrium. Mit Ausbruch des Zweiten Weltkriegs kam der Import von Naturkautschuk zum Erliegen. Entsprechend bot Buna eine Ersatzlösung für das »kriegswichtige« Material. Grausame Berühmtheit erlangte der Bau eines Buna-Werks in unmittelbarer Nähe zum Konzentrationslager Auschwitz, das die I.G. Farben ab 1941 errichten ließ. Im Folgejahr betrieb der Konzern gemeinsam mit der SS das KZ Buna-Monowitz als firmeneigenes Lager. Die Gefangenen mussten unter unmenschlichen Bedingungen Zwangsarbeit auf der Baustelle leisten, wobei Tausende zu Tode kamen. Auch bei Phoenix wurde seit der NS-Zeit mitunter Buna verarbeitet, und auch hier kam es zu Zwangsarbeit innerhalb der Produktion.

→ Wir folgen der **Bunatwiete** bis in die **Maretstraße**, halten uns dort rechts und verlassen das **Phoenix-Viertel**. Nun folgt ein längeres Stück Weg in Richtung **Binnenhafen**. Nach Überquerung der **Bremer Straße** gelangen wir in die **Harburger Rathausstraße**. Der Weg führt uns vorbei am 1892 erbauten Rathaus, an dessen nördlichem Ende wir nach links in die **Julius-Ludowieg-Straße** einbiegen. Von hier aus geht es bei nächster Gelegenheit rechts in die Straße **Am Centrumshaus**. Nachdem wir den verkehrsreichen **Harburger Ring** überquert haben, gehen wir auf der gegenüberliegenden Straßenseite in die **Neue Straße**. Auf Höhe der **Lämmertwiete** führt eine Unterführung unter den Bahngleisen hindurch, die uns in Richtung **Harburger Schloßstraße** bringt, in die wir links einbiegen.

4

Harburger Schloßstraße 13

Das Haus Nummer 13 bietet bis heute einen guten Einblick in die Zeit Harburgs vor der Industrialisierung. Die Schloßstraße ist die älteste Straße der ehemaligen Stadt und entstand aus einem Damm, der ursprünglich zur Horeburg auf der heutigen Schlossinsel führte. Hier wurde im Laufe der Zeit eine Siedlung errichtet, die Ende des 13. Jahrhunderts das Stadtrecht erhielt.

Das sogenannte **»Bornemannsche Fachwerkhaus«**, vor dem wir jetzt stehen, stammt im Wesentlichen aus dem 18. Jahrhundert, jedoch haben dendrochronologische Gutachten zur Bestimmung der Holzalterung ergeben, dass das Gebäude in Teilen auf das 16. Jahrhundert zurückgeht.

Den Namen erhielt der Bau durch seinen Eigentümer Georg Ludwig Bornemann, der es 1813 gekauft hatte. Bis in die Jahre des Zweiten Weltkriegs betrieb das Unternehmen Bornemann hier eine **Blaufärberei**. Mit Indigo wurden Stoffe und Textilien mittels dieses Druckverfahrens mit blau-weißen Mustern versehen.

Das Blaufärben mit **Indigo** gab es schon seit der Antike. Auch im Mittelalter kam das Verfahren nahezu überall auf der Welt vor. In Europa hatte man die blaue Farbe bis ins 17. Jahrhundert aus dem heimischen Färberwaid gewonnen. Nun aber begann man den Farbstoff zunehmend durch Indigo aus der Pflanze »Indigofera tinctoria« zu ersetzen. Zwischenzeitlich führte das in verschiedenen europäischen Ländern gar zu einem Verbot des Imports von Indigo, um den Färberwaid-Anbau zu schützen. Allerdings brachte die Extraktion aus der tropisch-subtropischen Pflanze eine deutlich höhere Konzentration des Stoffes Indican hervor.

→ **Blaudruck**

Der Blaudruck mit Indigo ist ein Reservedruckverfahren, bei dem vor der Färbung ein farbabweisendes Mittel, der sogenannte »Papp«, auf den Stoff aufgetragen wird und auf diese Weise entsprechende Areale »reserviert« werden. Der Papp wird mit »Modeln« genannten Druckstöcken aufgedruckt, im Anschluss wird der Stoff gefärbt und erhält durch die farblosen Bereiche sein individuelles Muster. Nach Europa gelangte diese Technik zusammen mit dem Indigo aus Indien durch die Niederländische Ostindien-Kompanie. Im 18. und 19. Jahrhundert war sie in Mitteleuropa bekannt und wurde vielerorts angewendet. Erst im Zuge der Industrialisierung und ihrer neuen technischen Möglichkeiten verlor der Blaudruck an Bedeutung. Um die Drucktechnik zu bewahren, wurde die Blaufärberei 2018 zum immateriellen Kulturerbe der UNESCO erklärt.

Harburger Schloßstraße, Blick in Richtung Kanalplatz, 1906

→ Indigo

Es gibt mehrere Hundert Pflanzenarten, in denen Indigo enthalten ist. Am bedeutendsten jedoch war die Pflanze »Indigofera tinctoria«, die verglichen mit anderen Arten den höchsten Farbstoffgehalt aufweist. Die Indigopflanze wächst in tropischen und subtropischen Gebieten. Sie gehört zur Familie der Hülsenfrüchte und erreicht eine Höhe von bis zu anderthalb Metern. Zunächst wurden die Blätter bei der Ernte geschnitten und danach in ein warmes Wasserbad gegeben, was zur Gärung des enthaltenen Indicans führte. Die dabei entstandene Flüssigkeit hatte eine grün-gelbe Farbe, wurde mithilfe von Schlag- oder Rührbewegungen mit Sauerstoff versetzt und oxidierte zu Blau. Das entstandene Indigo war nun nicht mehr wasserlöslich, sondern setzte sich am Boden ab. Nach Reinigung und Trocknung wurde der Farbstoff gepresst und so transportfertig gemacht.

Ein Hauptanbaugebiet von Indigo war neben Mittelamerika und den nordamerikanischen Südstaaten insbesondere das britisch kolonisierte Indien. Während man in Europa den natürlichen Farbstoff mit Wohlstand assoziierte, waren es in den Anbauregionen häufig Unterdrückung und Zwang, die mit seiner Gewinnung in Zusammenhang standen. In Nordamerika, insbesondere in South Carolina, wurden bis zum Unabhängigkeitskrieg in der zweiten Hälfte des 18. Jahrhunderts versklavte Menschen auf Plantagen zur Ernte und Verarbeitung der Pflanze gezwungen.

Zwang herrschte auch in Bengalen, vor allem durch die Britische Ostindien-Kompanie, die im 17. Jahrhundert den Anbau gezielt vorantrieb. Schon zuvor wurde in der Region Indigo angebaut, allerdings in erster Linie für den lokalen Gebrauch. Die ansässigen Bauern und Bäuerinnen wurden nun gezwungen, Indigo in großen Mengen anzubauen und für niedrige Preise zu verkaufen. Britische Handelsleute pachteten das bewirtschaftete Land von sogenannten Zamindars, die als Großgrundbesitzer über ganze Dörfer verfügten. Dies geschah vor allem in der Region Bihar im Nordosten Indiens und führte immer wieder zum Widerstand der ansässigen Bauerngesellschaften, der von der britischen Kolonialmacht regelmäßig gewaltsam niedergeschlagen wurde. Bis ins 19. Jahrhundert hinein wurden mehr und mehr Plantagen angelegt, deren Infrastruktur auch Fabriken zur Extraktion des Indigos umfasste. Die Besitzer der Plantagen kamen in aller

Regel aus Europa. Die Plantagenwirtschaft führte zu einer zunehmenden Verschlechterung der Lebensumstände der dort arbeitenden Bauernschaft. Im Jahr 1860 mündete ihr Widerstand in der »blue-mutiny«. Diese Revolte wurde mitgetragen von Fabrikarbeitern und -arbeiterinnen, die gegen ihre Unterdrückung kämpften. Ihre Folge war allerdings nicht die Veränderung der Arbeitsbedingungen, sondern vielmehr eine Verlagerung des Anbaus in die Nachbarregionen.

Zu Beginn des 20. Jahrhunderts formierte sich in Champaran, einer Region im heutigen Bundesstaat Bihar, eine Widerstandsbewegung der Indigo-Bauernschaft, zu der der Vater der indischen Unabhängigkeitsbewegung den Anstoß gegeben hatte. Mohandas Karamchand Gandhi (1869–1948), besser bekannt unter seinem Beinamen »Mahatma« – »große Seele«, sandte eine Gruppe nach Champaran, die Informationen über die Lebensumstände und Arbeitsbedingungen in der Landwirtschaft vor Ort sammelte. Ganz im Sinne des von Gandhi propagierten gewaltfreien Widerstands formulierte dieser Verbesserungsmöglichkeiten und legte sie den Besatzern in Form einer neuen Gesetzgebung vor. Der Anstiftung zum Aufruhr beschuldigt, wurde Gandhi dafür indes ins Gefängnis gesperrt. Tausende sammelten sich nun vor dem Gefängnis und demonstrierten für seine Freilassung. Dies führte schließlich dazu, dass die Regierung die Erneuerung des Gesetzes 1917 akzeptierte, und war möglicherweise ein kleiner Schritt auf dem langen Weg zur Unabhängigkeit Indiens 1947.

Da Indigo als Farbstoff heiß begehrt war, versuchte man sich zunehmend an einer synthetischen Herstellung. Dies gelang erstmalig dem deutschen Chemiker und späteren Nobelpreisträger Adolf von Baeyer, der sich seine Synthese 1880 patentieren ließ. In die Produktion ging der nunmehr künstliche Farbstoff schließlich Ende des 19. Jahrhunderts bei der Badischen Anilin- und Soda-Fabrik (BASF).

Die in der Schloßstraße 13 bedruckten Stoffe wurden sowohl im nahe gelegenen Alten Land veräußert als auch an weiter entfernte Städte wie Warschau oder Wien geliefert. Ein Teil der Druckstöcke ist erhalten und kann im **Stadtmuseum Harburg** angesehen werden. Im ehemaligen Bornemannschen Haus befindet sich inzwischen mit der »Galerie 1565« ein privates Kunstmuseum.

Schloß-straße 13

5

Harburger Schloß-straße: »F. Thörl's Vereinigte Harburger Oelfabriken A.-G.«

Fast nicht zu übersehen ist ein **weißer geschwungener Bau**, der durch seine hervorgehobene Inschrift umgehend auf den Bauherrn schließen lässt. »F. Thörl's Vereinigte Harburger Oelfabriken A.-G.« ließ sich an dieser Stelle 1920 ein Gebäude errichten, das zunächst als Weberei, später als Verwaltungsbau diente. Dies ist nur eine von zahlreichen Spuren, die das Unternehmen in Harburg hinterlassen hat.

Johann Friedrich Thörl hatte bereits 1883 die »Harburger Ölfabrik Friedrich Thörl« gegründet, die sein Sohn Friedrich wenige Jahre später übernahm. Das Gelände der Ölfabrik zwischen Schloßstraße und westlichem Bahnhofskanal wurde stetig erweitert, 1890 hatte die Firma bereits 200 Angestellte.

Im Folgejahr gründete Friedrich Thörl gemeinsam mit Robert Francke die »Palmkernölfabrik Robert Francke«. Nach Franckes Ausscheiden ging sie in Gänze in den Thörl'schen Besitz über. Täglich wurden hier rund hundert Tonnen Kerne der **Ölpalme** zu Öl verarbeitet.

1899 erfolgte die Übernahme der am Lauenbrucher Deich ansässigen »Palmkern- und Kokosölfabrik Gaiser & Co.« (→ **Station 6**), die fortan unter dem Namen »Friedrich Thörl's Ölwerke ›Elbe‹« firmierte. Doch damit nicht genug, seit 1900 wurde in der »Harburger Stärkefabrik Friedrich Thörl« Reisstärke hergestellt. Zwei Jahre später begann zudem der Bau einer firmeneigenen Weberei, in der die benötigten Press- und Filtertücher für die Ölgewinnung produziert wurden. Nachdem 1900 ein Großbrand auf dem Gelände einige Gebäude zerstört hatte, begann der rasche Wiederaufbau.

→ Ölpalme

Die Ölpalme »Elaeis guineensis« stammt ursprünglich aus Westafrika. In natürlicher Umgebung kann sie eine Höhe von bis zu dreißig Metern erreichen. Auf Plantagen kultiviert, wird sie in der Regel nicht höher als achtzehn Meter. Durch die Fähigkeit, ihr Wurzelwerk auf großer Fläche auszubreiten, kann die Ölpalme besonders viel Wasser und Nährstoffe aufnehmen. So benötigt sie kaum zusätzliche Düngemittel. Die weiblichen Blütenstände tragen nach circa drei Jahren die ersten Früchte. Bis zur ersten Ernte ist also zunächst etwas Geduld erforderlich. Dann allerdings kann über einen Zeitraum von mehr als zwanzig Jahren mehrmals jährlich geerntet werden. Im Gegensatz zu anderen Öllieferanten muss die Ölpalme über Jahre hinweg nicht neu angepflanzt werden. Außerdem ist die Pflanze extrem ertragreich. Die Anzahl der Früchte pro Fruchtstand beträgt mindestens mehrere Hundert, kann aber auch in die Tausende gehen. Die Ölpalme ist der Spitzenreiter unter den Öllieferanten. Für einen hohen Ertrag braucht sie nur verhältnismäßig wenig Platz, was ihr Öl besonders preiswert macht. Ganz anspruchslos ist die Pflanze jedoch nicht. Sie benötigt konstant warme Temperaturen zwischen 24 und 28 Grad, außer-

Als Ausweichquartier diente in der Zeit ein weiteres Gelände auf der Schlossinsel, das Werk Citadelle. Friedrichs Bruder Max Thörl war bereits 1867 Miteigner eines weiteren Öl-Unternehmens geworden, das seit den 1870er Jahren den Namen »Noblée & Thörl« führte. Nach dem Tod von Bruder Max ging auch diese Firma in den Besitz von Friedrich Thörl über. Eine letzte Vergrößerung des Firmenkonglomerats war zu Beginn des 20. Jahrhunderts die Gründung einer Baumwollsaatölfabrik am Seehafen 2. Es scheint, als habe sich Friedrich Thörl hier in Harburg ein regelrechtes Öl-Imperium geschaffen. Der unternehmerische Anreiz dafür wird deutlich, führt man sich die wachsende Bedeutung pflanzlicher Fette und Öle im Zuge der Industrialisierung vor Augen.

Die Industrialisierung begünstigte den rasanten wirtschaftlichen Aufstieg der Ölindustrie in zweierlei Hinsicht: Sie schuf die technischen Voraussetzungen und sie steigerte die Nachfrage. In den deutschen Fabriken kamen Dampfmaschinen und moderne Pressen zum Einsatz. Ein regelmäßiger Schiffsverkehr sicherte die Versorgung mit dem Rohstoff, und die europäischen Häfen wurden auf maximale Effizienz hin ausgebaut. Zugleich zogen immer mehr Menschen vom Land in die Städte, um in den zahlreichen Fabriken zu arbeiten. Hierdurch veränderten sich auch die Ernährungsgewohnheiten. Es blieb weniger Zeit, das Essen zuzubereiten, in kurzen Pausen musste kalorienreiche Kost zur Verfügung stehen. Diese bot sich beispielsweise in Form von Streichfetten, was den Siegeszug der Margarine einläutete, während bis ins 19. Jahrhundert hinein häufig Tierfette wie Rindertalg oder Schweineschmalz genutzt worden waren. Hinzu kamen heimische Öle, gewonnen aus Leinsaat, Raps oder Sonnenblumen. Allerdings benötigte man die Felder in zunehmendem Maße für den Getreideanbau. Denn die zahlreichen Städter sollten mit Brot versorgt werden. Und einmal mehr bedienten sich die europäischen Kolonialmächte nun in den tropischen Regionen. Um die Jahrhundertwende wurden heimische Fette zunehmend durch Öle der Öl- oder Kokospalme ersetzt. Man nutzte sie als Schmierfette für die Industrie, zur Herstellung von Lacken oder Firnis, als Beigabe in der Lebensmittelindustrie oder für die Produktion von Kerzen, Seifen und Kosmetika. Die Verwendung dieser Öle war damals wie heute allumfassend.

Die Ölpalme stammt ursprünglich aus Westafrika, insbesondere aus der Gegend rund um den Golf von Guinea. Hier fand Palmöl seit Jahrhunderten, vielleicht Jahrtausenden Verwendung als Teil der Ernährung oder zur Herstel-

dem reichlich Sonne und viel Wasser. Noch heute wird sie in Westafrika, insbesondere in Nigeria und Elfenbeinküste kultiviert. Die Hauptanbauländer sind jedoch Indonesien und Malaysia. Heute erstrecken sich Ölpalmen-Plantagen über Tausende Hektar, um den weltweit großen Bedarf decken zu können. Für den monokulturellen Anbau werden zunehmend Regenwälder abgeholzt, um dann auf der Brache über hundert Pflanzen pro Hektar anzubauen. Die Plantagen werden von privaten oder staatlichen Unternehmen geführt. Vor allem in Indonesien verdienen aber auch viele Kleinbauern und -bäuerinnen ihr Geld mit dem Anbau von Ölpalmen. Dies jedoch nicht immer privatwirtschaftlich. Auf großen, von Unternehmen geführten Plantagen sind sie häufig für die Bewirtschaftung eines bestimmten Areals verantwortlich. Zu wirtschaftlichen und gesundheitlichen Problemen führen oft ungeklärte Landbesitzrechte, harte Arbeit bei tropischem Klima, unzureichender Arbeitsschutz und allgemein schlechte Lebensumstände.

lung von Seife. Mit der Kolonisierung des afrikanischen Kontinents entstanden vor allem im frühen 20. Jahrhundert Plantagen, die den steigenden Bedarf in Europa decken sollten. Wie bei der Gewinnung aller kolonialen Rohstoffe und Nutzpflanzen wurde auch hier die lokale Bevölkerung zur Arbeit gezwungen, von ihrem Land verwiesen und ihrer Lebensgrundlagen beraubt. Doch die kolonialen Zusammenhänge, deren Teil die Ölpalme war, reichen noch weiter. Denn auf den amerikanischen Kontinent gelangte das Palmöl vermutlich auf portugiesischen Versklavungsschiffen, wo es zur Ernährung an Bord gehörte. Bevor die versklavten Menschen auf Märkten für den Menschenhandel zur Schau gestellt wurden, mussten sie ihre Körper mit Öl einreiben. Wahrscheinlich ist, dass es sich dabei um Palmöl handelte.

Im 19. Jahrhundert gelangte die Ölpalme durch die niederländische Kolonialmacht in das heutige Indonesien. Zunächst wurde sie dort als Zierpflanze in Botanischen Gärten gezüchtet. Die britische Kolonialmacht verbreitete die Ölpalme ebenfalls im südasiatischen Raum. Doch auch in den deutschen Kolonien in Afrika wurden Plantagen geschaffen. Der Erste Weltkrieg setzte auch hier Grenzen, die Einfuhr von Rohstoffen kam zum Erliegen, und die Harburger Ölmühlen standen still. Eine wirtschaftliche Erholung ließ dennoch nicht lange auf sich warten. 1922 endete schließlich die Ära Friedrich Thörls, und er zog sich aus dem Unternehmen zurück.

In den 1980er Jahren zog die neu gegründete Technische Universität Hamburg in das Gebäude in der Harburger Schloßstraße. In der Seehafenstraße gibt es noch immer das Werk von »Noblée & Thörl«, allerdings gehört es inzwischen zum Großkonzern Archer Daniels Midland (ADM). Unter dem Namen Olenex wurde hier bis ins Jahr 2023 produziert.

→ Wir folgen nun der **Harburger Schloßstraße** in nördlicher Richtung. Jetzt wird der Binnenhafen sichtbar.

Werksgelände der Firma Friedrich Thörl

6

HOBUM und G.L. Gaiser

An der Straße **Kanalplatz** halten wir uns links und überqueren den **Kaufhauskanal**. Direkt am Wasser befindet sich ein weißes Gebäude, das heute als Café, Kulturzentrum und Standort der Harburger Geschichtswerkstatt dient. 1906 als **Fischhalle** für den Verkauf des Fangs der Harburger Kutter errichtet, wurde der Bau schon wenige Jahre später einem neuen Zweck zugeführt. Statt um Fischverkauf ging es nun um die Hafenarbeiter, die hier in der »Hafenarbeitervermittlungsstelle« (HVS) an ihre Löhne kamen. Mit dem Strukturwandel des Hafens durch die Einführung des Containers brauchte es dann an dieser Stelle keine Hafenarbeiter mehr, und das Gebäude fand wechselnde Nutzungen. Vor dem Abriss bewahrt, konnte es 2017 in seiner heutigen Nutzung eröffnet werden.

Wir überqueren nun die **Lotsekanal-Klappbrücke**, die über den Lotsekanal führt, und gehen am gegenüberliegenden Ufer ein Stück nach links, bis uns eine nicht mehr begehbare Brücke den Weg abschneidet. In nördlicher Richtung befindet sich der Harburger **Holzhafen**, in südlicher Richtung liegt der **Ziegelwiesenkanal**. Hier fällt der Blick auf eine Reihe von **Backsteinbauten**. 1896 gründeten Max Brinckman und Arnold Mergell an dieser Stelle die

Schornstein der Firma HOBUM

»Harburger Leinöl- und Firnisfabrik Brinckman & Co.«. Ab 1906 trug sie den Namen »Harburger Oelwerke Brinckman und Mergell« und war bald besser bekannt unter ihrem Kürzel HOBUM. Die Ölverarbeitung in Harburg war also keinesfalls auf die Firma Friedrich Thörls beschränkt. Auch bei HOBUM wurde Pflanzenöl für den europäischen Markt produziert.

Bis in die 1980er Jahre hatte das Unternehmen hier am Ziegelwiesenkanal Bestand. Dann wurde die Firma an die Vandemoortele-Gruppe aus Belgien veräußert und gehört seit 1998 zum US-Konzern Cargill. Am Harburger Seehafen werden noch immer Fette und Öle hergestellt, die unter anderem in der Lebensmittelindustrie Verwendung finden. Nach wie vor gehört Margarine zu den wichtigen Produkten, in denen Öl zum Einsatz kommt.

In Gestalt der »HOBUM Oleochemicals« existiert die HOBUM in Harburg als Tochterfirma des einstigen Unternehmens weiter. Heute werden hier auf Basis von Pflanzenöl Industriechemikalien produziert wie zum Beispiel Weichmacher für Kunststoffdichtungen.

Die Ölmühle der Unternehmer Brinckman und Mergell war die letzte Gründung in einer ganzen Reihe von Ölmühlen, die tropische Rohstoffe als Basis nutzten. Schon ein halbes Jahrhundert zuvor hatte Gottlieb Leonhard Gaiser den Anfang gemacht. Bereits seit 1859 betrieb der Kaufmann und Unternehmer eine Ölmühle in Harburg. Neben heimischen Saaten wurde hier in erster Linie Kokosnussöl gepresst, dessen Basis **Kopra** bildete.

Schließlich ging Gaiser dazu über, die Produktion ganz auf **Palmöl** bzw. **Palmkernöl** umzustellen. In der Firmengeschichte heißt es: »Die beständigen Stammesfehden führten dazu, dass oft kaum noch Palmöl auf den Markt kam. Man fand einen guten Ersatz in den Palmkernen, die bald in ganzen Schiffsladungen nach Europa gingen.« Bemerkenswert an diesem Zitat ist zunächst die Wortwahl. Die Begriffe Stamm und Fehde wurden in Bezug auf Europa schon weit vor dem 19. Jahrhundert nicht mehr verwendet, wohl aber mit Blick auf den afrikanischen Kontinent. Diese ungleiche – nicht selten wertende – Verwendung existiert bisweilen auch noch in unserer Gegenwart. Zudem sug-

→ Kokosnusspalme und Kopra

Es ist nicht eindeutig zu klären, woher die Cocos nucifera stammt. Vermutlich liegt ihre ursprüngliche Heimat in der pazifischen Inselgruppe Melanesien. Ihre Früchte können über einen langen Zeitraum hinweg über das Meer schwimmen, so dass sich die Palme vermutlich überall dort verbreitet hat, wo ausreichend Sonne und Feuchtigkeit herrschen. Sie benötigt Temperaturen von mindestens 20 Grad, um zu gedeihen. Häufig kommt die Kokospalme in Küstennähe vor, der hohe Salzgehalt der Luft macht ihr keine Probleme. Die Pflanze kann bei großwüchsigen Exemplaren über 25 Meter hoch werden. Nach etwa sieben Jahren trägt sie die ersten Früchte, die von diesem Zeitpunkt an das ganze Jahr über geerntet werden können. Die Ernte erfolgt meist mittels langer Stangen. In Thailand werden teils dressierte Affen eingesetzt, die auf Plantagen die Kokosfrüchte von den Bäumen lösen.

Um Kopra zu gewinnen, wird die Nuss zunächst geöffnet und in der Sonne getrocknet, bis sich das Fruchtfleisch von der Schale gelöst hat. Im Anschluss wird auch das ölhaltige Fruchtfleisch getrocknet, das nach Abschluss des Trockenvorgangs als Kopra bezeichnet wird. Hieraus kann nun auch nach dem Transport das Kokosöl gewonnen werden, denn Kopra verfügt über einen Ölgehalt von bis zu siebzig Prozent. Seit der ersten Hälfte des 19. Jahrhunderts wurde das getrocknete Fleisch der Kokosnuss in europäischen Mühlen zu Öl verarbeitet. Kopra beziehungsweise Kokosnussöl werden heute für die Herstellung von Kokosraspeln, als Bratfett, für die Herstellung von Margarine, aber auch für Seifen und Kosmetika genutzt.

geriert der Satz, die Auseinandersetzungen der lokalen Bevölkerung seien Schuld am Palmöl-Mangel. Tatsächlich war dieser aber in erster Linie auf die Ausbeutung des Rohstoffs durch die europäischen Kolonialisten zurückzuführen.

Gaiser verfolgte nun diesen Ansatz: Nicht mehr das Öl wurde verschifft, sondern vielmehr der Öllieferant, eine Praxis, die zunehmend Verbreitung fand. Es war leichter, Kerne zu verschiffen, anstatt Öl in Fässern zu verfrachten, die womöglich leckten. Und nicht zuletzt waren die Kaufleute nicht länger auf die lokale Herstellung angewiesen. Die Ölproduzenten in den Anbauländern wurden durch diesen Schritt rigoros übergangen und konnten nun nicht länger vom europäischen Handel mit den Rohstoffen ihres eigenen Landes profitieren. Gaiser bezog die Palmkerne insbesondere aus der damals britischen Kolonie Nigeria. Sein Hamburger Kollege William O'Swald (→ **Tour 4**) verschaffte ihm den Zugang, bis Gaiser sich unabhängig machte. Zunächst gemeinsam mit seinem Partner John Witt, später allein, übernahm er O'Swalds Plantagen in Westafrika und verarbeitete die Palmkerne tonnenweise in Harburg. Um seinen Anspruch zu festigen, begehrte Gaiser, seinen Besitz zur deutschen Kolonie zu machen. Das sogenannte »Mahinland« im heutigen nigerianischen Bundesstaat Ondo sollte »erworben« und vom Kaiser als Kolonie bestätigt werden. Um mit dem lokalen Machthaber zu verhandeln, schickte Gaiser seinen Beauftragten Eugen Fischer. In der Firmengeschichte von 1939 heißt es dazu:

»Dagegen führten die Bemühungen um Mahin am 8. Januar 1885 zum Ziel: für fünf Stücke Seide, hundert Kisten Gin und fünf Fässer Rum (etwa dreihundert Liter) verkaufte König Amapetu den Küstenstreifen zwischen Abejamure und Abetobo an Fischer; die Hissung der deutschen Flagge wurde ausdrücklich zugestanden. Der erste Schritt zur deutschen Schutzherrschaft war also getan.«

Das Beispiel zeigt, wie der deutsche Kaufmann das Gebiet im Tausch gegen ein paar wenige importierte Waren an sich riss. Jedoch ging sein Plan, das »Mahinland« zu einer deutschen Kolonie zu machen, nicht auf. Reichskanzler

→ Palmöl und Palmkernöl

Genau genommen liefert die Ölpalme zwei Öle, die unterschiedliche Anwendungsbereiche haben: Palmöl, das aus dem Fruchtfleisch gepresst wird, und Palmkernöl, gepresst aus den Kernen der Ölfrucht. Beide begegnen uns in der Regel im »Kleingedruckten« alltäglicher Supermarkt-Produkte. Für die Gewinnung werden die Früchte zunächst durch Dampf steril gemacht und von Bakterien befreit. Für die Herstellung von Palmöl müssen die Früchte binnen vierundzwanzig Stunden gepresst werden. Dies geschieht in der Regel in der Nähe der jeweiligen Plantagen. Bei der Pressung werden die Kerne allerdings nicht zerstört, sondern können aus dem »Presskuchen« sortiert werden. Im Anschluss müssen sie getrocknet werden und sind dann exportfertig. Die Kerne werden von ihrer Hülle befreit und dann gepresst. Das gewonnene Öl wird nun gereinigt und raffiniert, bevor es in den Handel kommt. Eine große Gefahr für die Umwelt besteht durch das sogenannte POME (palm oil mill effluent), eine Flüssigkeit aus Abwasser, Fett, Öl und Wasser, die durch den Pressvorgang entsteht. Gelangt POME in Gewässer, entzieht es ihnen den Sauerstoff. Fischsterben und die Unbrauchbarkeit als Trinkwasser sind die Folgen.

Palmkernöl kommt hauptsächlich in der chemischen Industrie zum Einsatz, denn aus ihm lassen sich Tenside herstellen. In Form von Waschpulver, Duschgel, Shampoo oder Zahnpasta finden sie sich in jedem Haushalt. Palmöl hingegen wird als industrielles Schmiermittel genutzt, für die Herstellung von Biodiesel und in der Lebensmittelindustrie. Schokolade, Nougatcreme, Margarine, Blätterteiggebäck, Zwieback, Fertigpizza, Chips, Babynahrung oder Knäckebrot sind nur eine kleine Auswahl der Produkte, mit denen wir Palmöl verzehren.

Bismarck nutzte die Region vielmehr als eine Art Tauschobjekt. Deutschland verzichtete 1885 zugunsten der britischen Ansprüche und vergrößerte stattdessen sein Gebiet in Kamerun. Wohl Bismarck persönlich war es, der die Briten aufforderte, Gaiser zu entschädigen, was diese jedoch nicht taten. Das minderte aber nicht das Vermögen, das G.L. Gaiser bis zu seinem Tod 1892 zusammentragen konnte. Die Harburger Ölmühle ging im Anschluss an seinen Schwager Johann Martin Brettschneider, der sie 1899 an die Firma Thörl verkaufte. Nördlich unseres Standorts in Richtung Süderelbe befinden sich am Lauenbrucher Deich 4 noch architektonische Reste des einstigen Ölunternehmens.

→ Wir gehen den **Lotsekai** nun in östlicher Richtung zurück und passieren linker Hand auf Höhe der Straße **An der Horeburg** die **Harburger Schlossinsel**.

Lotsekai

7

Schlossinsel

Die Straßennamen in dieser Gegend bezeugen die Geschichte des Areals, das sich in Form einer Halbinsel jenseits des Lotsekanals erstreckt: »An der Horeburg«, »Am Festungsgraben«, »Zitadellenstraße«. Die Horeburg gilt als erste Siedlung, aus der das heutige Harburg hervorging. Im 16. und 17. Jahrhundert entwickelte sich daraus eine Schlossanlage, die um eine sternförmige Zitadelle erweitert wurde. Wie beim Bau der Wallanlagen in Hamburg gab es auch hier ein niederländisches Vorbild. Die Festung hatte die Form eines Fünfecks mit Bastionen. Sie war umgeben von einem Außenwall und einem Graben, der durch Schleusen mit der Elbe verbunden war.

Als letzter Bau der Anlage entstand Ende des 17. Jahrhunderts im Auftrag Georg Wilhelms, des letzten der Celler Herzöge, das sogenannte »Ablagerhaus«. Es bestand nach mehrfacher Veränderung bis zu seinem Abriss 1972. Heute erinnert neben den Straßennamen lediglich ein **erhaltener Seitenflügel** an das Harburger Schloss. Ein Brand zu Beginn des 19. Jahrhunderts hatte Teile des Gebäudes zerstört.

Mit dem Abzug der Artillerie Ende des 18. Jahrhunderts verlor die Festung zunehmend ihre militärische Bedeutung. Diese Entwicklung war endgültig abgeschlossen, als Harburg 1866 preußisches Gebiet wurde. Die zugehörigen Bauten und Anlagen blieben jedoch erhalten. Die Harburger Bevölkerung wusste die Zitadelle anderweitig zu nutzen.

Zunächst wurde das Areal in die Planungen für den neuen Hafen integriert, zwei Hafenbecken legte man im Bereich des ehemaligen Grabens an. Im Anschluss daran wurde die Zitadelle zum Industriestandort, so dass die Harburger Schlossinsel heute eine Zeugin verschiedener historischer Zeitschichten ist. Hier lag mit der Horeburg der Ursprung des heutigen Harburgs, das sich im Laufe der Jahrhunderte unter seinen verschiedenen Machthabern zur Stadt entwickelte. Im Zuge der kolonialen Globalisierung änderte die Zitadelle einmal mehr ihren Zweck.

Neben dem bereits erwähnten Zweigwerk der Firma Thörl wurde das Gelände der Zitadelle für den Schiffsbau genutzt. Seit Mitte des 19. Jahrhunderts betrieb Hans Lorenz Renck hier eine Schiffswerft. Aus ihr ging 1884 die von

Reinhold Holtz gegründete »Schlosswerft« hervor. Das »Ablagerhaus« wurde durch Anbauten erweitert und zum Wohn- und Kontorhaus der Familie Holtz, das einstige Hauptgebäude der Schlossanlage zum Wohnhaus für die Werftbelegschaft umstrukturiert.

Reinhold Holtz hatte zunächst eine Werft in Övelgönne und sicherte sich aus Platzmangel das neue Areal in Harburg. Es waren gewinnbringende Zeiten für die Werft, und hier konnte sie mit ihrem Umfeld wachsen. Grund dafür war die Spezialisierung auf bestimmte Schiffstypen. Neben Schleppern und Passagierschiffen, die insbesondere auf Seen in der Schweiz schipperten, baute die Werft noch weitere Schiffe. So beispielsweise Boote mit geringem Tiefgang, die insbesondere in flachem Wasser zum Einsatz kamen und so für die Verbindung zwischen Schiff und Küste genutzt werden konnten. Hier wurden Flussschiffe konzipiert, die sich in mehrere Teile zerlegen und wieder zusammenbauen ließen. Bei diesem Schiffstyp wird die Verbindung zur umgebenden Industrie und zur kolonialen Zeit besonders deutlich. Denn die Frachtschiffe wurden insbesondere im Amazonasgebiet für den Transport von Kautschuk eingesetzt. Auch Palmkerne wurden in den wendigen Booten transportiert. Entsprechend diente die Werft den beiden in Harburg lukrativsten Industriezweigen – der Öl- und der Kautschukindustrie – als Hilfsgewerbe. Beide profitierten voneinander.

Die Schlosswerft beschäftigte zeitweilig bis zu tausend Personen. Nicht alle lebten in Harburg, einige von ihnen verdingten sich als Wanderarbeiter und zogen der Arbeit hinterher, von Werft zu Werft. 1906 gründete Reinhold Holtz mit der Norderwerft ein weiteres Unternehmen, diesmal in Hamburg. Nach mehrfachen Besitzerwechseln existiert diese noch heute als Teil der NVL Group (Naval Vessels Lürssen). Anders verlief das Schicksal der Schlosswerft. Nach dem Tod von Reinhold Holtz 1913 übernahmen seine beiden Söhne das Schiffbau-Unternehmen, konnten es aber nicht dauerhaft halten und mussten schließlich Konkurs anmelden.

Ab 2005 wurde die städtebauliche Neugestaltung der Schlossinsel entwickelt. Neben Wohnraum ist hier der **Gebrüder-Cohen-Park** entstanden, benannt nach den Gründern der Gummi-Fabrik, die einst in Harburg Kautschuk verarbeitete. Hier schließt sich der Kreis.

⟶ Nur wenige Meter weiter östlich führt die **Zitadellen-Brücke** zurück auf das südliche Ufer des **Lotsekanals** und damit zu unserer nächsten Station.

8

Kanalplatz

Der Standort am Kanalplatz lässt einen weiten Blick auf den **Harburger Binnenhafen** zu. Einst hatte der Platz eine wichtige innerstädtische Funktion. Neben Hotels befanden sich hier das Hauptzollamt sowie eine Poststelle.

Wie auch in der Nachbarstadt Hamburg vollzog sich der Ausbau des Hafens in mehreren Etappen. Allerdings begannen die Harburger mit diesem Ausbau deutlich früher. Zwischen 1845 und 1849 schuf der damalige Wasserbaudirektor Johann Heinrich Blohm den Plan für einen mittels Schleusen regulierten Dockhafen. Anders als in Hamburg war der Hafen hier also tideunabhängig. Teils unter Einbeziehung der ehemaligen Wassergräben der Zitadelle entstanden in jenen Jahren neben dem Verkehrshafen in östlicher Richtung und dem nördlich der Schlossinsel gelegenen Überwinterungshafen auch der **Östliche und der Westliche Bahnhofskanal**, die beide aus vorhandenen Fleeten hervorgingen. Der Name der beiden Kanäle kam nicht von ungefähr, hatte man 1847 doch den Harburger Bahnhof auf dem Gelände zwischen den beiden Kanälen errichtet. Bis zur Entstehung des Bahnhofs an der heutigen Stelle wickelte man von hier aus abgesehen vom Güterverkehr auch den Personenverkehr ab. Neben Eisenbahn und Hafenbecken entstanden Schuppen. Dies gewährleistete einen effizienten Umschlag zwischen Schiff, Hafen und Eisenbahn. Der vor uns liegende **Lotsekanal** wurde mit Duckdalben ausgestattet, so dass hier größere Schiffe auf Reede liegen konnten, deren Ladung mittels Schuten verteilt wurde. Offiziell wurde der neu entstandene Hafen im April

Blick über den Kanalplatz

Hafen und Kanalplatz um 1915

1849 von König Ernst August eingeweiht und galt nun als einer der innovativsten Häfen an der Elbe. Hamburg erreichte dieses Ziel erst mit der Entstehung des Sandtorhafens 1866 (⟶ Tour 2).

Bereits 1848 war der Harburger Hafen zum Freihafen deklariert worden. Diesen Status behielt er allerdings nur wenige Jahre bis zur Auflösung 1853. Im Folgejahr trat das Königreich Hannover und damit auch Harburg dem Deutschen Zollverein bei. Dieser Beitritt sollte erheblich zur Etablierung Harburgs als Industriestandort beitragen. Waren konnten von nun an zollfrei ins Binnenland des Deutschen Reichs verkauft werden. Da die Hansestadt erst in den 1880er Jahren mitzog, wurde der Standort Harburg nun auch für Hamburger Unternehmen interessant. Viele Betriebe gründeten Zweigstellen in Harburg, um vom modernen Hafen und den guten wirtschaftlichen Bedingungen zu profitieren.

Die nächste Etappe des Hafenausbaus erfolgte in den Jahren zwischen 1889 und 1893. Im Zuge dessen entstanden mit dem Ziegelwiesenkanal in westlicher Richtung und dem gegenüberliegenden Holzhafen zwei weitere Hafenbecken. Ein Problem, das schwer zu bewältigen war, bestand in der Sicherung eines Wasserwegs über den Köhlbrand. Trotz mehrfacher Vertiefungen versandete die Wasserverbindung zwischen Norder- und Süderelbe immer wieder und erschwerte die Passage für größere Seeschiffe. Die Harburger Betriebe waren hinsichtlich ihrer Rohstoff-Lieferungen vom Umschlag in der Nachbarstadt abhängig. Palmkerne, Kautschuk und Kopra kamen in der Regel über den Hamburger Hafen. Diese Abhängigkeit machte zwei Dinge erforderlich: Zum einen bedurfte es eines tideoffenen Seehafens, und außerdem musste der Köhlbrand erneut vertieft werden. 1907 wurde der erste zur Süderelbe hin offene Seehafen westlich des heutigen Binnenhafens eröffnet. Für den Ausbau wurde das Dorf Lauenbruch eingemeindet, das mit der Anlage der Hafenbecken quasi von der Landkarte verschwand. Das vierte und letzte Hafenbecken folgte in den 1920er Jahren.

Noch vor Ausbruch des Ersten Weltkriegs war der Köhlbrand auf zehn Meter vertieft worden. Während des Wirtschaftswunders der 1950er Jahre erlebte der Harburger Hafen eine letzte Blütezeit. Mit dem Strukturwandel des Hafens und der Einführung des Containers seit den 1960er Jahren geriet Harburg dann als Umschlagplatz aber zunehmend in den Hintergrund.

Der stetige Ausbau des Harburger Hafens stand in engem Kontext mit dem kolonialen Handel. Die Modernität der Anlagen machte die Etablierung Harburgs als Industriestandort insbesondere für Öl und Gummi erst möglich, so dass der Binnenhafen die Wirtschaft des kolonialen Harburgs in besonderem Maße repräsentiert. Um dem Rechnung zu tragen, wird derzeit die Schaffung eines Mahnmals im Harburger Binnenhafen im Gedenken an die Opfer des Kolonialismus diskutiert. Die Initiative dazu ging von den Fraktionen der Grünen und der SPD aus. Wie so oft waren es jedoch Privatpersonen, von denen die ersten Impulse zur Aufarbeitung der kolonialen Vergangenheit kamen. So hatten bereits zu Beginn des Jahrtausends die Künstlerin Hannimari Jokinen und die Initiative »park postkolonial« unter anderem den Harburger Binnenhafen als passenden Ort für die kritische Auseinandersetzung mit der kolonialen Vergangenheit der Stadt vorgeschlagen. Fast zwanzig Jahre später sind nun Gespräche und »Denkwerkstätten« für die Schaffung des Erinnerungsorts in Planung. Es bleibt zu hoffen, dass die koloniale Verstrickung Harburgs auf diese Weise in Erinnerung bleibt.

⟶ Wir folgen nun der Straße **Kanalplatz** in östliche Richtung, bis sie in den **Veritaskai** mündet. Nach Überquerung des **Westlichen** und des **Östlichen Bahnhofskanals** gelangen wir an die Ecke **Nartenstraße/Neuländer Straße**.

Seehafen mit Verladebrücke, 1915

9

New-York Hamburger Gummi-Waaren Compagnie

An der Ecke **Nartenstraße/Neuländer Straße** fällt ein **Backsteinbau** ins Auge, der sich entlang beider Straße erstreckt. Heute wirkt das ehemalige Firmenareal der »New-York Hamburger Gummi-Waaren Compagnie« wie ein sprichwörtlicher »Lost Place«. Das Gelände ist menschenleer, viele Fensterscheiben sind zerstört, und es scheint, als hole sich die Natur die Gebäude zurück. Kaum zu glauben, dass an dieser Stelle noch bis ins Jahr 2009 produziert wurde.

Der Ursprung der Firma geht auf das Unternehmen von Heinrich Christian Meyer, genannt »Stockmeyer«, zurück (⟶ Tour 2). Zunächst fertigte es seine Produkte auf dem Grasbrook, 1856 wurde in Harburg die »Harburger-Gummi-Kamm-Compagnie« gegründet.

Die Leitung der Gummisparte auf dem Grasbrook wie in Harburg hatte Heinrich Traun, ein Enkel Heinrich Christian Meyers, inne. Seit den 1850er Jahren verfügte das Unternehmen über die Fertigungsrechte für Hartgummi, die es in den USA erworben hatte. Die Vulkanisation war die Grundlage für die massenindustrielle Fertigung der Gummikämme.

Leerstehende Fabrik der NYH an der Neuländer Straße

»Harburger Gummi-kamm« um 1900

Ab 1902 firmierte das Unternehmen unter dem Namen »Kautschukwerke Dr. Heinr. Traun & Söhne, vormals Harburger Gummi-Kamm Co.«. Doch dabei blieb es nicht. In Barmbek hatten sich seit 1871 ehemalige Mitarbeiter der »Gummi-Kamm« selbständig gemacht (→ Tour 5). 1930 »schluckten« sie die Harburger Firma, die fortan unter dem Namen »New-York Hamburger Gummi-Waaren Compagnie« sowohl in Barmbek als auch am Standort Harburg produzierte. Seit der Zeit nach dem Zweiten Weltkrieg fand die Produktion ausschließlich hier auf dem Gelände statt. Am Gebäuderiegel in der Nartenstraße sind im Giebel noch die Reste eines Seilzugs zu erkennen. In der Neuländer Straße werden die wahren Ausmaße des großzügigen Geländes sichtbar.

Mit der massenhaften Gummiproduktion ging der massenhafte Import des Rohstoffs einher. So versuchte man Kautschuk auch in den deutschen Kolonien anzubauen. Insbesondere auf die Gewinnung aus dem Baum »Funtumia elastica« (auch »Kickxia elastica«) in Westafrika konzentrierte man sich dabei. Expeditionen, mitfinanziert durch die Harburger Gummiunternehmen, begaben sich auf die Suche nach Pflanzen und Möglichkeiten zu deren Überführung in die deutschen Kolonien. Beispielhaft steht hierfür die Person des Botanikers Rudolf Schlechter, der sowohl die »Westafrikanische Kautschuk-Expedition« 1899/1900 im heutigen Nigeria leitete als auch eine weitere Expedition ins sogenannte »Kaiser-Wilhelm-Land« (heute Nord-Neuguinea) Anfang

→ Vulkanisation

Das Wort »Vulkanisation« enthält bereits die wesentlichen Merkmale des Verfahrens, mit dessen Hilfe aus Kautschuk Gummi wird. Vulcanus ist der römische Gott des Feuers, bei einem Vulkanausbruch treten große Mengen Schwefel aus. Hitze und die Zugabe von Schwefel sind elementar für den 1839 durch Charles Goodyear wohl durch Zufall entdeckten Vorgang. Unter Druck wird der mit Schwefel und Füllstoffen versetzte Kautschuk erhitzt. Ein wichtiger Faktor ist dabei die Zeit, die der Vorgang in Anspruch nimmt. Dauert er zu lange beziehungsweise zu kurz, entsteht ein unbrauchbarer Stoff. Der gewünschte Härtegrad des Gummis lässt sich durch die Menge des beigemischten Schwefels bestimmen. Eine geringe Menge Schwefel ergibt Weichgummi, eine höhere Menge Hartgummi. Das Verfahren der Vulkanisation ist unabdingbar für die Herstellung von Gummiprodukten, denn es macht den Stoff resistent, belastbar und elastisch. Bis heute findet die Vulkanisation in optimierter Form Verwendung.

des 20. Jahrhunderts. Die Pflanzen, die Schlechter in Westafrika auftat, wurden an Gesellschaften in Kamerun und Togo überführt. So auch an die »Gesellschaft Süd-Kamerun« und die »Kamerun Land- und Plantagen-Gesellschaft« unter dem Vorsitz des Hamburger Kaufmanns Adolph Woermann. Auch in Ostafrika versuchte man Kautschuk für das Kaiserreich zu gewinnen. Trotz aller Bemühungen reichte der Import aus den deutschen Kolonien allerdings nie aus, um den Bedarf der Industrie zu decken.

→ »Kongogräuel«

Im Zuge der »Berliner Konferenz« hatte der belgische König Leopold II. erreicht, dass sein ersehntes Kongogebiet unter dem Namen »Freistaat Kongo« an die Internationale Kongo Gesellschaft ging, deren Vorsitzender der König selbst war. Das Kongogebiet war also zu einer privaten Kolonie des belgischen Monarchen geworden. Im »Freistaat Kongo« wurde alsbald eine Naturaliensteuer eingeführt, der lokalen Bevölkerung der Besitz und der Handel mit Geld untersagt. Zunächst lag die Begehrlichkeit im Elfenbein. Der europäische Kautschukboom brachte nun diesen Rohstoff in den Vordergrund. Als Abgabe pro Kopf oder Dorf wurde von der lokalen Bevölkerung Kautschuk in von Region zu Region unterschiedlichen, aber stets hohen Mengen gefordert. Kautschuk wurde in den Wäldern an wild wachsenden Lianen gesammelt. Die Mengen, die die für das Eintreiben der Steuern zuständigen Konzessionsgesellschaften forderten, waren kaum aufzubringen. Überwacht wurden die Abgaben durch eine eigens gegründete Armee, die »Force Publique«. Bei zu geringen Abgabemengen wurde bestialische Gewalt angewendet bis hin zur Amputation von Händen oder Füßen. Auch wurden in diesen Fällen die Frauen eines Dorfs als Geiseln genommen und mitunter getötet. Der Kongo-Freistaat etablierte ein Schreckensregime, dessen Opferzahl in die Millionen ging. Derweil hatte die Öffentlichkeit Kenntnis von den Gräueln, die im Namen Leopolds II. verübt wurden. Journalisten wie der Brite Edmund Morel sowie Missionare informierten mit Zeitungsartikeln, Briefen und Berichten die europäische und amerikanische Öffentlichkeit. Auch literarisch wurden solche Erfahrungen im Kongo verarbeitet wie beispielsweise in Joseph Conrads Buch »Herz der Finsternis«. Unter dem Druck der Öffentlichkeit musste der König seinen Privatbesitz schließlich an den belgischen Staat abtreten. Aber auch in der Zeit als belgische Kolonie regierten im Kongo Gewalt, Entrechtung und Arbeitszwang. Erst 1960 erlangte der Kongo die Unabhängigkeit vom belgischen Staat.

Mit dem Kautschuk-Bedarf in Europa stieg auch der Bedarf an Arbeitskräften, die man aus der lokalen Bevölkerung in den Kolonien heranzog. Für den unmenschlichen Umgang mit den Kautschuk-Arbeitern und -Arbeiterinnen im europäischen Kolonialreich stehen exemplarisch die Vergehen im Kongo unter Leopold II., die als **»Kongogräuel«** in die Geschichte eingegangen sind. Die Grausamkeit der »Kongo-Gräuel« sollte freilich keineswegs darüber hinwegtäuschen, dass auch die Gewinne aus Kautschuk in den deutschen Kolonien auf unlauteren Praktiken, Zwang und körperlicher Gewalt gegenüber den Arbeitern und Arbeiterinnen beruhten.

Die NYH gibt es noch immer, sie produziert allerdings inzwischen in Lüneburg. Hier werden heute neben Mundstücken für Musikinstrumente Hartgummi-Produkte für die technische und chemische Industrie hergestellt. Doch das ist nur ein kleiner Ausschnitt aus der breiten Produktpalette, in der **Naturkautschuk** bis heute in unserem Alltag vorkommt.

Die hohe Nachfrage nach Kautschuk in Europa und den USA machte den Rohstoff von jeher begehrt und lockte zahlreiche Unternehmer, die die Unterdrückung der lokalen Bevölkerung in den Anbaugebieten als Teil ihres Geschäfts verstanden. In den ehemaligen deutschen Kolonien kam es immer wieder zu

Widerstand der einheimischen Gesellschaften, der teils gewaltsam niedergeschlagen wurde. Doch auch in postkolonialer Zeit war Widerstand ein nötiges Mittel, sich gegen Großgrundbesitzer und brutal agierende Industrielle zu behaupten. Ein so tragisches wie berühmtes Beispiel ist der brasilianische Gewerkschaftsführer der Kautschuksammler Francisco Alves Mendes Filho, besser bekannt als Chico Mendes, der 1988 vor seinem Haus in Xapuri im Nordwesten Brasiliens von Großgrundbesitzern erschossen wurde.

Die Regionen, in denen Kautschuk vorkommt, sind seit der europäischen Kolonisation in ständiger Gefahr vor brutaler Ausbeutung und bedürfen dringend des Schutzes. Neben dem Amazonasgebiet betrifft dies auch die Region im Kongobecken. Zunehmend werden tropische Regenwälder für die Anlage von Plantagen abgeholzt.

→ **Naturkautschuk heute**

Auch heute noch ist Naturkautschuk ein wichtiger Rohstoff. Häufig nehmen wir ihn und seine vielfältige Verwendung im Alltag gar nicht wahr. Dabei gibt es zahlreiche Produkte, die zumindest in Teilen Naturkautschuk enthalten. Hier eine kleine Auswahl: Babyschnuller, Förderbänder, OP-Handschuhe, Treibriemen, Kondome, Autoreifen, Dichtungen, Gummienten, Fußbälle, Beißringe, Schuhe, Luftballons, Yogamatten, Wärmflaschen, Gummibänder, Pflaster, Matratzen, Trichter, Gummistopfen, Fußmatten, Klebeband, Gummistiefel, Teppichbeschichtung, Flossen, Einkochringe, Flugzeugreifen, Schläuche, Arbeitshandschuhe und natürlich Kämme.

→ Wir gehen nun zurück in den **Veritaskai** und biegen dann links in den **Schellerdamm** ein.

10

Silo und Palmspeicher

Im Gebiet des Harburger Binnenhafens kaum zu übersehen ist der turmartige Glasbau, an dessen Ecken die Betonröhren eines **ehemaligen Silos** hervorstechen. Von den ursprünglichen 16 Silotürmen sind heute noch sechs erhalten. Errichtet wurde der Bau, in dem Ölsaaten für die Weiterverarbeitung eingelagert wurden, 1935 von der Firma Thörl.

Die Größe des Silos gibt trotz Umbaus einen Eindruck davon, in welcher Menge die Saaten im Harburger Hafen verarbeitet wurden. Im Erdgeschoss des Gebäudes sind die **Schütttrichter** erhalten und erinnern bis heute an seine einstige Funktion. Seit Mitte der 1950er Jahre bis in die 1990er Jahre hinein lagerte die Firma Andreas Hansen im Silo Getreide. Mit der Jahrtausendwende erfolgte der Umbau in ein **14-stöckiges Bürogebäude**.

Zum Büroturm umgebautes Silo

Folgt man dem Blick von hier aus in westliche Richtung über den Westlichen Bahnhofskanal, ist ein weiteres historisches Gebäude nicht zu übersehen: der sogenannte **Palmspeicher,** der bereits in der zweiten Hälfte des 19. Jahrhunderts errichtet wurde.

Nachdem der Bau zur Verarbeitung von Salpeter genutzt wurde, wurde auch er vom Thörl'schen Unternehmen übernommen. In jener Zeit erhielt der Palmspeicher in Anlehnung an die

Binnenhafen mit Siloturm, 1935

Lagerung und Verarbeitung von Palmkernen seinen Namen. Bis in die 1980er Jahre hatte der Palmspeicher eine industrielle Nutzung, zuletzt durch die Firma Sunlicht, die seit 1953 in dem Gebäude ansässig war. Das Unternehmen Unilever stellte mit dieser Firma hier in Harburg Seife her. Nachdem der letzte Besitzer ADM das Gebäude veräußert hatte, wurde der Palmspeicher umgenutzt. Inzwischen befinden sich hier Büroflächen.

Der Palmspeicher und das Silo stehen sinnbildlich für die Wandlung des Harburger Binnenhafens seit Ende des 20. Jahrhunderts. Im Zuge der Internationalen Bauausstellung (IBA) geriet auch der Binnenhafen als obsolet gewordenes Hafenareal in den Blick der Stadtplaner. Ähnlich der Hamburger Hafencity, wenn auch deutlich kleiner, wurde das Areal durch die Schaffung von Wohnungen und Gewerberäumen einer neuen Nutzung zugeführt. Und wie in der Hafencity gilt es hier, koloniale Spuren auch angesichts der modernen Architektur sichtbar zu halten.

Auf dem letzten Stück Weg bis zu unserem Endpunkt begegnet uns nun noch ein weiterer Zeuge der Industrialisierung Harburgs. Wir folgen dafür dem **Schellerdamm** weiter in südliche Richtung, an der Straße **Karnapp** halten wir uns links. Nach einigen Metern sehen wir rechter Hand nahe einer Fußgängerbrücke eine Reihe **historischer Backsteinbauten**. Es handelt sich dabei um die ehemalige Harburger Eisen- und Bronzewerke AG (HEB). Das Unternehmen geht zurück auf eine Eisenhütte, die German Julius Koerber Mitte der 1850er Jahre gründete. Nach dessen Tod spezialisierte sich die Fabrik Ende des 19. Jahrhunderts auf die Herstellung von Maschinen für die Gummi- und Ölindustrie. So wurden hier beispielsweise Maschinen für die Herstellung von Reifen gebaut. 1910 kam es zur Fusion der Harburger Eisenwerke AG mit der Maschinenfabrik Eddelbüttel, so entstand die HEB als Großunternehmen.

Die Eisen- und Bronzewerke wuchsen mit der umliegenden Industrie. Je mehr Kautschuk und Palmkerne nach Harburg kamen, desto wichtiger wurden die Maschinen, mit denen man sie verarbeiten konnte. Das Beispiel zeigt, dass es neben den Inhabern der Öl- und Gummifabriken in der Industrie noch weitaus mehr Profiteure der Verwertung von Rohstoffen kolonialen Ursprungs gab. Nach dem Ersten Weltkrieg wurde die HEB nach und nach von der Krupp AG übernommen.

Heute firmiert das Unternehmen unter dem Namen Harburg Freudenberger GmbH und stellt nach wie vor unter anderem Reifenbaumaschinen und Anlagen für die Ölverarbeitung her.

→ Um zurück zur S-Bahn zu gelangen, nehmen wir nun den Weg über die Fußgängerbrücke in die **Hans-Fitze-Straße**. Dieser folgen wir bis in die Straße **Großer Schippsee**, die linker Hand auf den **Harburger Ring** trifft, wo sich mit der Haltestelle **Harburg Rathaus** eine S-Bahn-Linie befindet.

Ehemaliges Gebäude der HEB

»Museum für Völkerkunde Hamburg« (heute MARKK)

»Der ornamentale Schmuck ist so verteilt, daß zu dem im Fenstersturz des Obergeschosses dargestellten Menschentypus in der darunterliegenden Brüstungsplatte entsprechende Pflanzen und Tierformen dargestellt sind.« So beschrieb Georg Thilenius, erster hauptamtlicher Direktor des »Museums für Völkerkunde« in Hamburg, die Fassadendetails des Neubaus, der bis 1912 an der Rothenbaumchaussee entstand. Und tatsächlich befinden sich dort oben steinerne Porträts von Menschen mit den stereotypen Attributen aus Flora und Fauna ihrer Herkunftsregionen. Ein imaginierter Araber mit einem Kamel ist hier genauso zu sehen wie das Bildnis eines Aborigines mit Känguru. Zu beiden Seiten des Haupteingangs reihen sich die Reliefs über und unter den Fenstern im Obergeschoss aneinander. Doch hat sich ein Fehler eingeschlichen. Auf der südlichen Seite des Baus findet sich das imaginierte Bildnis einer Frau der Inuit, versehen mit einer Gruppe Pinguine. Da letztere nur im südlichen Polargebiet leben und die Inuit aus der nördlichen Hemisphäre stammen, können die Pinguine wohl kaum zu deren Alltag gehören.

Direkt über dem Eingang stehen vier Skulpturen des Bildhauers Johann Michael Bossard. Zwischen den Darstellungen eines Jägers und eines Bauern befinden sich zwei weitere Figuren: eine weibliche Figur, die vermutlich ein antikes Blasinstrument (Aulos) spielt, und die Darstellung eines Mannes, der bei genauer Betrachtung einen Stift in der Hand hält; neben ihm befindet sich ein Apotheker-Gefäß auf einer Säule. Zwischen Bauer und Jäger steht dieses Bildprogramm für Bildung und Kultur. Eingerahmt durch zwei Weltkugeln ist oberhalb der Skulpturen außerdem das Hamburger Stadtwappen in Stein verewigt.

Der Bauschmuck des heutigen »Museum am Rothenbaum« (MARKK, die beiden großen Ks stehen für »Kulturen und Künste der Welt«) weist nicht nur auf dessen Gründungszweck als »völkerkundliches« Museum hin, sondern erzählt auch vom Selbstverständnis der Ethnologie im Kaiserreich und der Weimarer Republik. In der zweiten Hälfte des 19. Jahrhunderts wurden in zahlreichen deutschen Städten, neben Hamburg etwa in Leipzig und Berlin, »Völkerkunde-Museen« gegründet. Dass diese Gründungen in die koloniale

Portal des Museums am Rothenbaum. Kulturen und Künste der Welt

Epoche fielen, kam nicht von ungefähr. Sie sollten der Bevölkerung entlegene Regionen und Kulturen vor Augen führen, ähnlich wie die Zurschaustellung von Menschen beispielsweise in Hagenbecks Tierpark. Die Museen stellten diese »Spurensuche« auf eine vermeintlich wissenschaftliche Basis und beanspruchten neben der reinen Unterhaltung, die Bildung der Bevölkerung zu befördern. Gewissermaßen durch die Hintertür ließ sich auf diese Weise auch für die Kolonisierung ganzer Landstriche werben.

Ganz im Sinne des eurozentrischen Blicks jener Zeit auf die außereuropäische Welt waren viele Ethnologen und »Forscher« der Meinung, bestimmte, in ihren Augen vom Aussterben bedrohte Kulturen »bewahren« zu müssen, und fühlten sich dadurch legitimiert, deren Artefakte zu sammeln und auszustellen. Dieser Blickwinkel ist untrennbar verbunden mit dem Gefühl der Überlegenheit gegenüber außereuropäischen Kulturen, das in der europäischen Bevölkerung in der Regel unbefragt vorherrschte. Mit diesem Denken ging die Einteilung in

»Naturvölker« einher, denen die angeblich höher entwickelten »Kulturvölker« gegenübergestellt wurden. Diesem Bild folgend fand in den Museen eine Hierarchisierung der Menschen und Kulturen statt, die, ohne selbst zum Thema wissenschaftlicher Untersuchung zu werden, Voraussetzung und konstitutives Element der ethnologischen »Forschung« beziehungsweise ihrer Sammlungen war.

Das »Museum für Völkerkunde« in Hamburg bestand als Institution lange vor dem Bau des Architekten Albert Erbe in der Rothenbaumchaussee. Seinen Ursprung hatte es in einer Sammlung der Hamburger Stadtbibliothek, die in der Gelehrtenschule Johanneum am Speersort verwahrt wurde. Diese Sammlung wurde ab 1871 als »Culturgeschichtliches Museum« bezeichnet und in der Gewerbeschule am Steintorplatz ausgestellt. Ab 1879 trug es den Namen »Museum für Völkerkunde«. Die Hamburger Bevölkerung konnte die Sammlung ab 1890 im neu geschaffenen Bau des Naturhistorischen Museums am Steintorwall besuchen. Bis Anfang des 20. Jahrhunderts hatte das »Völkerkunde Museum« bereits 20 000 Objekte zusammengetragen. Diese stammten teils aus privaten Sammlungen, teils kamen sie als Schenkung oder durch Verkauf über Handelshäuser, Reedereien oder Forschungsreisende in den Bestand. Den enormen Ausbau der Sammlung forcierte seit seinem Amtsantritt 1904 der Direktor Georg Thilenius. In der Annahme, dass der Besitz vieler Objekte gleichzusetzen sei mit einer entsprechenden Fülle des Wissens, wurden ganze Sammlungen aufgekauft oder eigens in Auftrag gegeben.

In Thilenius' Amtszeit fällt neben dem Neubau in der Rothenbaumchausse auch die »Hamburger Südsee-Expedition« 1908–1910, deren Finanzierung auf die Hamburgische Wissenschaftliche Stiftung zurückging. Diese Stiftung legte auch den finanziellen Grundstein für das Kolonialinstitut im heutigen Hauptgebäude der Universität. Hier zeigt sich die enge Verquickung von Museum, Wissenschaft und Kolonialismus in Hamburg. Die Expedition bestand aus einer Gruppe von Biologen, Ethnologen und Geografen, die in Melanesien vor allem auf den Inseln des Bismarck-Archipels und auf den Karolinen in Mikronesien Tausende von Objekten sammelten. Dazu gehörten Masken, Skulpturen, Kleidung und Alltagsgegenstände. In der Regel war bekannt, aus welcher Region diese Gegenstände nach Hamburg kamen. Über ihre ursprünglichen Besitzer und die Art und Weise, wie sie in die Hände der Expeditionsteilnehmer gelangten, lässt sich aus heutiger Sicht hingegen kaum mehr etwas sagen. Es gilt jedoch als wahrscheinlich, dass die Besitzerwechsel längst nicht immer freiwillig und rechtmäßig geschahen.

Bei anderen Sammlungsgegenständen ist heute klar erwiesen, dass es sich um Raubgut handelt. Ein berühmtes Beispiel hierfür sind die sogenannten »Benin-Bronzen«, die durch britische Truppen 1897 im Königreich Benin im heutigen südlichen Nigeria tausendfach geraubt, nach Europa gebracht und dort veräußert wurden. Einige der wertvollen Bronzen wurden auch vom Hamburger Museum erworben und inzwischen glücklicherweise restituiert.

Ein Teil des Sammlungsguts aus Ostafrika kam als Schenkung durch die 1873 gegründete »Geographische Gesellschaft« in den Besitz des Museums. So wurden in der Eröffnungsausstellung zur Fertigstellung des Neubaus 1912 unter anderem Objekte gezeigt, die der Geograf Erich Obst im Auftrag der Gesellschaft während einer Expedition zusammengetragen hatte. Die ersten Schausäle wurden der Öffentlichkeit 1915 zugänglich gemacht.

Unter der Leitung von Thilenius erweiterte das Museum seine Sammlung bis zu diesem Zeitpunkt auf nahezu 100000 Objekte. Dazu gehörte auch die von Thilenius initiierte »anthropologische Sammlung«, die neben Gipsabdrücken von Gesichtern und Körperteilen auch menschliche Überreste enthielt. Diese Sammlung dürfte auch die Nationalsozialisten interessiert haben. Bis 1944 befand sich im Museum das »Rassenbiologische Institut« der Universität Hamburg. Die menschlichen Überreste wurden in den 1950er Jahren an die Universität Göttingen übergeben, die sich inzwischen um die Aufklärung der Provenienzen bemüht hat.

Das mangelnde Wissen über die Provenienz der ausgestellten Kunstwerke, Waffen, rituellen Objekte oder Haushaltsgegenstände brachte es mit sich, dass bisweilen nicht einmal klar war, ob die jeweiligen Exponate in ihren Ursprungsregionen überhaupt noch in Gebrauch waren oder bereits veraltet. Der wissenschaftliche Charakter der Ausstellungen muss entsprechend mit großer Vorsicht betrachtet werden.

Ein weiterer Hinweis auf die enge Verzahnung des Museums und der 1919 gegründeten Universität ist der noch heute existierende Vorlesungssaal im Museum am Rothenbaum, in dem über Jahrzehnte Generationen von Ethnologie-Student*innen unterrichtet wurden.

Schon zuvor erschwerten der Erste Weltkrieg und der Verlust der deutschen Kolonien die Verfügbarkeit ethnografischer Objekte. Der eigentlich geplante Erweiterungsbau bis an die Feldbrunnenstraße wurde nie umgesetzt. So ging Thilenius 1935 in den Ruhestand, ohne dass sein lang gehegter Wunsch Wirklichkeit geworden wäre.

Seit 2017 verfolgt das Museum mit der Neubesetzung der Direktion durch Barbara Plankensteiner eine Neuausrichtung im Umgang mit den Beständen. Im engen Austausch mit den Herkunftsgesellschaften werden Provenienzen untersucht und mögliche Restitutionen geklärt. 2018 erfolgte im Zuge der Auseinandersetzung mit der kolonialen Vergangenheit des Museums die Umbenennung in »Museum am Rothenbaum, Kulturen und Künste der Welt«.

Literatur & Quellen (Auswahl)

→ Literatur

Altstaedt, K. Heinrich Der Hafen Harburg. Schifffahrt, Handel und Hafenleute an der Süderelbe. Hamburg 2011.

Amenda, Lars China in Hamburg. Hamburg 2011.

Backhouse, Maria Grüne Landnahme: Palmölexpansion und Landkonflikte in Amazonien. Münster 2015.

Bake, Rita (Hg.) Hamburg – Sansibar, Sansibar – Hamburg. Hamburgs Verbindungen zu Ostafrika seit Mitte des 19. Jahrhunderts. Hamburg 2009.

Bechhaus-Gerst, Marianne Treu bis in den Tod: Von Deutsch-Ostafrika nach Sachsenhausen – eine Lebensgeschichte. Berlin 2007.

Bues, Mareike-Christin Hamburg zwischen Globalisierung und Nation: Welthandel, Freihafen und Migration 1871–1914. München 2018.

Charún-Illescas, Lucia/Chávez de Lederbogen, Claudia/Lederbogen, Jan Peru – Guano – Hamburg: Wie die Hamburger Schiet zu Geld machten. Hamburg 2023.

Ellermeyer, Jürgen Gib Gummi!: Kautschukindustrie und Hamburg. Bremen 2006.

Freiwald, Eckhard/Freiwald-Korth, Gabriele Hamburgs alte Fabriken einst und jetzt. Erfurt 2013.

Gretzschel, Matthias Peking: Schicksal und Wiedergeburt eines legendären Hamburger Segelschiffes. Hamburg 2020.

Hamburger Bauheft 02 Das Bismarckdenkmal im Alten Elbpark. Hrsg. von Jörg Schilling. Hamburg 2012.

Hamburger Bauheft 05 50er Schuppen im Hafen 1907–1912. Hrsg. von Jörg Schilling. Hamburg 2018.

Hielscher, Kej/Hücking, Renate Pflanzenjäger: In fernen Welten auf der Suche nach dem Paradies. München 2009.

Kossak, Egbert Speicherstadt und Hafencity. Hamburg 2013.

Lange, Britta Echt. Unecht. Lebensecht: Menschenbilder im Umlauf. Berlin 2006.

Lange, Ralf Die Hamburger Speicherstadt: Geschichte, Architektur, Welterbe. Hamburg/München 2019.

Möhle, Heiko (Hg.) Branntwein, Bibeln und Bananen. Der deutsche Kolonialismus in Afrika. Eine Spurensuche. Hamburg 2017.

Osterhammel, Jürgen/Jansen, Jan C. Kolonialismus. Geschichte, Formen, Folgen. München 2017.

Otto, Reinhard 150 Jahre Friedrichsberg: Von der Irrenanstalt zur Klinik im Wohnpark. Hamburg 2015.

Schürmann, Sandra Das Fabrik-Ensemble des Museums der Arbeit: Zeugnis der Industrialisierung Hamburgs in Barmbek. Hamburg 2017.

Siedhoff, Carola Die Geschichte des Phoenix-Viertels. Berlin 2008.

Wierling, Dorothee Mit Rohkaffee handeln: Hamburger Kaffeeimporteure im 20. Jahrhundert. Hamburg/München 2018.

Zimmerer, Jürgen (Hg.) Kein Platz an der Sonne. Erinnerungsorte der deutschen Kolonialgeschichte. Frankfurt am Main/New York 2013.

Zimmerer, Jürgen/Zeller, Joachim (Hg.) Völkermord in Deutsch-Südwestafrika. Der Kolonialkrieg (1904–1908) in Namibia und seine Folgen. Berlin 2016.

Zimmerer, Jürgen/Todzi, Kim Sebastian (Hg.) Hamburg: Tor zur kolonialen Welt. Erinnerungsorte der (post-)kolonialen Globalisierung. Göttingen 2021.

→ Online-Quellen

Afrika Hamburg: http://www.afrika-hamburg.de/

Arbeitskreis Hamburg Postkolonial: http://www.hamburg-postkolonial.de/willkommen.html

Aus Politik und Zeitgeschichte: Sklaverei: https://www.bpb.de/system/files/dokument_pdf/APuZ_2015-50-51_online.pdf

Black Central Europe: https://blackcentraleurope.com/who-we-are/

»Curare, Kautschuk, Stevia – eine koloniale Spurensuche über das Pflanzensammeln«. Podcast: https://www.fdcl.org/publication/2020-10-16-curare-kautschuk-stevia-eine-koloniale-spurensuche-ueber-das-pflanzensammeln/

Deutsches Museum: https://blog.deutsches-museum.de/2020/11/05/die-dunkle-seite-der-technik-koloniale-materialien

freedom roads! Koloniale Straßennamen: http://www.freedom-roads.de/

Göttingen kolonial: http://goettingen-kolonial.uni-goettingen.de/

Kulturrouten Harburg: https://www.kulturrouten-harburg.de/de

MARKK digital: https://markk-hamburg.de/

Re-Mapping Memories: https://www.re-mapping.eu/de

→ Bildnachweis

Seite 17 Hinnerk11, Demonstrationen am 6. Juni 2020 In Hamburg, Rathausmarkt (CC BY-SA 4.0)

Seite 38 Pauli-Pirat, »Den Eingang im Innenhof bewachen zwei prächtige Elefanten. Afrika-Haus, Große Reichenstraße, Reederei Woermann.« (CC BY-SA 4.0) (Flickr)

Seite 43 Ajepbah/Wikimedia Commons, »Kontorhaus Willy-Brandt-Straße 49 in Hamburg-Altstadt (Asia-Haus), Eingang.« (CC BY-SA 3.0 de)

Seite 79 Ajepbah/Wikimedia Commons, »Glasmalerei im Börsensaal der Kaffeebörse in Hamburg-HafenCity« (CC BY-SA 3.0 de)

Seite 85 © Visualisierung: Joiri Minaya, DIE VERHÜLLUNG, Intervention, Kornhausbrücke, © Joiri Minaya, Foto von ELBE&FLUT | Thomas Hampel

Seite 93 PrototypHH, Außenansicht vom Automuseum Prototyp (CC BY-SA 4.0)

Seite 105 User:Catrin, Sephardische Zeltgräber (CC BY 3.0)

Seite 216 Staatsarchiv Hamburg, 141-6 6/251

Seite 220 own, »Der Rosengarten zum Gedenken an Elfriede Lohse-Wächtler« (CC BY 3.0)

Seite 233 Christoph Tafeldecker, »Die aus Protest gegen die Ehrung des Sklavenhändlers mit roter Farbe übergossene Schimmelmann-Büste« (CC BY-SA 3.0)

Seite 266 Benutzer:Staro1, »Hamburg, Harburg, mittlerweile historische Aufnahme. Der Schornstein wurde zu zwei Dritteln abgetragen. Der charakteristische Hobum-Schriftzug verschwand und damit ein wesentliches Zeugnis für die in Harburg jahrzehntelang prägende Industrie.« (CC BY-SA 3.0)

Seite 18, 32, 39, 46, 51, 58, 67, 71, 81, 87, 88, 98, 99, 107, 117, 121, 123, 124, 128, 131, 132, 134, 135, 137, 143, 145, 152, 159, 160, 166, 170, 173, 177, 183, 207, 217, 219, 234, 237, 241, 243, 249, 253, 257, 258, 261, 273, 274, 280 www.hamburg-bildarchiv.de